Johannes Burges
mit Ulrich Schäfer

Mit einem Propeller-
flugzeug in 80 Tagen
um die Welt

Mit 70 farbigen Fotos und einer Karte

MALIK NATIONAL GEOGRAPHIC

Mehr Bäume.
Weniger CO₂.
www.cpibooks.de/klimaneutral

Mehr über unsere Autoren und Bücher:
www.malik.de

*Visualisiere Deine Wünsche und Ziele und
erfülle Dir dadurch Deine Träume.*

Bibliografische Information der Deutschen Nationalbibliothek
Die Deutsche Nationalbibliothek verzeichnet diese Publikation in der
Deutschen Nationalbibliografie; detaillierte bibliografische Daten
sind im Internet über http://dnb.d-nb.de abrufbar.

MALIK NATIONAL GEOGRAPHIC

Ungekürzte Taschenbuchausgabe
Juni 2017
© Piper Verlag GmbH, München/Berlin 2015
Redaktion: Matthias Teiting, Dresden
Fotos im Bildteil: Johannes Burges, außer:
S. 1 unten, 4 unten, 6 oben, 11 oben (Wolf Schroen)
Umschlaggestaltung: Dorkenwald Grafik-Design, München
Umschlagabbildung: mauritius images/alamy und Daiki and Hiroki (Brothers) –
shimizu (vorne), iofoto/fotolia (hinten)
Autorenfoto: Claus Schunk
Satz: Kösel Media GmbH, Krugzell
Druck und Bindung: CPI books GmbH, Leck
Printed in Germany   ISBN 978-3-492-40621-5

Das Papier wurde aus chlorfrei gebleichtem Zellstoff hergestellt.

Inhalt

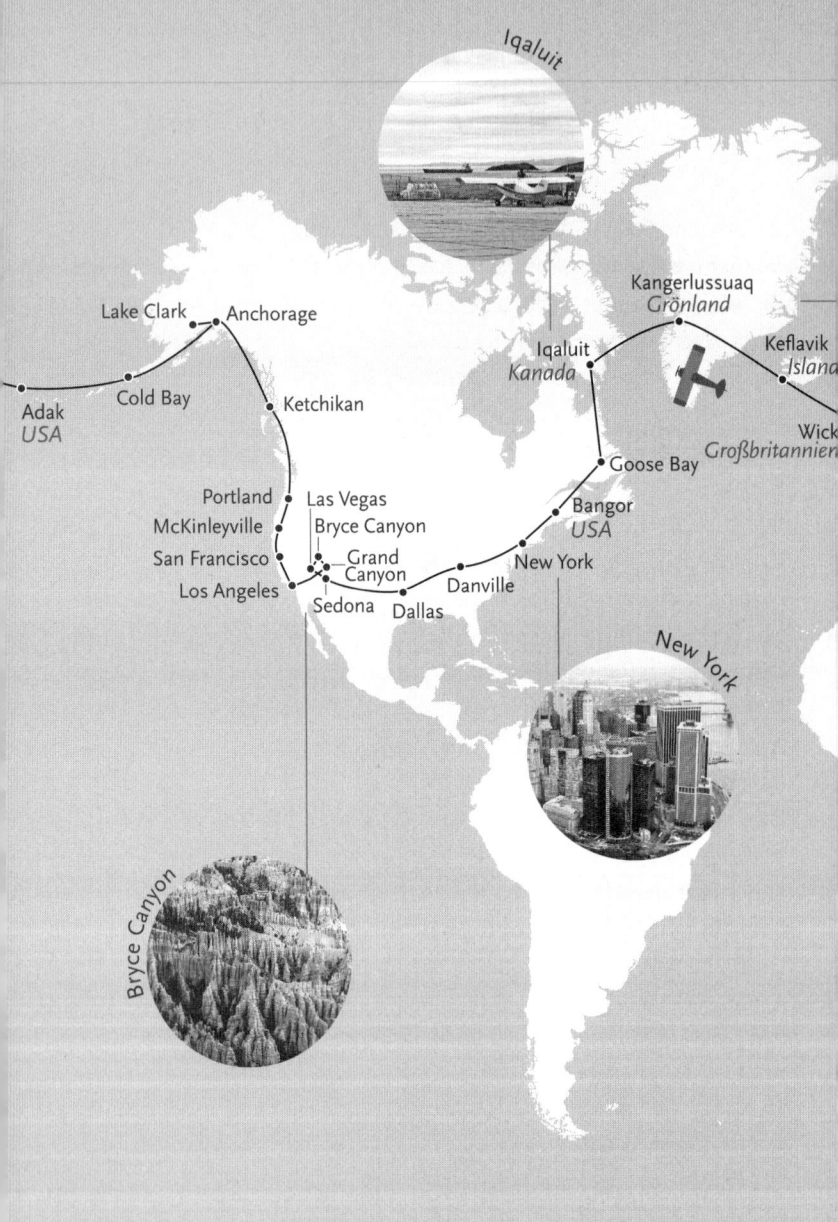

Iqaluit

Kangerlussuaq
Grönland

Keflavik
Island

Iqaluit
Kanada

Lake Clark   Anchorage

Wick
Großbritannien

Adak
USA

Cold Bay

Ketchikan

Goose Bay

Portland

Las Vegas

Bangor
USA

McKinleyville

Bryce Canyon

San Francisco

Grand
Canyon

New York

Los Angeles

Sedona   Dallas

Danville

New York

Bryce Canyon

N

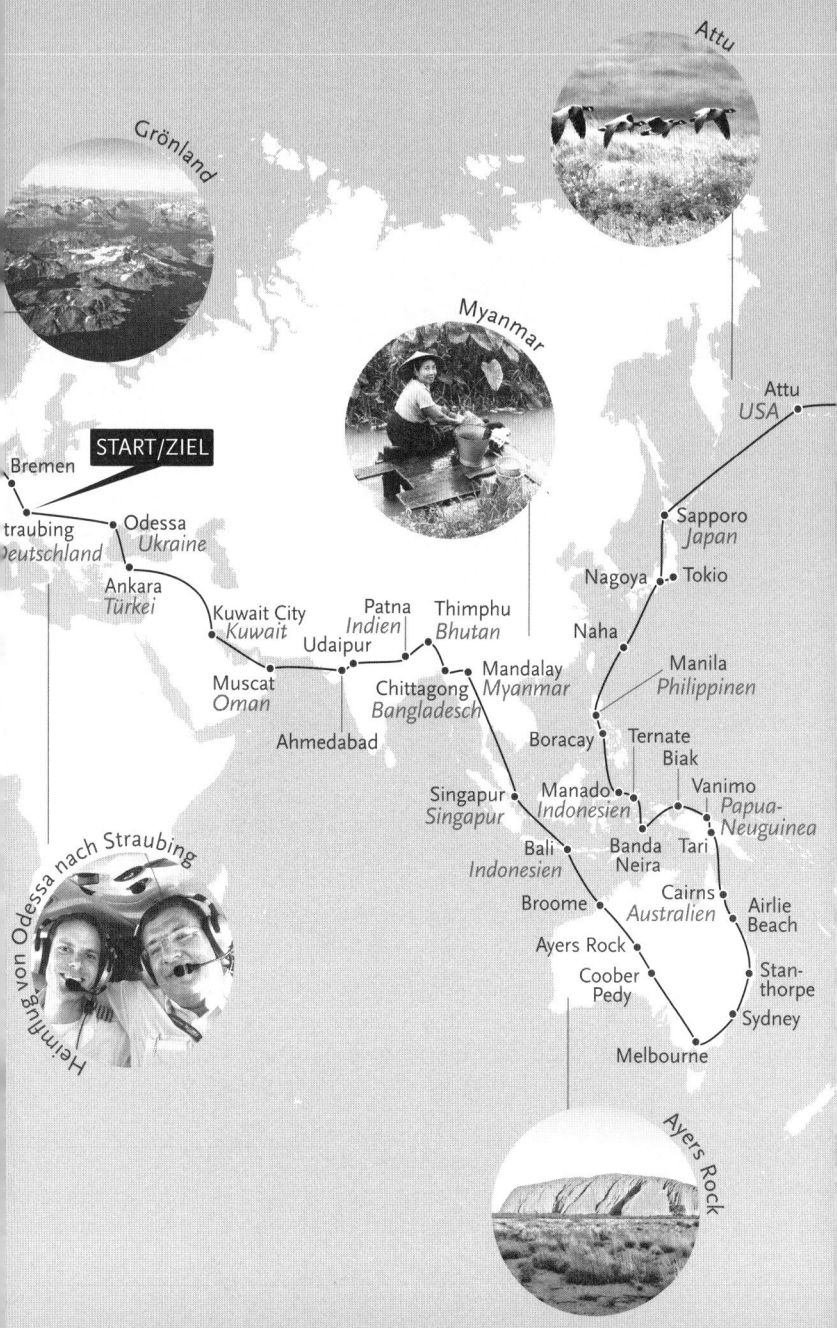

Grönland

Attu

Myanmar

Attu
USA

Bremen

START/ZIEL

traubing
Deutschland

Odessa
Ukraine

Ankara
Türkei

Kuwait City
Kuwait

Patna
Indien

Thimphu
Bhutan

Sapporo
Japan

Udaipur

Nagoya

Tokio

Muscat
Oman

Mandalay
Myanmar

Chittagong
Bangladesch

Naha

Manila
Philippinen

Ahmedabad

Boracay

Ternate

Biak

Singapur
Singapur

Manado
Indonesien

Vanimo
*Papua-
Neuguinea*

Bali
Indonesien

Banda
Neira

Tari

Broome

Cairns
Australien

Airlie
Beach

Ayers Rock

Coober
Pedy

Stan-
thorpe

Sydney

Melbourne

Heimflug von Odessa nach Straubing

Ayers Rock

Bis ans Ende der Welt – und noch etwas weiter

Ganz allein stehe ich auf der Landebahn, in meinem dicken, orangefarbenen Überlebensanzug. Es ist kurz nach Sonnenaufgang. Um mich herum befindet sich im Umkreis von gut 300 Kilometern keine Menschenseele: kein Dorf, keine Stadt. Nur das Meer, das Rauschen des Pazifiks. Nur die unbewohnten Ausläufer der Aleuten, einer schmalen Inselkette, die sich von Alaska aus in einem weiten Bogen westwärts in den Pazifik erstreckt.

Ich stehe regungslos da und blicke ins Nichts. Ich habe Angst, gewaltige Angst vor einem Flug, wie ich ihn noch nie gemacht habe: über den nördlichen Pazifik hinweg, über eine Gegend, in der kaum jemand unterwegs ist, weil das Wetter meist so schlecht und der Seegang so hoch ist. Ein halber Tag übers offene, wilde Meer.

Links und rechts von mir erheben sich die steilen, knapp 900 Meter hohen Berge von Attu. Eine verlassene Insel, schroffe Felsen im Morgenlicht. Wenn es irgendwo ein Ende der Welt gibt, dann liegt Attu noch ein gutes Stück dahinter: ein weit abgelegener Felsen inmitten des unwirtlichen Pazifiks. Umtost von den Wellen, zerzaust vom Sturm, einsam und wild. Kein Strauch wächst auf den Hängen, nur Moos und Gras.

Von der Kulisse nehme ich in diesem Moment allerdings kaum etwas wahr, stattdessen rasen die Fragen durch meinen Kopf: Warum um Himmels willen habe ich mir das angetan? Warum wollte ich unbedingt nach Attu?

Attu – das ist der westlichste Punkt der Vereinigten Staaten von Amerika. Die Insel liegt zehn Flugstunden westlich von Anchorage, mitten in der Barentsee. Von Attu aus ist es näher nach

Russland als auf das Festland von Alaska. Russische Pelzjäger kamen im 18. Jahrhundert her, um Seeotter zu jagen. Einer der Jäger musste sieben Jahre auf der Insel ausharren, ehe ein Schiff ihn abholen kam. Und jetzt – kommt kein Schiff mehr nach Attu.

Nach dem Zweiten Weltkrieg haben die Amerikaner die Insel sich selbst überlassen. Im August 2010 ist als Letztes auch die US-Küstenwache abgezogen, hat diesen äußersten Außenposten der Vereinigten Staaten aufgegeben. Das Flughafengebäude und die Baracken der Coast Guard sind verlassen. Der Wind schlägt den eisigen Regen gegen die Bretter, mit denen die Fenster zugenagelt wurden.

Eine Geisterinsel.

Es gibt einen Tower, den niemand mehr bedient. Es gibt eine Landebahn, die niemand mehr pflegt. Seit Jahren landen hier keine Flugzeuge mehr. Wieso auch? Wer will schon nach Attu?

Und nun sind wir hier und wollen ausgerechnet von dieser Geisterinsel, von diesem Geisterflughafen aus starten. Verrückt? Ja, völlig verrückt. Zehn, elf Stunden wird unser Flug nach Japan dauern – wenn der Wind günstig steht und alles gut geht. 2800 Kilometer liegen vor uns, über das offene Meer bis nach Sapporo. Auf dieser Strecke gibt es keine einzige Insel, auf der wir notlanden könnten. Und wenn der Wind nicht von hinten kommt, sondern uns von vorn entgegenblasen sollte, wenn unser winziges Flugzeug also gegen die Gewalten der Natur ankämpfen muss – dann können es auch zwölf, dreizehn Stunden werden. Vielleicht sogar vierzehn oder fünfzehn. Dann könnte es knapp werden mit dem Sprit. Und leider bläst der Wind über dem nördlichen Pazifik meist aus Westen. Also tatsächlich von vorn.

»Maggie«, schaffst du das? Können wir dir vertrauen?

»Maggie« steht vor mir auf der Landebahn: ein winziges Flugzeug. Eine *Mooney M20T*, Baujahr 1997, eine einmotorige Sportmaschine mit Kolbenmotor. Menschen, die selbst nicht fliegen, würden sie vermutlich für eine *Cessna* halten, weil sie genauso klein ist.

Während ich auf der Landebahn stehe, schießen mir die wildesten Gedanken durch den Kopf. Ich denke an meine Familie in München, an meine Frau Heike und meine zehnjährige Tochter Marie. Werde ich sie wiedersehen? Werde ich den Flug über den Pazifik heil überstehen? Mein Frau hat immer gesagt: Erfüll dir deinen Traum! Flieg einmal um die Welt! Aber sie wusste nicht, was es heißt, von Attu nach Sapporo zu fliegen. Ich habe Todesangst…

Und in diesem Augenblick mache ich etwas, was ich sonst nie tue: Ich bete zu Gott. Eigentlich bin ich kein religiöser Mensch, es ist Ewigkeiten her, dass ich zum letzten Mal in der Kirche gewesen bin. Aber nun halte ich Zwiesprache mit dem Mann da oben im Himmel. Die Grenzerfahrung, vor der ich stehe, dieses Spiel mit Leben und Tod, lässt ihn mir plötzlich ganz naherücken. Ich bitte den lieben Gott um Hilfe bei dem, was ich vorhabe.

Seit einem halben Jahr habe ich jeden Tag an Attu gedacht. Habe mir überlegt, wie es wohl sein wird auf dieser Insel. Habe von Attu geträumt und mir einen Film aus dem Internet heruntergeladen über dieses spezielle Eiland und seinen gottverlassenen Flughafen. Ich habe Albträume gehabt, obwohl ich mir doch eigentlich etwas Schönes erfüllen wollte.

Mein Traum: Ich will um die Welt fliegen – nicht in einer Linienmaschine, nicht mit einem dieser »Round the World«-Tickets, die es im Reisebüro zu kaufen gibt. Nein, ich will das ganz große Abenteuer. Deshalb sitze ich selbst am Steuer meiner kleinen Sportmaschine. Solche Propellerflugzeuge, angetrieben von einem Kolbenmotor, sind eigentlich nur dafür gebaut, ein paar Hundert Kilometer zurückzulegen. Von München nach Kiel. Von München nach Mallorca. Das alles habe ich in den letzten zwölf Jahren gemacht, seit ich meinen Pilotenschein erworben habe. Einmal bin ich sogar von München bis nach Spitzbergen geflogen. Habe mich da schon mutig gefühlt, wie ein richtiger Abenteurer.

Aber einmal um die Welt? In einer *Mooney*? In so einer kleinen Kiste? Wahnsinn, sagen alle, denen ich in den Monaten zuvor davon erzählt habe. Freunde, die selbst nicht fliegen, aber auch erfahrene Piloten haben mir abgeraten. Mach das nicht! Das Flugzeug ist zu klein, haben sie gesagt, die Maschine zu schwach, das Risiko zu groß.

Ich mache es trotzdem. Denn ich bin davon überzeugt, dass ich meine Grenzen überwinden kann. Auch die Grenze der Angst. Ich will es mir beweisen, ja, vor allem mir selbst. Aber ich will es auch denen beweisen, die zweifeln, die dieses Abenteuer, meinen Flug um die Welt, für allzu verwegen halten.

Zu zweit machen wir diese Reise, zu zweit werden wir »Maggie« steuern. Pilot und Co-Pilot: Mal ist es der eine, mal der andere. Mal Wolf Schroen, mal ich. Wir werden uns abwechseln, wir ergänzen uns gut. Ich bin der Draufgänger, Wolf ist der Bedächtige. Ich bin der Ungeduldige, Wolf ist der Gelassene. Ich drängele mich in einer Schlange gern vor, wenn ich es eilig habe, Wolf stellt sich immer hinten an (wirklich immer). Ich werde schon mal unwirsch, wenn mir etwas nicht passt, Wolf bleibt selbst in Stresssituationen immer die Ruhe selbst (na ja, fast immer). Er, der Deutsch-Amerikaner, geboren in Dallas, ist der große Weltenbummler, und ich, der gebürtige Bayer, seit jeher in und um München zu Hause, ich bin der Bodenständige.

So unterschiedlich wir sind, so gut verstehen wir uns. Ich kenne Wolf erst seit einem Jahr, nicht sehr gut also. Wir sind keine alten Freunde, sondern zwei, die sich durch Zufall gefunden haben. Aber uns verbindet etwas Entscheidendes: Wolf ist genauso flugverrückt wie ich, vielleicht sogar noch ein bisschen verrückter. Auch er will seit Jahren einmal um die Welt fliegen und sucht schon lange jemanden, der mit ihm dieses Abenteuer wagt. Genauso wie ich jemanden gesucht habe, der es mit mir wagen würde. Nun wagen wir es gemeinsam.

Was wir vorhaben, das ist bislang erst wenigen Menschen gelungen. Seit 1924 sind gerade mal 194 einmotorige Kleinflugzeuge um die Welt geflogen, die meisten in östlicher Richtung, mit Rückenwind. Nur 44 Maschinen haben es in westlicher Richtung geschafft, die letzte vor zwei Jahren.

»Earthrounders« heißen diese Piloten, die die Welt mit einem Flugzeug umrundet haben. Es gibt einen gleichnamigen Club, der über alle erfolgreichen oder gerade aktuellen Umrundungsflüge Buch führt. Die ersten »Earthrounders« waren zwei Soldaten der US-Luftwaffe, die am 6. April 1924 mit ihren Doppeldeckern, genannt »Chicago« und »New Orleans«, von Seattle aus gestartet sind. Nach 175 Tagen waren sie wieder zurück. Zwei andere Maschinen schafften es nicht: Die »Seattle« zerschellte an einem Berg in Alaska, die »Boston« musste nahe Grönland notwassern; die Piloten überlebten in beiden Fällen.

Auf ihrer Reise um die Welt sind die ersten »Earthrounders« am 9. Mai 1924 auch auf Attu gelandet. Eine Metalltafel, die wir unweit der Landebahn entdeckt haben, erinnert an den »First World Flight« und an Lieutenant Erik H. Nelson, den Piloten der »New Orleans«, dem die erste Erdumrundung gelungen ist. Sechs Tage später sind die beiden Piloten weiter gen Japan geflogen – westwärts, genau wie wir.

Fast sieben Jahrzehnte danach ist ein Flug um die Welt, zumal in einem so kleinen Flugzeug wie unserer *Mooney*, immer noch ein Abenteuer. Eines mit Risiken. Eines aber auch, das unvergleichliche Erlebnisse verspricht. 80 Tage, so der Plan, soll unsere Reise dauern – 80 Tage, in denen wir in 20 Ländern Station machen und unterschiedlichste Kulturen erleben werden. Wir werden viel Zeit in der Luft verbringen, aber noch viel mehr Zeit am Boden.

Was die Philosophie unserer Reise anbelangt, sind Wolf und ich uns einig: Wir wollen nicht im Schweinsgalopp um die Welt fliegen, sondern Land und Leute so gut wie möglich kennenlernen. Auch wenn wir nicht gemächlich mit dem Rucksack reisen oder mit dem Fahrrad um die Welt radeln, so wollen wir doch überall dort, wo wir mit »Maggie« landen, möglichst tief in die Kultur vor Ort eintauchen.

Der Reiz unserer Erdumrundung besteht dabei aus den extremen Gegensätzen, die wir innerhalb kürzester Zeit erleben werden: Mal stecken wir im ewigen Eis des Polarmeeres – und nur drei Tage später laufen wir durch die Straßenschluchten von Manhattan. Mal landen wir in der völligen Einsamkeit Alaskas – und nur eine Woche später in Tokio, der Mega-Metropole mit ihren 20 Millionen Einwohnern. Mal genehmigen wir uns einen Drink in einem Luxushotel in Singapur – und nur wenige Tage später laufen wir durch die Armenviertel von Chittagong, der zweitgrößten Stadt in Bangladesch. Mal empfangen uns korrupte Zöllner und feindselige Soldaten – oft aber werden wir Menschen erleben, die uns mit großer Herzlichkeit und Offenheit begrüßen und staunen über »the two crazy Germans«, die mit ihrem Mini-Flugzeug um die Welt fliegen.

20 Länder in elfeinhalb Wochen: Das soll uns einen faszinierenden Blick auf unsere Welt ermöglichen, auf wuchernde Metropolen und einsame Landstriche, auf traumhafte Strände und schneebedeckte Himalaja-Gipfel, auf coole Kneipen in Australien und lärmende Straßenhändler in Myanmar. Und es soll uns helfen, die Geschichte unserer Welt besser zu verstehen: die Geschichte der Ureinwohner und Eroberer, der Kolonialmächte und Weltmächte, die Geschichte von Reichtum und Armut, von Aufstieg und Fall, von Mensch und Natur.

Und dann, plötzlich, sind wir schon drei Wochen unterwegs: Von Straubing, eine Autostunde nordöstlich von München, sind wir nach Bremen geflogen, von dort über Schottland, Island und Grönland ins eisige Kanada. Anschließend ging's nach New York und weiter nach Dallas. Es folgte der Südwesten der USA: Las Vegas samt Grand Canyon und Bryce Canyon, Kalifornien samt

Los Angeles und San Francisco. Von dort hoch nach Norden, entlang der Pazifikküste nach Anchorage. Und schließlich über die Aleuten bis nach Attu.

Vor uns liegt nun die gefährlichste Herausforderung unserer Erdumrundung: der Flug über den Pazifik. Hier zeigt sich, ob wir den notwendigen Mut haben – oder nicht. Hier zeigt sich, ob unser Flugzeug ausreichend Kraft hat für diese Reise – oder nicht. Es geht, so dramatisch das auch klingen mag, um Leben und Tod.

Am Tag zuvor sind wir auf Attu gelandet. Wir kamen von Adak, einer anderen, unwirtlichen Aleuteninsel. Als wir uns am frühen Nachmittag Attu näherten, schien die Sonne. Allein das ist schon bemerkenswert. Denn normalerweise hängen an über 355 Tagen im Jahr dichte Wolken über der Insel. Nur an acht bis zehn Tagen regnet es nicht, nur an acht bis zehn Tagen herrscht Sonnenschein – und in der Nacht kann man die Sterne sehen. Und wir erwischen einen dieser Tage! Was für ein Glück!

Attu sieht beeindruckend aus, wie es so daliegt: eine 56 Kilometer lange und 31 Kilometer breite Insel mit vielen schmalen Buchten, unendlich vielen Tälern und Hügelkämmen. Dennoch geben wir nicht der Versuchung nach, eine Runde um die zerklüftete Insel zu fliegen – wir müssen Sprit sparen für den Flug am nächsten Tag. Und so steuern wir schnurstracks auf die Landebahn zu, vorbei an einem Flugzeugwrack, das dort in den Bergen liegt. Am 30. Juli 1982, einem jener vielen nebligen Tage, zerschellte hier eine Transportmaschine der US Coast Guard, eine *Hercules*. Die Piloten waren sofort tot. Die Trümmer wurden in dem unwegsamen Gelände bis heute nicht geborgen. Eine beklemmende Erinnerung daran, wie gefährlich die Landung auf dieser Insel sein kann.

Nach der Landung suchen wir uns als Erstes einen Schlafplatz und finden ihn in einer windgeschützten Ecke hinter dem alten Flughafengebäude. Nicht weit von zwei großen Satellitenschüsseln entfernt schlagen wir das grüne Drei-Mann-Zelt auf, das wir in Anchorage, Alaska, gekauft haben. Neben dem Flughafengebäude erhebt sich ein Gerippe aus Stahl, der ehemalige Funkmast, über den seit drei Jahren niemand mehr funkt. Auch unsere Handys funktionieren nicht. Selbst das Satellitentelefon, über das wir bislang überall telefonieren konnten, meldet: Kein Empfang! Wenn nicht unten auf dem Vorfeld »Maggie« stünde, käme ich mir fast wie Robinson Crusoe vor, gestrandet im Nirgendwo, fernab von allem Menschenleben. Stattdessen beschleicht mich ein zwiespältiges Gefühl. Einerseits fühle ich mich ungeheuer frei, weil ich die Zivilisation hinter mir gelassen habe – weiter als jemals zuvor in meinem Leben. Andererseits empfinde ich eine leise Beklemmung, weil wir ganz auf uns allein gestellt sind und uns niemand helfen kann.

Die Relikte des Zweiten Weltkriegs, die auf Attu überall zu besichtigen sind, steigern dieses Gefühl der Beklemmung noch. Aus Deutschland kenne ich das nicht: Fast sieben Jahrzehnte nach Kriegsende sind Ruinen und Schutt, Minen und Bomben längst beseitigt. Nur ab und zu flackert beim Fund einer Fliegerbombe die Erinnerung an die mörderische Epoche kurz auf, ehe sie ebenso schnell wieder verblasst.

Auf Attu dagegen habe ich das Gefühl, als sei der Zweite Weltkrieg noch gar nicht lange vorüber. Auf einer Anhöhe oberhalb des Flugplatzes thront eine Flugabwehr-Kanone, etwas weiter liegt ein verrosteter Flugzeugpropeller im Gras. Als wir hinunterlaufen zum Meer, über einen anfangs geteerten Weg, der später in einen Schotterpfad mündet, stehen links und rechts Schilder, die vor Sprengsätzen warnen: »Caution! Unexploded Ordnance Present on Island« – Vorsicht! Nicht explodiertes Kriegsgerät auf der Insel. Wir wagen es deshalb nicht, den Weg zu verlassen und in die Hügel zu stapfen – so verlockend es wäre, von dort den Blick über die Insel schweifen zu lassen.

Attu war im Zweiten Weltkrieg eine umkämpfte Insel. Am 7. Juni 1942 sind in der Bucht, in der Wolf und ich heute unser Zelt aufschlagen, die Japaner gelandet. Es ging ihnen um die

Seeherrschaft im nördlichen Pazifik. Fast ein Jahr hielten die Japaner sich auf Attu. Am 29. Mai 1943 gelang es den Amerikanern jedoch, die Insel nach einer blutigen Schlacht zurückzuerobern. 580 amerikanische Soldaten und 2351 japanische Soldaten starben. Nur 28 Japaner überlebten, die meisten anderen sprengten sich, als die Niederlage absehbar war, mit ihren Handgranaten in die Luft.

Als wir unten am Wasser sitzen, jeder eine Flasche »Alaskan Beer« in der Hand, die wir aus Adak mitgebracht haben, versuche ich mir vorzustellen, wie das vor sieben Jahrzehnten wohl gewesen ist, als um diese Insel so erbittert gefochten wurde. Hinter uns erhebt sich der dunkle Kastenbau einer rostigen Halle, daneben stehen Telefonmasten, die keine Leitungen mehr tragen. Vor uns das Meer. Die Reste eines hölzernen Piers. Schiffe haben hier angelegt, um die 47 Menschen zu versorgen, die auf Attu bis zur Invasion der Japaner gelebt haben. Seither verrotten die Pfähle, die Querbalken des Piers sind verschwunden. Genau hier sind auch die Amerikaner gelandet, um Attu zurückzuerobern. Ausgehend von der »Massacre Bay«, wie sie bis heute in manchen Karten heißt, sind sie mit ihrer Übermacht von 15 000 Soldaten ins Innere der Insel vorgedrungen und haben die Japaner binnen weniger Tage bezwungen.

Als die Sonne untergeht, stiefeln wir zurück zu unserem Schlafplatz und machen uns auf einem Holztisch, der neben dem Flughafengebäude steht, ein Abendessen. Der Blick ist spektakulär. Wir schauen auf die schroffen Berge von Attu. Die Strahlen der Sonne tauchen die Wolken erst in ein sattes Gelb, dann in ein Orange. Später, nach Sonnenuntergang, leuchten die Berge und das Meer in einem tiefen, satten Blau.

Unser Abendessen ist nicht sehr opulent, aber wir zelebrieren es, als säßen wir in einem guten Restaurant. Wir decken den Holztisch mit dem ein, was wir am Tag zuvor in Adak zusammengeklaubt haben: Teller aus Styropor, Plastikbesteck, Plastikbecher, Papierservietten. Wir richten das Brot und die Ritz-Kekse auf einem der Teller an, schneiden den Cheddar-Käse auf und drapieren die Scheiben liebevoll auf einem weiteren Teller. Als Getränke haben wir Milch und Kakao in Flaschen dabei, außerdem einen großen Wasserkanister. Doch vor allem trinken wir jeder eine ganze Flasche kalifornischen Rotwein, einen Cabernet Sauvignon. Wir saufen an gegen die Angst.

»Ich hab Schiss«, sage ich zu Wolf.

»Ich auch«, entgegnet er knapp.

Wolf hat die halbe Welt gesehen, hat über 50 Länder bereist. Asien. Arabien. Europa. Südamerika. Er hat neben einer einsamen Straße in Weißrussland gezeltet, war in Syrien unterwegs oder ist auf den Kilimandscharo gestiegen. Eigentlich ist er ein gelassener, fröhlicher Typ, aber nun packt auch ihn die Furcht.

Um uns abzulenken, planen wir akribisch den nächsten Tag. Gehen noch einmal Schritt für Schritt alles durch. Überlegen, wann wir aufstehen. Wann wir starten. Wie schnell und wie hoch wir fliegen sollen. Wir berechnen noch einmal, ob unser Sprit für den langen Flug über den Pazifik reichen wird. Wie oft haben wir das in den letzten Wochen gemacht? Achtmal? Zehnmal? »Ja, der Sprit wird reichen, bestimmt«, sagt Wolf in seinem texanisch gefärbten Deutsch.

Er ist ein drahtiger Kerl, groß, schlank. Seine Augen blitzen unentwegt, und in diesem Moment kann ich in ihnen nicht bloß die Angst, sondern auch die Vorfreude auf das sehen, was uns am nächsten Tag bevorsteht. Der Wein löst unsere Zungen, er vertreibt unsere Anspannung. Und so reden wir schon bald nicht mehr übers Fliegen, sondern über die Dinge, die wirklich unser Herz bewegen. Ich erzähle von Heike und Marie, die ich beide so sehr liebe, von unserem wunderbaren Leben zu dritt in Pullach. Und Wolf erzählt von Caroline, seiner Freundin, die in San Francisco lebt, weit weg von Berlin, in Deutschland, wo er seit Jahren zu Hause ist.

In ein paar Monaten, erzählt Wolf begeistert, werde er zu Caroline ziehen. Kalifornien statt Deutschland. Pazifik statt Spree.

Und dann werde er mit ihr zusammen mit einem VW-Bus hinunter bis nach Südamerika fahren. So ist Wolf: Er denkt schon an das nächste Abenteuer, ehe er dieses hinter sich gebracht hat. Ein ewiger Weltenbummler.

Als wir uns genug Mut angetrunken haben und es dunkel wird, gehen wir zum Zelt und schlüpfen in unsere Schlafsäcke. Es ist kalt, nur knapp über null Grad. Über meine Jeans und meinen Pulli streife ich das wattierte Innenelement des Überlebensanzugs, außerdem ziehe ich meine Winterjacke an und setze eine Mütze auf.

Ich schlafe tief und fest, als Wolf mich mitten in der Nacht wecken kommt.

»Johannes, schau dir die Sterne an, das ist unglaublich«, sagt er.

»Ach, lass mich schlafen«, knurre ich und drehe mich um.

Sterne? Gibt es überall. Habe ich schon gesehen.

Aber von wegen. Zwei, drei Stunden später muss ich pinkeln. Schlaftrunken taumele ich aus dem Zelt, in der einen Hand eine Taschenlampe. Die Nacht ist tiefschwarz; als ich jedoch nach oben schaue, kann ich es kaum fassen: Über mir erstreckt sich ein Himmel, wie er phantastischer nicht sein könnte. Im Umkreis von mehreren Hundert Kilometern gibt es hier keine einzige Lichtquelle – die Sterne glitzern und funkeln in einer Pracht, die ich aus Europa nicht kenne, nicht einmal aus Regionen, die fernab der Großstädte liegen.

Und dann erhebt sich mit lautem Flügelschlagen und Geschnatter ein Schwarm Wildgänse in den Himmel, aufgeschreckt von mir, dem seltsamen Besuch auf der Insel. Es ist wie in einem Film. Wie in einem Geisterfilm. Und ich bin mittendrin. Lange bleibe ich vor dem Zelt stehen. Blicke hoch zum Himmel, zu den Sternen, zur leuchtenden Milchstraße.

Am nächsten Morgen sind wir vor Sonnenaufgang auf den Beinen. Wir reden nicht viel, sind in uns gekehrt vor dem langen Flug. Wir wissen genau, was wir zu tun haben. Wolf ist der Penible von uns beiden, deshalb läuft er vor dem Frühstück die Landebahn ab. Liegen dort vielleicht Steine herum? Gibt es Schlaglöcher? Schon bei der Landung haben wir nichts dergleichen gefunden, aber sicher ist sicher. Nach dem Frühstück laufe auch ich noch einmal die Piste ab.

Danach ziehen wir »Maggie« vorsichtig aufs Vorfeld. Wir wollen auf keinen Fall, dass der Propeller auf den Asphalt schlägt und beschädigt wird, so wie ein paar Wochen zuvor bei einer missglückten Landung in Deutschland. Wir sind wegen des Schadens, den »Maggie« dort genommen hat, noch immer leicht paranoid, immerhin haben wir den Abflug für unsere Erdumrundung deswegen verschieben müssen und die ersten beiden Tage mit Warten verbracht. Wenn dem Flugzeug hier das Gleiche passiert, können wir nicht fliegen und müssen hoffen, dass jemand nach uns sucht. Denn Hilfe rufen können wir nicht. Kein Empfang.

Wir packen unser Gepäck in die Maschine. Das Zelt. Die Rucksäcke und Taschen. Selbst auf dieser menschenleeren Insel habe ich meine Kamera, meinen Laptop und mein iPad nachts nicht im Flugzeug gelassen, sondern mit ins Zelt genommen. Aus Gewohnheit – damit nichts gestohlen wird. Hinter den beiden Pilotensitzen erhebt sich unser schwarzer Zusatztank, die »Big Bertha«, prall gefüllt bis obenhin.

Die Sonne ist mittlerweile aufgegangen. Am Himmel ziehen Schäfchenwolken vorbei. Wir haben tatsächlich bestes Flugwetter. Wolf wartet etwas entfernt, am Rande des Vorfelds. Ich stehe auf der Rollbahn und bete.

Lieber Gott, geleite mich sicher über den Pazifik.

Lieber Gott, sorge dafür, dass ich wieder heimkomme nach München, zu Heike und Marie.

Wenn über dem Pazifik der Motor aussetzt, wenn wir im Meer notwassern müssen, sind die Aussichten, dass wir überleben, nicht gut. Schon bei der Landung kann es die *Mooney* zerreißen. Wenn wir es auf unsere Rettungsinsel schaffen, haben wir vielleicht eine Chance. GPS-Sender, Leuchtraketen, Notrationen – haben wir alles dabei. Irgendwer wird uns dann finden. Ein Flugzeug. Ein Schiff. Möglicherweise.

Und wenn wir es nicht auf die Rettungsinsel schaffen? Dann könnten wir mit unseren Überlebensanzügen in den Pazifik springen. Aber viel länger als 45 Minuten würden wir in dem eisigen Wasser nicht überleben.

Vier, fünf Minuten stehe ich so da und bete.

Schließlich sagt Wolf: »Los geht's!«

»Ja«, sage ich, »los geht's!«

Vorsicht, Kolbenfresser!

Dunkel ist es, verdammt dunkel. Ein Gewitter tobt in der Nacht. Nur ab und zu, wenn ein Blitz zuckt, kann ich etwas erkennen. Wie, frage ich mich verzweifelt, soll ich es bei diesem Seegang in die Rettungsinsel schaffen? Das orangefarbene Ding hüpft vor mir auf den Wellen. Zwei Meter sind die Brecher hoch, vielleicht auch etwas höher. Die Gischt schlägt gegen das Cockpit, ich hänge in der Tür, die schon halb unter Wasser ist, und arbeite mich Stück für Stück heraus. Mir ist schummerig, im Magen habe ich ein flaues Gefühl. Dann springe ich ins Wasser, schwimme rüber zur Rettungsinsel. Ich bin drin!

So ist es also, wenn man mit einem Flugzeug im Meer notwassern muss. Ein beängstigendes Gefühl. Zum Glück ist das hier nur ein Training. Fünf Monate vor dem Start unserer Weltreise übe ich im Maritimen Trainingszentrum Wesermarsch in Elsfleth, eine halbe Autostunde nordwestlich von Bremen, wie ich nach einer Notlandung im Meer überleben kann.

Die Vorhänge der Halle in Elsfleth sind zugezogen, die Rotoren der Windmaschine erzeugen einen heftigen Sturm, die Wellenmaschine wühlt das Wasser in dem fünf Meter tiefen Trainingsbecken auf. Die Blitze werden von einer Stroboskop-Anlage erzeugt, wie ich sie aus dem PI in München kenne, dem bekanntesten Club der Stadt, wo ich in meinen wilden Jahren mal als Türsteher gearbeitet habe.

Natürlich kann ich in Elsfleth nicht alles üben. Wie wir im Ernstfall mit unserem Flugzeug auf dem Wasser landen? Das müssen wir irgendwie hinbekommen: sanft auf den Wellen aufsetzen, Fahrwerk drinnen lassen – und beten, dass alles gut geht.

Es ist Mitte März. Die Zeit der Vorbereitung hat begonnen. Bisher allerdings haben wir nicht einmal ein Flugzeug. Unser

Vorhaben fühlt sich ein wenig irreal an, obwohl wir bereits im August starten wollen. Dann plötzlich, es ist noch im März, schickt Wolf mir eine Mail. Aufgeregt schreibt er vom Kauf eines Flugzeugs: »Ich habe es gekauft. Wow. Was habe ich gemacht?!?!« Wochenlang hat er sich informiert, welches gebrauchte Klein-flugzeug für uns das Beste wäre, hat sich umgeschaut, anfangs in Deutschland, später in den USA. Nach Minnesota und Florida ist er gereist und hat die *Mooney* schließlich in Borne in Texas ausfindig gemacht.

Texas – das ist sein Heimatstaat. Wolf wurde in Dallas gebo-ren, er ist Deutsch-Amerikaner, hat einen amerikanischen Pass. Sein Vater stammt, so wie ich, aus München und ist vor 50 Jah-ren in die USA ausgewandert. Wolfs Mutter wurde in den Nie-derlanden geboren, auch sie hat vor Jahrzehnten Europa verlas-sen. Allerdings besitzen seine Eltern nach wie vor eine Wohnung im Lehel, einem hübschen Münchner Stadtviertel, wo sie regel-mäßig zu Besuch sind.

Auch Wolf hat es im Jahr 2000 nach Deutschland gezogen. In München hat er als Guide bei einem Unternehmen gearbeitet, das Sightseeing-Touren mit dem Fahrrad anbietet. Vier Jahre später hat er sich mit der gleichen Idee selbstständig gemacht und in Berlin, direkt am Alexanderplatz, ein eigenes Unterneh-men für Fahrradtouren gegründet. Vor allem Rucksacktouristen aus aller Welt, Amerikaner, Australier, Briten, Israelis, Neusee-länder, sind Kunden von »Fat Tire Bike Tours«. Mittlerweile gibt es Ableger in Barcelona, London und Paris. Ein Geschäft wie ge-macht für Wolf, den Vielreisenden, der sich auf der ganzen Welt zu Hause fühlt.

In seiner Mail schreibt Wolf, die *Mooney* sei »ein sehr schönes Flugzeug für unsere Reise«. Ich selbst bin bisher meist mit einer *Cessna 182 RG* geflogen, die ich mir regelmäßig auf einem klei-nen Flugplatz in Jeesenwang ausleihe, was eine halbe Auto-stunde westlich von München liegt. Die *Cessna* ist ein Traktor der Lüfte: Sie ist gutmütig und verzeiht auch gröbere Fehler.

Doch selbst wenn wir Zusatztanks einbauen würden, könnte eine Cessna mit Kolbenmotor höchstens acht oder neun Stunden ohne Pause fliegen. Uns stehen aber weitaus längere Flüge bevor – oder Strecken mit mehreren Etappen, auf denen es für uns keine Möglichkeit geben wird, das Flugzeug zu betanken. Also entscheidet sich Wolf für die *Mooney*. Die ist schneller, spritziger, und mit ihr können wir auch deutlich höher fliegen als mit einer *Cessna*, bis auf 24 000 Fuß, also auf umgerechnet 8000 Meter. Allerdings ist die *Mooney* auch wesentlich sensibler. »Maggie«, wie Wolf sie nennt, erwartet, dass man liebevoll und fürsorglich mit ihr umgeht. Sie ist eine echte Dame.

»Maggie«, die *Mooney* – das ist eine Alliteration ohne tieferen Sinn, aber mit einem schönen Klang. Der Name stammt von Caroline, die Wolf nach dem Flugzeugkauf noch in San Francisco besucht hat.

»Maggie«, die *Mooney* – sie soll uns um die Welt tragen. Wolf und mich. 80 Tage werden wir unterwegs sein. Diese Zahl hat sich bei uns eher zufällig ergeben, aber es war, als wir die Dauer unserer Reise ein paar Wochen vor dem Start erstmals überschlugen, ein schöner Zufall. 80 Tage – so lange war auch Phileas Fogg unterwegs, der britische Gentleman aus dem berühmten Roman von Jules Vernes. In meiner Jugend habe ich das Buch »In 80 Tagen um die Welt« regelrecht verschlungen. In den Wochen vor unserer Erdumrundung denke ich immer wieder daran. Fogg ist damals ohne jede Vorbereitung aufgebrochen. Er hat sich einfach auf den Weg gemacht. Mit den Mitgliedern seines Londoner Herren-Clubs hatte er um 20 000 Pfund Sterling gewettet, dass er in 80 Tagen die Welt umrunden werde. In der zweiten Hälfte des 19. Jahrhunderts war das ein schier unglaubliches Vorhaben. Das Flugzeug war noch nicht erfunden, das Auto auch nicht; es gab nur Schiffe, Kutschen und die Eisenbahn. Seine Reise führte über den Suezkanal, Bombay, Kalkutta, Hongkong nach Japan, weiter über den Pazifik nach San Francisco, danach nach New York und von dort nach Irland und zurück nach London. Nach seiner Rückkehr dachte Fogg zunächst, dass er seine Wette um wenige Minuten verloren habe. Doch dann stellte er fest, dass er unterwegs einen Tag gewonnen hatte, weil er die Datumsgrenze in östlicher Richtung überquert hatte.

Wir dagegen reisen westwärts.

Und das bedeutet, dass wir meist gegen den Wind fliegen müssen, ein Nachteil. Westwärts: Das bedeutet aber auch, dass wir Zeit gewinnen, weil wir der untergehenden Sonne entgegenfliegen, ein Vorteil. Auf den Flügen, die durch mehrere Zeitzonen führen, können wir ein, zwei Stunden länger in der Luft bleiben, ehe uns die Dunkelheit zur Landung zwingt.

Aber wird das gut gehen? Werde ich mit Wolf klarkommen? Und er mit mir? Wir haben zwar den gleichen Traum, den wir beide mit der gleichen Zähigkeit, mit dem gleichen Elan verfolgen, aber wir sind noch nie miteinander geflogen, haben niemals länger Zeit miteinander verbracht. Kennengelernt habe ich Wolf erst vor wenigen Monaten, bei einem Pilotentreffen im September 2012 im hessischen Egelsbach. Angestoßen durch einen Aufruf in der Fachzeitschrift »Pilot und Flugzeug« kamen damals rund 80 Piloten zusammen, die sich alle mit dem Gedanken trugen, um die Welt zu fliegen, und sich anhören wollten, was es an Vorbereitungen und Voraussetzungen bedarf, um eine solche Reise anzutreten. Die meisten entschieden sich am Ende dagegen.

Wie es der Zufall wollte, waren Wolf und ich die beiden Ersten, die damals am Flughafen Egelsbach ankamen. Ich stand ein wenig unruhig vor den noch verschlossenen Türen des Flughafen-Restaurants und wusste nicht, was mich in Egelsbach erwarten würde. Die Erdumrundung war für mich zu diesem Zeitpunkt nur ein vager Traum, von dem ich nicht wusste, wie ich ihn realisieren sollte. Ich hatte kein geeignetes Flugzeug, keinen Partner, nur diese fixe Idee im Kopf. Und dann stand plötzlich Wolf neben mir, und während des gemeinsamen Wartens merkten wir schnell, dass uns vieles verband: die Lust zum Abenteuer, die Liebe zum Fliegen – und auch die Liebe zu Autos. Wolf hatte auf dem Parkplatz gesehen, dass ich mit einem Mercedes SL nach Egelsbach gekommen war. Genau denselben Wagen fährt er in den USA. Nach dem Wirbelsturm Kathrina, der im August 2005 die Gegend um New Orleans zu weiten Teilen unter Wasser gesetzt hatte, war Wolf in den Besitz des völlig beschädigten Wagens gekommen. Sein Bruder, ein Hobby-Automechaniker, hatte den Mercedes anschließend restauriert.

In Egelsbach saßen Wolf und ich später an einem Tisch, redeten viel miteinander, fanden gleich einen Draht zueinander, und als ich erklärte, dass ich jemanden suchte, der mit mir um die Welt fliegen würde, sagte Wolf, er sei der richtige Mann. Und ich hatte das Gefühl: Ja, das ist er. Der richtige Partner für die Erdumrundung. Ein Flugzeug hatte ich noch immer nicht, aber Wolf sagte, er werde eines für uns finden, er wolle sich ohnehin eine Maschine kaufen. Ich war vollkommen perplex. Aus meinem großen Lebenstraum, dem Flug um die Erde, war plötzlich ein gemeinsamer Lebenstraum geworden: der Traum von Wolf und mir.

Aber manchmal trifft man ja Menschen im Leben, mit denen man sich sofort perfekt versteht – und bei Wolf und mir stimmte von Anfang an einfach alles. Jeder von uns war froh über die Stärken des anderen. Ich wusste: Wolf ist der erfahrenere Pilot, mit viel mehr Flugstunden. Ohne einen so erfahrenen Partner wäre ich – mit meinen gerade mal 250 Flugstunden – das Risiko dieser Reise niemals eingegangen. Wolfs Englisch ist – da er nun einmal in den Staaten aufgewachsen ist – viel besser als meines, weshalb er auch als Funker besser geeignet ist als ich. All das Knistern und Rauschen zwischen den oftmals nur schwer verständlichen Ansagen der Flugsicherheit macht ihm überhaupt nichts. Ich dagegen verstehe mich darauf, noch in der aussichtslosesten Situation jemanden aufzutreiben, der uns hilft. Ich knüpfe schnell Kontakte. Und lasse mich auch dann nicht unterkriegen, wenn ich irgendwo abgewiesen werde. Ein perfektes Team also, das sich bestens ergänzt.

Doch so gut wir zueinander passen, so sehr müssen wir uns auf unserem ersten gemeinsamen Flug, der Überführung von »Maggie« nach Deutschland, zunächst aneinander gewöhnen. Zwei Monate vor dem Start unserer Erdumrundung holen wir das Flugzeug in den USA ab. Per Linie fliege ich nach New York und fahre dann nach Farmingdale auf Long Island, eine gute Autostunde östlich von New York, wo die amerikanische Luftfahrtbehörde eines ihrer Büros betreibt. Von Deutschland aus habe ich mir einen Termin geben lassen, um meinen Flugschein für die USA umschreiben zu lassen – andernfalls dürfte ich »Maggie« in den USA nicht steuern. Auch ein paar Flugstunden zur Einweisung in eine *Mooney* musste ich in Deutschland nehmen.

In Farmingdale treffe ich Wolf. Ich bin ein wenig aufgeregt. Wie wird es wohl sein, mit Wolf zu fliegen? Wie wird es sein, mit ihm stundenlang in einer engen Kanzel zu hocken und gemeinsam über den Atlantik zu fliegen? Wolf kommt mit »Maggie« aus der Nähe von Washington angeflogen, wo er seine Schwester besucht hat. Die Überführung von »Maggie« nach Deutschland ist für uns beide nun die Gelegenheit, uns vor dem Start der Weltreise noch etwas besser kennenzulernen. Doch als ich das erste Mal das Steuer von »Maggie« übernehme, wirkt Wolf ein wenig nervös – schließlich ist es seine Maschine. Er hat sie bezahlt.

Und erst recht wird Wolf unruhig, als ich in Westfield Barnes im Bundesstaat Maine eine hundsmiserable Landung hinlege. Das wiederum macht mich nervös, weshalb mir nach dem Flug über Kanada, Grönland, Island und Schottland die Landung in Berlin-Schönefeld nicht viel besser gelingt: »Maggie« berührt den Boden, springt in die Luft, berührt mit den Reifen wieder die Landebahn, springt nochmals in die Luft, ehe ich sie endgültig aufsetzen kann. Mich ärgern diese beiden Patzer. Und ich weiß: Wenn ich vor Wolf als Pilot bestehen will (und wir gemeinsam unsere Weltreise ohne größere Spannungen hinbekommen wollen), muss ich besser werden, sicherer, ich werde pfleglicher mit »Maggie« umgehen müssen.

Als mich Wolf etwa drei Wochen später anruft, höre ich einen vorwurfsvollen Ton in seiner Stimme: »Der Propeller ist kaputt.« Offenbar haben die Propellerspitzen bei einer der Landungen den Boden berührt und einen Schlag abbekommen. Zwei, drei Zentimeter des Metalls sind abgeschabt worden, der Propeller hat sich zudem verzogen. Natürlich liegt der Verdacht nahe, dass ich den Schaden verursacht habe – bei meiner holprigen Landung in Berlin. Ich mache mir Vorwürfe, denn das Malheur gefährdet nun unsere gesamte Reise, es gefährdet auch mein Verhältnis zu Wolf. Aber es hilft nichts: Wir müssen den Propeller austauschen und zudem den Motor überprüfen lassen. Denn wenn der Propeller einen Schlag bekommt, kann das auch die Kurbelwelle beschädigen.

Als wir uns ein paar Tage später die Fotos anschauen, die wir nach meiner miesen Landung in Berlin aufgenommen haben, zeigt sich allerdings, dass der Propeller da noch heil war. Der Schaden muss also später entstanden sein. Nur wann? Vielleicht als Wolf die Maschine nach Straubing geflogen hat. Vielleicht auch auf andere Weise. Keine drei Wochen vor dem Start unserer Erdumrundung interessiert uns allerdings nur eines: dass »Maggie« so schnell wie möglich repariert wird.

Also fahre ich mit meinem alten VW-Bus von Pullach am südlichen Stadtrand von München, wo ich wohne, eine Stunde raus nach Straubing, wo »Maggie« steht, packe den Motor, den die Techniker dort ausgebaut haben, in den Laderaum und fahre zurück. Denn in einem Ort südlich von Pullach, in Baierbrunn, gibt es einen Mann, der uns aus der Patsche helfen kann: Heinz Dachsel, Eigentümer von »Flugmotoren Dachsel«.

Dachsel ist ein Bayer, wie er im Buche steht: gemütlich und gelassen, mit breiten Schultern und kräftigen Armen, mit buschigen Augenbrauen und einem schwarzen Wuschelkopf. Nichts, rein gar nichts bringt den 72-Jährigen aus der Ruhe. Er redet gemächlich, mit einem oberbayerischen Idiom, das unter seinem breiten Schnauzer hervorklingt. Seit über 20 Jahren betreibt er einen Reparaturbetrieb für Flugmotoren – und was für einen!

Dachsel und seine Mechaniker reparieren ausschließlich Kolbenmotoren. Die Kunden kommen aus aller Welt, da niemand sonst in Europa einen Prüfstand besitzt, auf dem auch große Kolbenmotoren problemlos getestet werden können. Die meisten Motoren, die zu »Flugmotoren Dachsel« gebracht werden, sind viele Jahrzehnte alt, manche mehr als 70 oder 80 Jahre. Den Prüfstand haben sich die Mechaniker in Baierbrunn vor einigen Jahrzehnten selbst gebaut: In einer riesigen Halle steht der Turm eines U-Boots aus den 1930er-Jahren, und an diesen werden die großen Kolbenmotoren mit ihren bis zu vier Meter langen Propellern dann anmontiert, um sie nach der Reparatur viele Stunden lang zur Probe laufen zu lassen.

Fast 100 Mitarbeiter, zehnmal so viele wie heute, waren früher in der Werkstatt tätig und haben Zehntausende von Motoren repariert. Dann wurden die Kolbenmotoren nach und nach ausgemustert: bei der Bundeswehr ebenso wie in den Sportflugzeugen. Schnelle Turboprop-Maschinen kamen in Mode. Wir mit unserer *Mooney* gehören zu den Sonderlingen, die immer noch mit diesem altmodischen Motorentyp fliegen.

Aber Dachsel erweist sich noch aus einem anderen Grund als der richtige Mann. Vor vielen Jahren hat er selbst einmal versucht, die Welt in einem Flugzeug zu umrunden: in einer *JU-52*. Mit seiner »Tante Ju«, hergestellt in den 1930er-Jahren, ist er von München aus ostwärts geflogen. Leider war für ihn damals in Pakistan Schluss, da es unmöglich war, eine Genehmigung für den Weiterflug über Russland zu bekommen.

Schon ein paar Tage befindet sich unser Motor in Baierbrunn, als Dachsel mich anruft. »Kommen Sie mal her!«, sagt er knapp.

Seine Stimme verheißt nichts Gutes. Ich setze mich sofort in mein Auto, fahre von Pullach nach Baierbrunn und stehe keine 20 Minuten später in der Werkhalle. »Schauen Sie sich bitte den Kolben an«, sagt Dachsel.

Vor mir liegt der Traum unserer Weltreise: fein säuberlich in einige Hundert Einzelteile zerlegt, ausgebreitet auf einem großen Servierwagen mit drei Ebenen. Die Techniker haben unseren Motor komplett auseinandergenommen. Ich muss nicht lange schauen, das Problem ist offensichtlich. Der fünfte Kolben in dem sechszylindrigen Motor ist kaputt, die Reibung im Zylinder hat ganze Teile der Außenwand weggefressen. Auch die andern fünf Kolben sind in einem desolaten Zustand.

»Ihr wärt damit wahrscheinlich nicht einmal über den Atlantik gekommen«, sagt Dachsel.

Puh! Nicht einmal über den Atlantik. Das heißt, wir hätten wohl recht bald nach dem Start einen kompletten Kolbenfresser gekriegt: Die Kolben hätten im Zylinder festgesessen, der Motor wäre zum Stillstand gekommen.

In diesem Moment habe ich alles wieder vor Augen. Die Notwasserung. Die Rettungsinsel. Den Ernstfall, den ich nie erleben will. Aber kurz darauf denke ich: Was für ein Glück im Unglück! Denn ohne den kaputten Propeller stünde ich jetzt nicht in der Werkstatt. Ohne den sichtbaren Schaden hätten wir den unsichtbaren Schaden an den Kolben niemals bemerkt. Wir wären mit einem Motor losgeflogen, der irgendwann seinen Geist aufgegeben hätte. Vielleicht mitten über dem Atlantik.

Dann denke ich an unseren Zeitplan. An den Abflugtermin in zwei Wochen. Ist der Motor bis dahin repariert? Kann Dachsel die notwendigen Ersatzteile so schnell beschaffen und alles wieder zusammenbauen? Oder müssen wir unsere Reise absagen? Denn in einigen Ländern wie Myanmar oder Indien haben wir uns vorher Visa besorgen müssen, und die sind zeitlich begrenzt; falls wir später losfliegen, wäre unser Zeitplan nicht mehr zu halten.

Ähnlich wäre es in Papua-Neuguinea. Um dort landen zu dürfen, habe ich immer wieder mit der Botschaft des Landes in Brüssel telefoniert. Habe meinen Pass samt Bargeld für die Visumgebühren dorthin geschickt, ohne ihn zurückzubekommen. Man teilte mir schließlich mit, ich müsse erst eine Landegenehmigung der Luftfahrtbehörde in Papua-Neuguinea herbeischaffen. Also habe ich mehrmals mit der Behörde in Port Moresby telefoniert, der Hauptstadt von Papua-Neuguinea, was schwierig war, weil meist niemand an den Apparat ging. Ich habe der freundlichen Dame, die ich nach allerlei Versuchen erreicht habe, dann den Antrag für eine Landegenehmigung gemailt, und zwar an ihre private Mailadresse, weil das Internet in der papua-neuguineischen Luftfahrtbehörde nicht so gut funktioniert. Den genehmigten Antrag habe ich dann nach Brüssel geschickt. Und von dort habe ich nach vielen Wochen dann mein Visum zurückerhalten.

Und das soll alles umsonst gewesen sein?

»Arbeiten Sie so schnell wie möglich!«, sage ich zu Heinz Dachsel. »Wir dürfen auf keinen Fall das Abflugdatum verpassen!«

»Wir schaffen das«, verspricht er.

Unsere gesamte Reise liegt nun in seinen Händen.

Ein »Pfefferstreuer« hebt ab

Eine Woche vor dem geplanten Start stehe ich wieder in der Werkstatt von »Flugmotoren Dachsel« in Baierbrunn und blicke gespannt durch die Scheibe in die große Halle: Dort steht der Motor von »Maggie«. Fertig für den ersten Test. Der Chef steht neben mir; vor uns eine große Schalttafel, auf einem Monitor sind grüne Balken zu sehen. Dann legt Dachsel einen Schalter um. Der Propeller setzt sich in Bewegung, der Motor kommt auf Touren – er brummt, er läuft! Erleichtert rufe ich Wolf in Berlin an, berichte ihm, was für eine gute Arbeit Dachsel und seine Leute geleistet haben. »Mensch, Wolf, das Ding funktioniert wieder!«

Doch unsere Probleme sind damit keineswegs gelöst. Der Motor muss nun in Straubing, wo »Maggie« ja steht, in die *Mooney* eingebaut werden. Außerdem müssen alle Schläuche wieder angeschlossen, alle Kabel wieder verbunden werden. Als ich den Motor mit dem VW-Bus aus Baierbrunn nach Straubing fahre, habe ich meine Zweifel: Werden wir tatsächlich noch pünktlich loskommen? Können wir unsere Route einhalten, oder waren all unsere Vorbereitungen umsonst?

Wochenlang haben wir Karten gewälzt – auf Papier und am Computer. Wir haben überlegt, welche Flughäfen wir ansteuern werden und welche wir meiden wollen. Wir haben für ein paar abgelegene Flugplätze, auf denen es ansonsten kein Flugbenzin gibt, Fässer mit Sprit bestellt. Nach Adak, unserer vorletzten Station auf den Aleuten, haben wir die Fässer sogar per Schiff kommen lassen.

Ich habe mir ein spezielles Visum für die USA besorgt, das notwendig ist, wenn man dort mit dem eigenen Flugzeug landen will. Ich habe mir eine neue Schwimmweste gekauft, eine zweite Ersatzbrille, eine Rettungsinsel. Und außerdem habe ich mir für 1200 Euro den Überlebensanzug gekauft: einen dicken, orangefarbenen Plastikanzug, der dank der dicken Manschetten an Hals, Händen und Füßen wasserdicht ist. Darunter trägt man eine zweite Schicht aus Wolle, damit man im eisigen Wasser nicht sofort auskühlt, und in den Außentaschen stecken ein Notsender sowie eine Notration Essen.

Ich habe einen Haufen alter und neuer Dollarnoten besorgt, damit wir genug Bargeld haben für den Sprit und die Landegebühren und womöglich auch, um Schmiergelder zu bezahlen. Die Übernachtungen (oft in günstigen Hotels) und das Essen (gern auch mal ein Sandwich oder ein landestypischer Imbiss) fallen gar nicht so sehr ins Gewicht.

Und zu guter Letzt habe ich mein Testament gemacht. Für den Fall, dass ich nicht wieder heimkomme. Heike weiß, wo es liegt. Und ich hoffe, dass sie es nie wird öffnen müssen.

Heike merkt natürlich, wie unruhig ich bin. Vor ein paar Tagen haben wir zu dritt offiziell Abschied gefeiert, bei einem Essen auf der Dachterrasse eines Münchner Hotels. Mein Blick gleitet an dem Abend über die Dächer der Stadt. Hinüber zur Frauenkirche. Zum Alten Peter. Zur Theatinerkirche. Schön ist es hier. Heimatgefühle. Aber auch wenn ich weiß, dass ich all dies – und vor allem Heike und Marie – vermissen werde: Ich will weg. Endlich los. Endlich in die Luft.

Es vergeht ein Tag nach dem anderen. Sehnsüchtig warte ich auf den Anruf von »Pilotenservice Rieger« aus Straubing, dass nun alles geschafft und der Motor eingebaut ist. Wir warten und warten und warten. Und das zehrt an meinen Nerven. Geduld ist nicht gerade meine Stärke. Den 15. August, unseren ursprünglichen Starttermin, können wir nicht halten, den 16. August auch nicht – und so verbringen wir die ersten beiden Tage unserer 80-tägigen Weltreise tatenlos am Boden. Ich werde noch ungeduldiger, noch unruhiger. Doch Sicherheit geht vor Schnelligkeit.

Die Mitarbeiter in der Werft vom »Pilotenservice Rieger« in Straubing arbeiten derweil auf Hochtouren daran, dass der Motor eingebaut und »Maggie« fertig wird. Auch Wolfgang Rieger, der Chef, legt persönlich Hand an. Die Flugzeugmechaniker bauen ein Holzpodest in der zweiten Sitzreihe ein, auf das wir einen schwarzen, flexiblen Zusatztank aus Plastik abstellen können. Da der Tank sich mit immerhin 370 Litern Flugbenzin füllen lässt, taufen wir ihn liebevoll »Big Bertha«. Wir können nun doppelt so viel Sprit mitnehmen wie sonst üblich. Auch zwei Pumpen bauen die Männer uns noch ein, mit denen wir unterwegs den Sprit aus dem Zusatztank in die Tragflächen umpumpen können, wo sich die Außentanks befinden. Den Strom beziehen die beiden Spritpumpen über ein Kabel, das im Zigarettenanzünder im Cockpit eingesteckt wird. Moderne Technik sieht anders aus – doch wir brauchen die Konstruktion, um auf unserer Erdumrundung die langen Distanzen zurücklegen zu können.

Am 17. August, einem Samstag, fahre ich schließlich zusammen mit Heike und Marie raus nach Straubing. Um 12 Uhr holen wir Wolf in der Wohnung seiner Eltern im Lehel ab. Heute, hat Rieger versprochen, soll »Maggie« fertig sein. Heike ist so, wie ich sie kenne und schätze: ruhig und gelassen. Sie könnte sich Sorgen machen, aber das tut sie nicht. Im Gegenteil: Sie ist mal wieder der ruhende Pol. Und das hilft mir. Ich bin ungeduldig, habe Hummeln im Hintern. Ich will starten. Und Wolf auch.

Aber als wir am Flugplatz Straubing-Wallmühle ankommen, müssen wir uns weiter in Geduld üben. »Maggie« steht neben der Halle, auch der Motor ist eingebaut, wir müssen jedoch vor dem Start zunächst ein paar Proberunden absolvieren: Wolfgang Rieger dreht die erste, Wolf die zweite. Alles in Ordnung! Ich selbst traue mich nach der holprigen Landung vor zwei Monaten in Berlin noch nicht wieder ans Steuer. Ich habe Flugangst, in gewisser Hinsicht.

Und auch danach können wir noch nicht los. Wolfgang Rieger erklärt uns zunächst, wie wir den Zusatztank und die beiden Spritpumpen bedienen können. Dann packen wir unser Zeug in die Maschine, meinen Rucksack mit den Kameras, den Mobiltelefonen, dem Laptop, dem iPad. Die Rettungsinsel. Unsere Taschen. Jeder hat eine, mehr haben wir uns nicht erlaubt. Je weniger Gewicht wir haben, desto mehr können wir tanken, ohne dass wir überladen sind.

Es ist nun schon nach 18 Uhr. Um 19 Uhr schließt der Flughafen. Ich werde immer nervöser: Kommen wir heute noch weg? Wir fluchen, wir schimpfen, wir sind angespannt. Und überlegen, wie weit wir überhaupt noch kommen können. Nach Schottland, wo wir eigentlich hatten landen wollen an Tag eins unserer Erdumrundung, schaffen wir es nicht mehr. Sollen wir stattdessen nach Berlin fliegen? Aber nein, das wäre ein Umweg. England? Schaffen wir auch nicht mehr. Aber Bremen? Was ist eigentlich mit Bremen? Das läge zumindest halbwegs auf unserem Weg. »Heike«, rufe ich meiner Frau zu, während wir die Maschine beladen, »such mal die Nummer vom Bremer Flughafen raus.« Dann rollen wir mit »Maggie« zur Zapfsäule. Wolf tankt. Er flucht auf Englisch. Der »fucking« Tankstutzen hakt. Ich rufe währenddessen in Bremen an.

»Können wir noch kommen?«

»Ja.«

»Bis wann?«

»22 Uhr, dann schließen wir.«

Ich blicke auf die Uhr: Es ist nach 19 Uhr. Knapp drei Stunden bis Bremen. Das wird eng.

Also schnell rauf in den Tower. Um die Gebühren für die Landungen vorab zu bezahlen. »Ihr seid spät dran«, brummelt der Mann im Tower, »der Flugplatz ist eigentlich schon geschlossen.« Deshalb knöpft er uns zusätzlich noch eine Gebühr von 25 Euro ab. Ich ärgere mich mächtig. Später, nach allerlei horrenden Straf-, Sonder- und sonstigen Gebühren, die wir auf unserer Erdumrundung zahlen werden, kann ich über diese 25 Euro nur noch müde lächeln.

Als auch das erledigt ist, verabschiede ich mich von Heike und Marie. »Papi, wann kommst du wieder?«, fragt Marie. »In zweieinhalb Monaten«, sagte ich. Ich umarme sie, umarme Heike und drücke beide fest an mich. »Bis November«, sage ich. »Wir hören uns!«, sagt Heike, denn wir haben vereinbart, dass wir jeden Tag miteinander telefonieren oder skypen werden.

Dann steigen wir endlich ein. Schließen die Tür von »Maggie«, winken aus dem Fenster und rollen auf die Landebahn. Wolf gibt Gas. »Maggie« beschleunigt, wird schneller. Er startet die Maschine gen Westen, der untergehenden Sonne entgegen. Ich blicke aus dem Seitenfenster und sehe Marie und Heike, sie stehen auf dem Rollfeld direkt vor dem Tower. Heike filmt mit der Videokamera unseren Start. Marie winkt. Mir wird ein wenig eng ums Herz. Und dann heben wir ab und steigen hinauf in den bayerischen Himmel. Unser Flug um die Welt, 360 Grad westwärts, kann endlich beginnen. Amerika, Japan, Australien, Myanmar, Bhutan – wir kommen!

Aber zuerst: Bremen. Oje, wie das klingt – nicht gerade nach der großen weiten Welt. Ich hätte mir ein anderes Ziel für unsere erste Etappe gewünscht. Aber entscheidend ist, dass wir überhaupt gestartet sind. Es geht los!

Schnurgerade verläuft unser Flug. Wir fliegen über Franken. Über die Hügel Hessens. Erreichen das Weserbergland. Dann wird es flacher – die norddeutsche Tiefebene. Ich bin immer noch angespannt: Schaffen wir es pünktlich? Schließlich nähern wir uns Bremen.

»Haben Sie einen Nachtflugplan aufgegeben?«, fragt uns die Flugsicherung über Funk.

Nee, haben wir natürlich nicht. Haben wir in der Eile vergessen. Einen Nachtflugplan benötigen wir aber, wenn wir nach Einbruch der Dunkelheit fliegen wollen. Und es ist fast dunkel.

Deshalb antworte ich dem Controller frech: »Den Nachtflugplan möchte ich jetzt aufgeben.«

Der Mann im Tower antwortet freundlich und pragmatisch: »Nein. Brauchen Sie nicht. Kommen Sie einfach mal reingeflogen.«

Und genau so machen wir es dann: Wir kommen einfach reingeflogen. Kurz vor uns setzt ein *Airbus* auf der Landebahn auf. Über Funk hören wir, dass ein Irrer, der in der Nähe des Flughafens steht, die Piloten mit einem Laserpointer blendet. Ich denke: Hoffentlich stört der nicht auch uns. Als wir zwei Minuten später aufsetzen, hat sich die Polizei der Sache bereits angenommen. Es sind nur noch wenige Minuten bis zum Sonnenuntergang – das war knapp!

Am nächsten Morgen spüre ich zum ersten Mal, wie sehr die Menschen, die wir auf unserer Reise treffen, unser Vorhaben erstaunt und begeistert. Zum ersten Mal begreife ich, dass wir wirklich etwas Besonderes vorhaben. Wir sind früh aufgestanden, um 5 Uhr, wir wollen Strecke machen, unbedingt an diesem Tag erst nach Schottland und dann weiter nach Island fliegen, einen Teil der Zeit aufholen, die wir durch die Reparatur von »Maggie« verloren haben.

Da wir Deutschland nun verlassen, müssen wir zunächst durch den Zoll, wo die Beamten natürlich unsere Papiere sehen wollen. Sie fragen: »Wo wollt ihr hin?«

»Erst mal in die USA«, antworte ich.

»Und dann?«

»Dann fliegen wir um die Welt.«

»Was? In diesem Pfefferstreuer?« Die Zollbeamten können es nicht fassen.

»Nicht so despektierlich, bitte!«, sage ich lachend. »›Maggie‹ ist eine sensible Dame.«

Die beiden Zollbeamten lachen ebenfalls. Und wünschen uns viel Glück.

Danke, das können wir gebrauchen!

Denn nun beginnt unsere Weltreise so richtig. Als wir über die Nordsee fliegen, vorbei an etlichen Bohrinseln, ahne ich allmählich, was das bedeutet: Elfeinhalb Wochen werde ich mit Wolf zusammen reisen, den ich immer noch nicht richtig kenne. Wir werden uns meist die Hotelzimmer teilen, auch mal das Doppelbett, und über 200 Stunden gemeinsam in diesem kleinen Flugzeug verbringen, in der engen Kanzel, die kaum genug Platz bietet für uns und unser Gepäck. Wir werden so gut wie keine Privatsphäre haben, kaum Zeit für uns. Wird das gut gehen?

Mit meinen 195 Zentimetern und meinem breiten Kreuz sitze ich Schulter an Schulter mit Wolf, der sehr viel schmaler ist als ich. Wenn ich mich bewege, einen der vielen Knöpfe im Cockpit bediene oder aus dem Gepäckraum hinter uns Essen oder Getränke hole, dann stoßen wir ständig aneinander – so eng ist es an Bord von »Maggie«. Hinter uns liegt griffbereit die Rettungsinsel, für den Fall der Fälle. Direkt vor uns, neben den Armaturen der *Mooney*, haben wir zwei iPads angebracht, die uns bei der Navigation helfen. Zum Glück müssen wir als Piloten nicht mehr mit großen Papierkarten hantieren, sondern haben sämtliche Karten, die wir benötigen, elektronisch gespeichert; wir können sie auf unserem GPS-Bildschirm im Cockpit von »Maggie« bequem abrufen. Aber werden wir, so frage ich mich, während wir über die Nordsee fliegen, immer den richtigen Weg wählen? Werden wir immer die richtigen Entscheidungen treffen, wenn es kritisch wird?

Gern überlasse ich zunächst Wolf das Steuer. Denn nach der holprigen Landung in Berlin vor ein paar Wochen bin ich immer noch ein wenig unsicher. Zudem gehört das Flugzeug ja Wolf, nicht mir. Er würde mir schon jetzt das Kommando übertragen, aber ich will erst einmal lernen, wie ich mit »Maggie« umgehen muss. Wolf zeigt mir über der Nordsee mehrmals, wie ich die entscheidenden drei Knöpfe der *Mooney* richtig einstelle: für Propeller, Gas und Tankgemisch. Er erklärt mir, wie viel Luft ich dem Flugbenzin beimische, damit es je nach Flughöhe die richtige Konsistenz hat. Und er zeigt mir, wie ich dem Motor durch die Kühlerklappen ausreichend Luft zuführe, ihn so kühle, dass die Zylinderköpfe nicht zu heiß werden.

Nach vier Stunden landen wir auf dem Regionalflughafen Wick. Wick liegt am äußeren Zipfel Schottlands: 414 Kilometer nördlich von Edinburgh und mehr als 1000 Kilometer nördlich von London. Der Name geht auf das nordische Wort für Bucht zurück – und das passt gut: Das Städtchen Wick schmiegt sich mit seinen meist eingeschossigen, mit schwarzen Schindeln gedeckten Häusern rund um eine Bucht, die den Einwohnern als Hafen dient.

Es stürmt wie verrückt, als wir dort ankommen. Der orangefarbene Windsack neben der Landebahn hängt fast waagerecht in der Luft. Das bedeutet: acht oder neun Windstärken. Bei einem solchen Sturm bin ich noch nie gelandet. Nur gut, dass Wolf das übernimmt. Er zeigt mir, wie man bei »Maggie« mit viel Gefühl das Tempo rausnimmt und den Motor drosselt. All das ist viel komplizierter als in der *Cessna*, die ich bisher geflogen bin. Doch Wolf ist zum Glück ein ruhiger, geduldiger Fluglehrer, der mir die Dinge gern auch dreimal oder viermal erklärt.

Wir landen vor allem deshalb in Wick, weil wir vorab einen Termin mit Andrew ausgemacht haben. Andrew, Jahrgang 1956, schütteres Haupthaar, ist ein gebürtiger Schotte, der viel flucht und gern »shit« sagt und den fast alle Piloten kennenlernen, die mit einer Sportmaschine über den Atlantik nach Amerika fliegen. Er betreibt in Wick ein Service-Unternehmen namens »Far North Aviation«, das so ziemlich alles anbietet, was Sportflieger benötigen: Sprit und frisches Öl, kleinere Reparaturen oder Schwimmwesten. Dazu gibt es ungefragt Ratschläge jeder Art. Auf seiner Website schreibt Andrew, dass auch die Queen Mum regelmäßig in Wick gelandet sei, wenn sie Schottland besucht habe. Ein wenig ironisch wirbt er mit seinem speziellen Angebot: »… dem letzten Stopp auf dem Weg nach Reykjavik, ohne die Flügel nass zu bekommen.«

Nun ja, auch bei Andrew in Wick können die Flügel nass werden, wenn man mit seinem Flugzeug in den morbiden Hangar aus dem Jahr 1937 rollt, in dem er seine Werkstatt betreibt. In der Ecke stapeln sich Holzpaletten, alte Stühle, irgendwelches Zeug. An der Wand kündet ein handgemalter Schriftzug davon, dass es nebenan mal eine Spelunke gegeben hat – die »Pit Stop Bar«. Nicht einmal die Toiletten sind noch zu gebrauchen. Und das Dach? Tja, löchrig. Es regnet durch. Nasse Flügel also. Und ein Hallenboden voller Pfützen.

Andrew stört das nicht. Nachdem wir »Maggie« in den Hangar gefahren haben, streift er sich seinen grell orangefarbenen Overall über und macht sich ans Werk. Wir brauchen frisches Öl, sogenanntes Einlauföl, um den reparierten Motor in Schwung zu halten. Andrew erledigt den Ölwechsel auf seine Art: Er öffnet die Abdeckung des Motors und flucht und schimpft dabei: »Schau, was die Ingenieure hier für einen Scheiß gemacht haben!« Er schraubt den Ölfilter heraus: »Ein absolutes Scheiß-Produkt!« Normalerweise würde man eine Wanne oder eine Abdeckung unter den Filter stellen und versuchen, das ablaufende Öl in ein Gefäß zu leiten – Andrew dagegen lässt einige Liter Motorenöl einfach auf den Hallenboden und das Vorderrad von »Maggie« rauschen. Auch Wolf, der gemeinsam mit Andrew unter dem Motor kniet, wird völlig verschmiert. Seine Hände wäscht Andrew, indem er Kraftstoff aus einer in der Halle abgestellten *Cessna* laufen lässt und seine Finger darunterhält. Flugbenzin statt Wasser und Seife. Auch das Flugbenzin läuft ungebremst auf den Hallenboden.

Danach lassen wir Andrew bei seiner Arbeit allein – ein Fehler, wie sich später herausstellen wird. Wir wollen uns in der Zwischenzeit Wick anschauen und Essen besorgen. Wir laufen durch die Straßen, vorbei an einer kleinen geduckten Kirche sowie an kleinen geduckten Häusern, wie man sie auch aus England kennt: graue oder schwarze Fassaden, weiße Fensterrahmen, alles recht schmal.

Im Supermarkt besorgen wir uns ein paar Sandwiches für den Flug nach Island. Zwischendurch ruft Andrew an. Er erwartet ein weiteres Flugzeug. Ob wir nicht noch ein paar Sandwiches für die Crew mitbringen können?, fragt er. Klar, kein Problem. Als wir allerdings zum Flughafen zurückkehren, steht »Maggie« einsam und verlassen da: Andrew hockt in seinem Büro, hat Wichtigeres zu tun. Die andere Maschine. Er bedankt sich für die Sandwiches, gibt uns aber kein Geld dafür. Den Ölwechsel, sagt er, sollen wir selbst machen. Und bitte auch den neuen Öl-filter einbauen. Ich bin ziemlich verwundert: Jetzt müssen wir »Maggie« auch noch selbst reparieren.

Also machen wir uns ans Werk. Eine Drecksarbeit, die viel Konzentration erfordert. Wolf und ich wollen natürlich keinen Fehler machen – nichts, was uns irgendwann Probleme bereiten könnte. Als wir es geschafft haben, sind wir ein bisschen stolz auf uns. Dann ziehen wir uns für den Flug übers Meer erstmals unsere orangefarbenen Überlebensanzüge an und starten nach Reykjavik, der Hauptstadt von Island.

Der Abflug hat es in sich: Der Wind weht immer noch mit acht bis neun Windstärken über die Nordsee und trifft »Maggie« von der Seite. Die See ist mächtig aufgewühlt, die Wellen schlagen hoch, und erst als wir über den Wolken sind, beruhigt sich die Lage etwas. Immer noch sitzt Wolf am Steuer, ich warte weiter auf meinen ersten Einsatz und gönne mir ein Nickerchen. Ich nehme die Schlafposition ein, die ich mir dafür angewöhnt habe: Den Kopf lege ich auf meine rechte Hand, meinen rechten Arm stütze ich mit der linken Hand ab. Dann schlafe ich tief und fest.

Eine halbe Stunde später weckt mich Wolf, und seine Stimme klingt besorgt. »Schau dir mal den Öldruck an«, sagt er.

Oha! Die Nadel zeigt bereits in den gelben Bereich. Ganz offensichtlich verbraucht der Motor ungewöhnlich viel Öl. Wieso? Warum? Auch ich bin beunruhigt. Wenn das so weiter-geht, wird der Motor heißlaufen – und irgendwann aussetzen. Haben wir also doch etwas falsch gemacht bei unserem Ölwechsel in Wick? Ist irgendein Schlauch undicht? Und vor allem: Was sollen wir tun? Schließlich befinden wir uns mitten über dem Meer. Bis nach Island sind es noch über drei Stunden.

Ich schlage vor, die Leistung des Motors zu drosseln, um auch den Ölverbrauch zu verringern. Eine gute Idee, findet Wolf. In den nächsten zwei Stunden schauen wir ständig auf den Öldruck, und glücklicherweise bleibt die Nadel nun am Rand des grünen Bereichs. Später erfahren wir, dass ein solcher Ölverbrauch ganz normal ist, wenn ein neuer Motor eingeflogen wird.

Schließlich erreichen wir Island. Eine Insel mit grünen, leicht gewellten Hügeln. In der Ferne sehen wir ein paar Vulkane. Dann setzt »Maggie« in Keflavik auf, dem internationalen Flughafen von Reykjavik. Erleichtert streife ich mir nach der Landung den Überlebensanzug ab. Der erste Flug übers Meer und der erste kleine Zwischenfall liegen hinter uns.

Wir wissen nun: Unser »Pfefferstreuer« kann fliegen. Wir haben die erste große Etappe mit unserer »Maggie« gemeistert.

Über dem ewigen Eis der Arktis

Natürlich wäre André Bedard lieber in Montreal geblieben, anstatt in dieses gottverfluchte Nest zu ziehen. In Montreal ist es wärmer, es gibt viele Kneipen, interessante Geschäfte. Und natürlich ist auch das Wetter besser. Nun aber hockt er in Iqaluit, einem Ort, wie er trister und trauriger kaum sein könnte: ganz im Norden Kanadas, an der Frobisher Bay, umgeben vom Nichts der Wildnis, von kahlen Bergen und einsamen Fjorden.

Kein Baum wächst hier, kein Strauch. Oft fällt die Temperatur in Iqaluit, das in der Sprache der Inuit »Ort der vielen Fische« heißt, auf minus 40 Grad, manchmal sogar auf minus 50. Im Februar scheint im Durchschnitt nicht mehr als zwölf Stunden die Sonne. Zwölf Stunden in 28 Tagen – das macht 26 Minuten am Tag.

André ist ein Mensch, der viel lacht und scherzt. Er liebt Montreal, diese lebendige, lebensfrohe Millionenstadt am Sankt-Lorenz-Strom in der Provinz Quebec. Aber er hat auch seine Frau geliebt, jedenfalls solange sie verheiratet waren. Deshalb ist André vor vier Jahren mit ihr in ihre Heimat gezogen: in die Hauptstadt der Inuit, jener Ureinwohner, die man einst Eskimos nannte und denen in Kanada seit 1999 ein wenig Unabhängigkeit zugestanden wird. Seither besitzen sie im Norden des Landes, entlang des Polarkreises, ein eigenes Territorium namens Nunavut, das sie selbst verwalten: Es ist zwei Millionen Quadratkilometer groß – sechsmal so groß wie die Bundesrepublik Deutschland; und auf dieser riesigen Landfläche leben gerade einmal 31 000 Menschen.

Iqaluit ist ein Ort der Einsamkeit. Es ist nicht leicht, dorthin zu gelangen, denn es führt keine Straße in das kleine Städtchen. Statt eines Autos nutzen die 6700 Einwohner in den Monaten, in denen Iqaluit von einer dichten Schneedecke überzogen ist, lieber das Schneemobil. Manche fahren mit diesem modernen Schlittengerät auch die gut 100 Kilometer über die zugefrorene Hudson Bay aufs kanadische Festland. Der beste Weg, um nach Iqaluit zu kommen, ist aber immer noch der, den wir wählen: per Flugzeug. Seit 1942 existiert hier ein Flughafen, gebaut von den Amerikanern, die im Zweiten Weltkrieg für ihre Flugzeuge auf dem Weg nach Europa einen Zwischenstopp zum Auftanken benötigten.

An dem Tag, an dem ich André treffe, sind wir morgens noch in Island gewesen. Wir haben frisches Motorenöl für »Maggie« besorgt. Und sind dann in Richtung Grönland gestartet: Wolf auf dem linken Platz des Piloten, ich auf dem rechten Platz des Co-Piloten. »Willst du heute fliegen?«, hat er mich vorher gefragt. »Mach du mal«, habe ich geantwortet, »wir sind noch lang genug unterwegs.« Aber in der Luft, auf dem Weg über das nördliche Polarmeer, habe ich immer wieder das Steuer übernommen, mit dem zweiten Steuerhorn auf der Co-Piloten-Seite, und geübt. Das ging schon ganz gut. Und irgendwann musste der Bann ja auch gebrochen werden, musste ich die Furcht vor dem Fliegen wieder überwinden. Ich bin fürs Erste erleichtert.

Nach drei Stunden tauchen die ersten Eisberge unter uns auf, wenig später können wir die Küste Grönlands erkennen – ein Gewirr aus Fjorden und Inseln, deren Hänge zum Teil mit Schnee bedeckt sind. Das Wasser ist übersät mit Eisschollen und Eisbergen, über uns spannt sich der strahlend blaue Himmel. Dann geht es über das Innere Grönlands hinweg, über einen wuchtigen, kompakten Panzer aus Eis. Unter uns entdecke ich ein Camp in der ewig weißen Landschaft: ein paar Zelte, eine Landepiste im Schnee. Danach ein kurzer Tankstopp in Sondrestrom auf der westlichen Seite von Grönland, in einem Kaff, das nur aus ein paar Häusern besteht.

Als wir in Iqaluit landen, nach weiteren drei Stunden in der Luft, die uns über das Polarmeer und über die schneebedeckten

Bergketten im Norden Kanadas geführt haben, zählt André zu den ersten Menschen, die ich treffe. Er ist der Pförtner des Flughafens und übernimmt auch den Sicherheitsdienst. Seine Aufgabe besteht darin, all jene zu kontrollieren, die aufs Vorfeld wollen, zu den Maschinen. Einen Ausweis lässt er sich dabei nur selten zeigen. Er winkt stattdessen fröhlich, wenn ein Pilot vorbeiläuft und grüßt. Man kennt sich.

André hockt in einem einfachen Büro. Der Fernseher ist eingeschaltet. Irgendwelche Serien, dazwischen Werbung. André selbst sieht aus, als wäre er den »Simpsons« entsprungen, ein gemütlicher, leicht korpulenter Kerl Mitte 40, der in einem dreckigen Sweatshirt steckt. Während Wolf noch mit »Maggie« beschäftigt ist, plaudere ich mit André. Er freut sich über ein wenig Abwechslung und redet gern und viel – wobei sein von Französisch durchsetztes Englisch für mich nicht immer leicht zu verstehen ist.

Ich frage ihn, wie es denn so sei, das Leben hier in Iqaluit?

»Sehr teuer«, sagt André. Denn fast alles, was es im Ort zu kaufen gibt, muss mit dem Flugzeug herbeigeschafft werden. Im Sommer, wenn die Bucht eisfrei ist, können ein paar Wochen lang auch kleinere Frachter anlegen. Schwere Sattelschlepper rollen dann zum Hafen, um die Ware entgegenzunehmen; auch die Container werden geliefert, aus denen die meisten Häuser hier zusammengesetzt sind.

Ob man sich das Leben hier denn leisten könne?

»Zum Glück ja«, sagt André. Man verdiene gut in Iqaluit. Selbst als Pförtner.

»Und sonst?«, frage ich.

»Die Menschen saufen verdammt viel Alkohol«, sagt er.

Vor allem die Frauen trinken in rauen Mengen. Auch seine Frau.

André ist nicht glücklich darüber. Aber was soll er machen? Es ist halt alles, wie es ist. Später erzählt er mir, dass seine Frau ihn inzwischen verlassen hat.

Die Menschen, die ich in Iqaluit sehe, trinken tatsächlich sehr viel. Stundenlang hocken sie abends in den Kneipen und Bars. Bier, Schnaps, Whiskey – gezahlt wird immer sofort, nach jedem Glas. Alkohol darf in Iqaluit seit vielen Jahren nur noch in Kneipen, Restaurants und Hotels verkauft werden. Und damit niemand etwas klaut, auch die Kellner nicht, werden die Flaschen mit den hochprozentigen Getränken nach jedem Glas gewogen und die Mengen fein säuberlich in einem Buch notiert.

In den örtlichen Zeitungen ist immer wieder vom Alkoholproblem der Inuit zu lesen. Die Behörden bemühen sich, die Situation in den Griff zu bekommen. In manchen Dörfern wurden der Konsum, der Verkauf und der Besitz von Alkohol verboten – aber offenkundig hält sich kaum jemand daran. Auch in Iqaluit war zuletzt heftig umstritten, ob in der Stadt eine neue Bar mit 130 Sitzplätzen eröffnet werden soll – ein weiterer Ort, an dem die Menschen die Trostlosigkeit ihres Lebens in Alkohol ertränken könnten.

Es ist für mich eine zwiespältige Sache, die betrunkenen Menschen in Iqaluit zu erleben. Sie wirken oft völlig benebelt und machen einen traurigen Eindruck auf mich. Später auf der Straße begegnet uns ein Mann mit zwei kleinen Hunden auf dem Arm. Seine Haare sind zerzaust, sein Mund ist eine dunkle Höhle, nur ein paar Zähne sind ihm geblieben. Auch er ist betrunken. Er kommt einmal auf uns zu, später ein zweites Mal, und versucht uns seine Hunde zu verkaufen. Wir winken freundlich ab. Ich frage mich, wie groß das Elend sein muss, wenn man zwei wildfremden Menschen, die erkennbar auf der Durchreise sind, seine Hunde zum Kauf anbietet.

Letztendlich vermag ich nachzuvollziehen, dass viele in dieser Gegend dem Suff verfallen. Das Leben der Inuit, das über viele, viele Generationen in geordneten Bahnen verlief, ist durcheinandergeraten. Noch vor sechs, sieben Jahrzehnten zogen die arktischen Ureinwohner mit ihren Schlitten über das Eis. Sie lebten mal hier und mal dort, jagten Robben, Walrosse, Wale und Eisbären. Sie fuhren mit ihren selbst gebauten Booten, den Kajaks und Umiaks – den Frauenbooten –, über die arktischen Gewässer und pflegten ihre Traditionen. Doch nach dem Zweiten Weltkrieg haben die Inuit ihr Nomadenleben aufgeben müssen, weil die Jagd nach Walen ebenso geächtet wurde wie jene nach Robben.

Heute leben die Inuit nicht mehr in Zelten aus Fell oder in Iglus, sondern in Fertighäusern. Überall in Iqaluit kommen wir daran vorbei: Sie stehen auf kurzen Stelzen, damit der Permafrostboden ihnen nichts anhaben kann. Die Inuit besitzen keine Schlittenhunde und Kajaks mehr, sondern stattdessen (wenn sie es sich leisten können) ein Schneemobil und ein Motorboot. Wie schon die Indianer in Nordamerika mussten auch die Inuit einen gewaltigen Kulturschock bewältigen – und sind bisweilen daran zerbrochen. Die kanadische Politik sprang zudem mit den Ureinwohnern harsch um. Unter oftmals falschen Versprechungen wurden sie zur Sesshaftigkeit überredet und in eigens für sie errichtete Siedlungen einquartiert. Man mag ihr exzessives Trinken als verwerflich empfinden, aber ich interpretiere es auch als einen Reflex auf eine von außen verordnete Lebensweise, die lediglich den westlichen Standards entspricht.

Iqaluit ist an diesem Abend besonders düster; in der Stadt sind nach einem Stromausfall die Lichter ausgefallen. Als uns der Tankwart des Flughafens mit seinem Pick-up zum Hotel bringt, vorbei an einer Landschaft aus schwarzem Sand sowie an einem mächtigen, weißen Bau mit winzigen Fensterluken, in dem die Schule untergebracht ist, da leuchten in den seltsamen Stelzenhäusern links und rechts der staubigen Straßen bestenfalls ein paar Notbeleuchtungen. In unserem Hotel, der »Discovery Lodge«, drückt man uns zur Begrüßung eine Taschenlampe in die Hand – anscheinend fällt der Strom hier häufiger aus, die Rezeption jedenfalls ist darauf vorbereitet.

Nachdem ich im Schein der Taschenlampe geduscht habe, machen wir uns auf die Suche nach Essen. Was nicht so leicht ist an diesem Abend, da sämtliche Restaurants und Geschäfte infolge des Blackouts geschlossen haben. Schließlich überzeuge ich im chinesischen Restaurant auf der anderen Straßenseite den Koch davon, doch noch etwas für uns zu zaubern: Reis mit Gemüse. Ich muss ihn regelrecht dazu überreden. Und in unserem Hotel gelingt es mir, etwas Bier aufzutreiben – allerdings will der Bedienstete uns nur maximal zwei Dosen pro Person verkaufen, zu einem völlig überzogenen Preis.

Wir lassen uns die Laune nicht verderben und machen es uns in der Lobby gemütlich, die immer noch im Dunklen liegt. Auch das Internet ist ausgefallen, weshalb ich leider nicht mit Heike skypen kann. Unsere Handys funktionieren hier, im kanadischen Norden, auch nicht. Also kein Anruf daheim, kein Skype-Bild von Heike auf meinem Handy-Display.

Wenn man mit dem Sportflugzeug den nördlichen Atlantik überqueren will, führt an Iqaluit (ebenso wie am schottischen Wick und an Island) kaum ein Weg vorbei, weshalb wir in der Hotellobby schnell ins Gespräch mit anderen Piloten kommen. Einer der Kollegen aus Deutschland, mit dem ich rede, ist gerade 16 Jahre alt. Mit seinem Vater ist er mit einem auch für Wasserlandungen geeigneten Flugzeug über Nordamerika geflogen; vor ein paar Tagen mussten die beiden – nachdem sie einen regulären Flugplatz wegen Spritmangel nicht mehr erreicht haben – unfreiwillig im Wasser landen. Ein anderer Deutscher überführt seine Maschine von Deutschland nach Alaska. Er plant, so erzählt er mir, ein ein- bis zweijähriges Sabbatical und will in Alaska nebenbei als Fluglehrer arbeiten. Seine Familie reist derweil per Linienmaschine und wird sich mit ihm am Ziel seiner Reise treffen.

Mit der Familie nach Alaska. Wow! Es wäre verdammt cool, so überlege ich, wenn Heike, Marie und ich eine solche Reise, wie ich sie gerade begonnen habe, gemeinsam machen könnten. Andererseits wäre es für Marie wohl ziemlich langweilig, in der dunklen Eingangshalle in diesem trostlosen Nest zu hocken.

Und vor allem: Heike und Marie hätten gar nicht in »Maggie« hineingepasst, jedenfalls nicht beide plus Wolf. Und ohne Wolf wäre meine Reise nun mal nicht möglich gewesen.

Nach einigen Stunden in der Dunkelheit springt der Strom doch noch an. Es wird hell in der Lobby. Trotzdem bin ich am nächsten Morgen froh, als wir Iqaluit verlassen. Zu sehr haben mich diese Stadt und ihre Einwohner deprimiert. Mit unserem Gepäck laufen wir zum Flughafen, während verdreckte Lastwagen und Pick-ups über die staubigen Straßen an uns vorbeirollen und Wolken aus Dreck hinter sich herziehen. Die Verkehrsschilder, auf denen in der Sprache der Inuit Geschwindigkeitsbeschränkungen stehen, scheinen niemanden zu interessieren.

Amerikanische Albträume

Es gibt Tage im Leben, die man niemals vergisst. Tage, die sich einem ins Gedächtnis einbrennen. Historische Daten, bei denen die Menschen noch Jahrzehnte später fragen: Und wo warst du an diesem Tag?

Der 22. November 1963 zum Beispiel, der Tag, an dem John F. Kennedy in Dallas ermordet wurde – bis heute ist dieses Datum für viele Menschen in aller Welt ein albtraumhafter Moment. Sie sehen in JFK trotz aller Affären den charismatischen Politiker, den Präsidenten, der vor dem Rathaus Schöneberg einen Satz für die Ewigkeit formulierte: »Ich bin ein Berliner.«

Oder der 11. September 2001, der Tag, an dem islamistische Terroristen mit zwei Verkehrsflugzeugen in die Türme des World Trade Centers in New York rasten und sie zum Einsturz brachten – ein Albtraum für Amerika. Mehr noch: ein Trauma, das dieses freie Land mehr verändert hat als jedes andere Ereignis seit dem Zweiten Weltkrieg.

Beides, Kennedys Ermordung und der Angriff auf Amerika, bestimmen in den nächsten Tagen unsere Reise. Die Erinnerungen daran und das, was heute davon noch zu spüren ist.

Als JFK erschossen wurde, war ich, Jahrgang 1965, noch nicht geboren. Aber den Tag, an dem die Handlanger von Osama bin Laden mit ihrem brutalen Attentat die Welt erschütterten, werde ich niemals vergessen. An jenem 11. September 2001 musste ich morgens zum Fliegerarzt in München. Die Tauglichkeitsprüfung war entscheidend für den Erwerb meines Pilotenscheins – und fand ausgerechnet an dem Tag statt, an dem Passagierflugzeuge erstmals zu mörderischen Waffen wurden. Nur ein paar Stunden nach dem Besuch beim Fliegerarzt, gegen 15 Uhr, rief mich ein Freund in meinem Büro an und sagte: »Schalt den Fernseher an. Da ist ein Flugzeug ins World Trade Center geflogen.«

Die Bilder von damals sind in meinem Kopf, als wir, von Iqaluit kommend, in den USA landen: Wie die Türme brennen. Wie die Menschen aus den oberen Stockwerken springen. Wie erst der eine Tower einstürzt, dann der andere. Wie Tausende darunter begraben werden.

An diesem Tag überlässt Wolf zum ersten Mal auf unserer Erdumrundung mir als Pilot das Steuer – ausgerechnet auf dem Flug in die Vereinigten Staaten von Amerika, ausgerechnet bei der Einreise in dieses so besondere Land, in Wolfs Heimatland. Ich fühle mich geehrt, und mir flattern zugleich ein wenig die Nerven, als ich auf Bangor im Bundesstaat Maine zusteuere. Werde ich diesmal eine bessere Landung hinlegen als beim letzten Mal in Berlin? Doch der Flughafen in Bangor macht es mir leicht, es gibt hier eine der längsten Landebahnen auf unserer ganzen Reise – fast 3,5 Kilometer misst sie, denn sie diente einst als Ausweichlandeplatz für das Space Shuttle.

Genug Platz also für mich, damit ich mit »Maggie« langsam immer tiefer sinken kann; genug Platz, damit ich nach dem »touchdown« in aller Ruhe ausrollen kann. Ich bin heilfroh, dass ich diesmal eine bessere Landung hinlege. Ja, für meine Verhältnisse ist sie sogar richtig gut. Auch Wolf freut sich darüber. »Cool! Gut gelandet. Congratulations«, sagt er lachend.

Dann will ich »Maggie« parken. Doch das ist gar nicht so einfach. In Bangor ist der Albtraum des 11. September immer noch allgegenwärtig, und deshalb muss ich mit »Maggie« nach der Landung zunächst auf eine exakt vorgegebene Außenposition rollen, um die rigiden Sicherheitskontrollen zu durchlaufen. Ein Wagen der US-Einwanderungsbehörde fährt heran, und wir zeigen den Sicherheitsleuten unsere Papiere. Bei Wolf, dem gebürtigen Amerikaner, reicht das. Ich dagegen muss in einen Bus steigen, der mich als einzigen Passagier zur riesigen Empfangshalle bringt. Eigens für mich öffnet der Einwanderungsbeamte einen Schalter. Er stellt mir einen Haufen Fragen, will wissen, woher ich komme. Wohin ich reise. Was ich vorhabe. Wie viel Bargeld ich dabeihabe. Danach nimmt er meine Fingerabdrücke und scannt meine Augen. Alles wird elektronisch erfasst.

Derartige Sicherheitskontrollen gab es noch nicht, als ich vor drei Jahrzehnten das erste Mal in die USA eingereist bin. Natürlich kann ich verstehen, dass die Amerikaner nicht noch einmal einen Albtraum wie den 11. September erleben wollen. Aber was passiert mit meinen Daten? Wo werden sie gespeichert? Und wie lange? Wer schaut sich die Datensätze von Johannes Burges, Pullach, Germany an? Die NSA? Die CIA? Seit den Enthüllungen von Edward Snowden über die weltweiten Telefonüberwachungen und die fast vollständige Kontrolle des Internets frage ich mich, was von mir noch privat ist – und was nicht.

Irgendwann lässt der Einwanderungsbeamte, ein freundlicher, gesprächiger Kerl, mich meine Ängste vergessen. Er erzählt mir, dass seine Familie aus Irland stamme und er dort immer noch Verwandte habe. Er gibt mir auch einen Tipp, wo wir in Bangor am Abend einen besonders guten Hummer bekommen. In der von ihm empfohlenen Brauerei am Fluss genießen wir ein paar Stunden später den berühmten »Maine lobster«, vorzügliches, weißes Fleisch.

Dazu serviert die Kellnerin eine lange Holzstiege, auf der in kleinen Gläsern 15 verschiedene Biere stehen – eine bunte Mischung zum Probieren. Genau das Richtige für uns. Denn wir haben uns vorgenommen, auf jeder Station unserer Reise mindestens eine lokale Biersorte zu trinken. Wolf und ich entscheiden per »Schnick-Schnack-Schnuck«, wer welches der 15 Gläser kosten darf. Einige Biere schmecken allerdings so eigenwillig, dass ich beim Fingerspiel im Nachhinein gern verloren und erst das nächste Bier wieder probiert hätte.

Am nächsten Tag fliegen wir von Bangor nach Westchester, einem Städtchen 45 Autominuten nördlich von New York. Wieder sitze ich am Steuer, wieder habe ich das Kommando. Wolf vertraut mir nun voll, und das stärkt mein Selbstvertrauen. Mit dem Mietwagen fahren wir am Abend nach Manhattan, mitten hinein in die Straßenschluchten. Auch da darf ich das Steuer übernehmen. In einem kleinen Kia kurve ich vorbei an den Hochhäusern, am Empire State Building und am Chrysler Building. Als Navi nutze ich mein Handy, doch das verwirrt mich mehr, als dass es mir hilft: Ich habe vergessen, das Betriebssystem auf Englisch umzustellen, und so sagt mir die automatische Stimme von »Google Maps«, ich möge doch bitte zwei Kilometer der »Fünften Straße« folgen. Zwei Kilometer? Hmm. Der Tacho zeigt mir aber Meilen an. Und die »Fünfte Straße«? Meint das Gerät die Fifth Avenue? Oder vielleicht doch die 5th Street?

In Greenwich Village landen wir schließlich in einer Jazzkneipe. Am meisten fesselt uns die Kellnerin: Sie ist nicht bloß verdammt charmant, sondern kann auch wunderbar singen. Als die Band eine Pause macht, stellt sie sich neben uns, in den Eingang zur Küche, und singt italienische Arien und Operettenmelodien.

Erst spät in der Nacht fahre ich mit dem Kia wieder raus nach Westchester, drehe aber vorher noch einige Schlenker über die Südspitze von Manhattan, vorbei am Ground Zero, vorbei an der Wall Street. Wolf ist deswegen ein wenig genervt. Er kennt New York und ist müde. Er will lieber ins Bett, als durch Manhattan zu kurven. Irgendwann begreife ich, dass es nun genug ist und ich endlich gen Westchester fahren sollte. Aber da ist Wolf neben mir auf dem Beifahrersitz schon eingeschlafen.

Als ich schließlich nach Mitternacht vor unserem Hotel in Westchester vorfahre, wecke ich Wolf sanft. Für ihn hat ein in jeder Hinsicht besonderer Tag begonnen, denn in wenigen Stunden steht einer der Höhepunkte unserer Erdumrundung an: der Flug über den Hudson River, entlang der Skyline von New York. »Maggie« goes to Manhattan! Und er wird am Steuer sitzen!

Zudem hat Wolf an diesem Tag Geburtstag, er wird 37. Er ist ein wenig schlaftrunken, als ich ihm »Happy Birthday!« singe und ihm mein Geschenk übergebe. Ich habe mir lange überlegt, was ich ihm schenken könnte – nicht so leicht bei einem Menschen, den ich bis vor ein paar Wochen noch nicht wirklich gekannt habe. Ich schenke ihm schließlich zwei weiße Pilotenhemden und zwei goldene Schulterstreifen – eine Ausrüstung, die sich noch als sehr nützlich erweisen wird. Denn in Asien und in der arabischen Welt nehmen die Menschen, ja, sogar die Zoll- und Polizeibeamten, einen Piloten in »Verkleidung« und mit Crew-Ausweis, der um den Hals baumelt, sehr viel ernster als in einem schlabbrigen T-Shirt.

Am Morgen müssen wir zunächst bangen, ob aus dem Manhattan-Flug tatsächlich etwas wird. Ein Gewitter zieht über New York hinweg, wir können nicht starten. Eine Stunde vergeht. Eine zweite. Wir hocken in Westchester und sehen unseren Traum platzen. Erst als wir fast aufgeben wollen, tut sich doch noch eine Lücke in der Regenfront auf. Also: Rein in die Maschine! Und nichts wie los!

Schnell sind wir mit »Maggie« über dem Hudson River und folgen einer genau vorgeschriebenen Route, dem »Hudson River Corridor Flight«, der immer entlang des Flussufers geht. Nur diesen schmalen Streifen dürfen wir mit unserer Sportmaschine für den Manhattan-Flug nutzen. Der East River auf der anderen Seite, an der Grenze zu Brooklyn, ist für Flugzeuge gesperrt.

In einer Höhe von gerade mal 1000 Fuß, also gut 300 Metern, fliegen wir über den Hudson gen Süden. Wir lassen uns dabei so viel Zeit wie möglich: Erlaubt sind maximal 140 Knoten, aber Wolf hat die Bremsklappen von »Maggie« rausgefahren, damit wir langsamer fliegen. Jede Minute auf diesem einmaligen Flug zählt!

Von Westen rollen weiterhin dunkle, tief hängende Wolken heran. Anfangs schlägt noch Regen auf unsere Frontscheibe,

Wolkenfetzen ziehen an meinem Seitenfenster vorbei. Doch im Süden, über der Südspitze von Manhattan und der Freiheitsstatue, kann ich zwischen den Wolken den Himmel ausmachen.

Wolf fliegt mit »Maggie« zunächst an Harlem vorbei, einem ehemals heruntergekommenen Viertel, das sich deutlich zu seinem Vorteil entwickelt hat. Dann tuckern wir entlang der Westside von Manhattan. Ich sehe den Central Park, dieses lange, grüne Band aus Bäumen und Wiesen inmitten der Hochhäuser. Etwas weiter entdecke ich den weißen, flachen Bau der Metropolitan Opera. Das Chrysler Building erhebt sich kühn mit seiner Art-Deco-Spitze in den grauen Himmel, und nicht weit davon das Empire State Building, dessen spitze Nadel bis auf 354 Meter hinaufreicht.

Ich kann es kaum fassen: Vor zwei Tagen sind wir noch übers ewige Eis der Arktis geflogen und waren in Iqaluit, dieser trostlosen Stadt. Und nun breitet sich unter und neben uns New York aus, eine vibrierende Metropole, die gewaltige Stadt. Die Fahrt am Abend zuvor mit dem Auto durch die Straßenschluchten hat mich schon beeindruckt. Aber das war nichts im Vergleich zu diesem Flug.

Wir können es kaum glauben, dass wir uns diesen Traum jetzt erfüllen dürfen – und die Amerikaner solche Flüge über New York überhaupt erlauben. Denn dort, wo wir unterwegs sind, über dem Hudson River, sind vor zwölf Jahren auch die Terrorpiloten des 11. September entlanggeflogen. Von Westen aus schlugen sie mit den gekaperten Maschinen im World Trade Center ein. In einer Höhe von etwa 300 Metern – was genau unserer Flughöhe entspricht.

Ich frage mich, wie das damals wohl war, als die Menschen in New York über sich die Schatten der Jets sahen. Die Maschinen waren rasend schnell unterwegs, drei- oder viermal so schnell wie unsere *Mooney*. Kein Abfangjäger der Welt – so schnell er auch gewesen wäre – hätte die al-Qaida-Terroristen von ihrem Plan abbringen können.

Ich hätte mich nicht gewundert, wenn die Amerikaner anschließend Flüge wie den unseren auf immer und ewig verboten hätten. Nach den Anschlägen wurde der Luftraum über New York für einige Tage gesperrt, aber auf Dauer wäre das schwierig geworden. Denn rund um Manhattan, nur ein paar Kilometer entfernt, befinden sich vier große Flughäfen: John F. Kennedy, La Guardia, New Jersey und Teteborough. Zum Glück haben sich die Amerikaner von al-Qaida nicht kleinkriegen lassen. Zum Glück sind Flüge über Manhattan noch immer möglich. Ich halte das für ein Symbol der Stärke. Die Botschaft, die die Amerikaner damit aussenden, ist eindeutig: Wir schützen unser Land – aber wir leben weiter unser freies Leben. Wolf und ich müssen unseren Flug nicht einmal genehmigen oder »Maggie« vor dem Start auf Sprengstoff durchsuchen lassen.

Einzig unsere Position müssen wir unterwegs durchgeben, als wir die vorgeschriebenen Meldepunkte passieren, die es entlang des Hudson River in kurzen Abständen gibt: die George Washington Bridge, der ausgemusterte Flugzeugträger auf Höhe der 45. Straße, der Uhrenturm an den Piers in New Jersey. Seltsamerweise antwortet die Flugsicherung kein einziges Mal. Und so erlaubt Wolf sich an einem der Meldepunkte, der Statue of Liberty, einen Spaß, von dem ich nicht so genau weiß, ob er erlaubt ist: Wir fliegen mit »Maggie« eine Ehrenrunde um die Freiheitsstatue.

Mir kommt das nicht geheuer vor. Sollten wir nicht doch besser die Flugsicherung fragen, ob wir das dürfen? »Nein, wir müssen niemanden fragen«, entgegnet Wolf. Und dreht auch schon ab und fliegt um Lady Liberty herum. In diesem Augenblick wirkt Wolf genauso draufgängerisch, wie ich es oft bin: Er fragt nicht, sondern macht einfach. Mich beeindruckt diese Frechheit, und noch mehr beeindruckt mich der Blick aus dem Seitenfenster: Ich kann Lady Liberty beinahe direkt in die Augen blicken, so nah sind wir. Wir sind schier aus dem Häuschen. Was für ein Flug! Was für ein Gefühl von Freiheit!

Etwas später wechselt Wolf abermals den Kurs und steuert »Maggie« zurück in Richtung Norden. Vor uns tauchen die Hochhäuser von Lower Manhattan auf. Mittendrin in der Gegend um die Wall Street erhebt sich das neue One World Trade Center. Die Terroristen von al-Qaida mögen die beiden Zwillingstürme zerstört haben, doch nun steht hier ein neues Symbol für das freie Amerika. Mächtiger, imposanter, glänzender als zuvor. Genau 1776 Fuß misst der neue Turm, umgerechnet 541 Meter. Das ist höher, als wir fliegen. Die Turmspitze zeigt weit über unserer »Maggie« in den Himmel.

»Oh Gott!«, rufe ich, als wir den gläsernen Turm in zwei-, dreihundert Metern Abstand passieren. Ich habe das Gefühl, als müsste ich nur meinen Arm ausstrecken – und könnte das neue One World Trade Center berühren.

»Das kann doch nicht wahr sein«, sagt Wolf, der ebenso beeindruckt ist wie ich.

Dann ist das World Trade Center auch schon vorbei. Und es geht weiter entlang der Skyline von Manhattan und der Upper West Side. Im Dunst der Bronx kann ich das Baseballstadion der New York Yankees ausmachen. Nach 45 Minuten landen wir wieder in Westchester und sind nach diesem Erlebnis eine Weile schier sprachlos.

Auf dem Flughafen beladen wir »Maggie« mit unserem Gepäck. Und fliegen danach gleich weiter gen Dallas, der Heimatstadt von Wolf, der Stadt, in der John F. Kennedy ermordet wurde. Acht Stunden dauert der Flug quer durch den Osten und Südosten der USA. Auf halbem Weg, in Kentucky, landen wir in einem Nest namens Danville. Wir haben einen Bärenhunger, ich würde am liebsten einen saftigen Burger essen, und Wolf, der kein Fleisch isst, ein vegetarisches Sandwich. Nach unserer Landung müssen wir jedoch feststellen, dass wir »in the middle of nowhere« sind: Es gibt kein Restaurant, keinen Imbiss und kein Taxi, mit dem wir mal eben in die Stadt fahren könnten. Das nächste Restaurant liegt vier Meilen entfernt. Und »sorry!«, einen Lieferservice habe man nicht, erfahren wir am Telefon. Uns bleibt also nichts anderes übrig, als hungrig nach Dallas weiterzufliegen.

Der Flug über die Weiten des amerikanischen Südens, vorbei an Memphis, der Heimatstadt von Elvis Presley, und Little Rock, der Hauptstadt des Bundesstaats Arkansas, wo Bill Clinton einst Gouverneur war, entschädigt uns ein wenig für das entgangene Essen. Im letzten Abendlicht überqueren wir den Mississippi. Silbern glitzert der breite Strom, der sich in ausladenden Schleifen durch die dunklen Ebenen von Tennessee und Arkansas zieht. Der Mississippi wirkt auf mich wie eine riesige, leuchtende Schlange in der Dunkelheit.

Weit nach Sonnenuntergang, gegen 22.30 Uhr, erreichen wir Dallas. Vor uns breitet sich ein glitzerndes Meer aus Hochhäusern und Vororten aus, und irgendwo dort unten befindet sich auch das Elternhaus von Wolf. Klar, er freut sich, dass er heute heimkommt mit »Maggie«, und ich bin sehr gespannt darauf, seine Eltern kennenzulernen, Mum und Daddy, von denen er mir einiges erzählt hat.

Doch zunächst müssen wir landen. Wir versuchen, in dem Lichtermeer von Dallas den Addison Airport auszumachen, finden ihn zunächst jedoch nicht, was auch daran liegt, dass wir nach dem Flug durch drei Zeitzonen mächtig müde sind. Der Tower ist zudem nicht mehr besetzt, niemand kann uns Anweisungen geben. Schließlich entdecke ich inmitten der Großstadtlichter ein Licht, das abwechselnd grün und weiß blinkt: das Zeichen für den Flughafen.

Wir sind spät dran, aber anders als in Deutschland ist es in den USA kein Problem, nachts zu landen. Wolf knipst einfach aus der Ferne die Beleuchtung des Runways an: Er drückt dazu fünfmal die Funktaste – und es wird Licht! Auch Dimmen kann er die Landebahn-Befeuerung mit der Funktaste. Wie praktisch und unkompliziert! In Deutschland wäre das undenkbar. In diesem Augenblick frage ich mich, wer eigentlich den größeren Kontrollwahn hat: Wir oder die Amerikaner?

Der Empfang in Dallas ist überaus herzlich. Wolfs Eltern holen uns vom Flughafen ab, sie freuen sich natürlich riesig, Wolf zu sehen, und nehmen ihn nach der Landung in die Arme. In ihrem Haus am Churchill Way in North Dallas fühle ich mich plötzlich fast wieder daheim, fast wie in Bayern. Denn zu später Stunde bekommen wir noch eine richtige Mahlzeit serviert. Wolfs Mutter hat einen Auflauf gekocht. Dazu gibt es ein kühles Bier. Na ja, eines? Mehrere! Sogar »Franziskaner« hat Wolfs Vater, der gebürtige Münchner, im Keller liegen. Erstaunt stelle ich zudem fest, dass die Familie Schroen in Dallas Deutsch redet, wenn keine amerikanischen Gäste da sind – der Vater redet mit Münchner Einschlag, die Mutter mit niederländischem Akzent und Wolf mit texanischer Färbung.

Am nächsten Tag will Wolf mir seine Heimatstadt zeigen, auf die er natürlich genauso stolz ist wie ich auf München. Dallas gehört zu jenen Städten, die jeder bestens zu kennen glaubt, auch wenn er noch niemals dort war. So geht es auch mir: Auch ich habe in den 1980er-Jahren »Dallas« gesehen, die große Familien-Saga in der ARD. Die Southfork Ranch, der Kampf der Ölbarone, J. R. und Bobby Ewing, die eingängige Titelmelodie – alles ist mir noch präsent. Der Reichtum von Dallas basiert aber, wie ich bei meinem Besuch nun lerne, nicht nur auf den Ölfeldern, die 1930 entdeckt wurden, sondern auch auf dem Erfindungsreichtum der Technologieunternehmen. Für das bekannteste, »Texas Instruments«, hat Wolfs Vater als Wissenschaftler und Entwickler gearbeitet. Noch heute ist er freiberuflich für das Unternehmen im Einsatz, das einst das Transistorradio und den integrierten Schaltkreis erfand. Auch Wolfs Vater hat wichtige Patente entwickelt.

Nachdem wir Wolfs Vater bei einem Cadillac-Händler abgesetzt haben, wo er sich sein neues Auto abholt, einen typisch amerikanischen Straßenkreuzer, fahren wir nach Downtown

Dallas. Das ist, wie ich finde, ein ordentlicher, aber recht lebloser Ort: glänzende, moderne Hochhäuser, dazwischen adrette, fast menschenleere Plätze mit Skulpturen und großen Brunnen, grüne Parks mit akkurat gestutzten Bäumen und Büschen. Alles viel gepflegter als in New York, aber eben auch langweiliger.

Am westlichen Rand der Innenstadt befindet sich die Stelle, an der John F. Kennedy erschossen wurde. An der Dealey Plaza erinnert ein Denkmal an jenen schwarzen Tag. Kennedy fuhr hier 1963 in einem offenen Wagen durch die Stadt, neben ihm seine Frau Jackie, als er von drei Schüssen niedergestreckt wurde. Als Verdächtiger verhaftet wurde der Hilfsarbeiter Lee Harvey Oswald. Angeblich hat Oswald die Schüsse aus dem fünften Stockwerk eines Lagergebäudes abgefeuert, dem Schulbuchdepot des Staates Texas. Ich blicke hoch zu dem Gebäude, hoch zu dem Fenster, aus dem geschossen wurde. Ein Bau aus rotem Klinker.

Ja, es kann so gewesen sein.

Vielleicht aber auch nicht.

Denn nur zwei Tage später wurde Oswald, als er in ein anderes Gefängnis verlegt werden sollte, von dem Nachtclubbesitzer Jack Ruby vor laufenden Fernsehkameras erschossen. Seither ranken sich viele Mythen um das Attentat auf Kennedy. Handelte Oswald allein? Oder gab es Auftraggeber im Hintergrund? Hatten die Geheimdienste ihre Finger im Spiel, womöglich gar die CIA? Und gab es einen weiteren Schützen? Manche Augenzeugen sagen, es seien auch vom Grashügel auf der Dealey Plaza Schüsse abgefeuert worden. Die Mehrzahl der Amerikaner jedenfalls glaubt, dass Kennedy Opfer einer Verschwörung wurde.

Wir fahren zurück zum Haus von Wolfs Eltern. Auf dem Heimweg stoppen wir in der Hillcrest Avenue, weil ich mich nach einem richtig guten Burger sehne, und zwar nicht von einer großen Kette, nicht von Burger King oder McDonald's. Stattdessen speisen wir im Burger House, einem original Hamburger-Restaurant, das seit 1951 existiert und dessen Interieur noch von damals ist und an das gute alte Amerika erinnert.

Und das Amerika von heute? In New York und Dallas habe ich einiges darüber gelernt. Binnen 48 Stunden wurde ich mit zwei amerikanischen Albträumen konfrontiert, mit zwei Orten, die ein Trauma begründeten: erst New York und Ground Zero, dann Dallas und die Dealey Plaza. So unterschiedlich diese beiden Orte auch sein mögen, so lassen sie mich doch begreifen, was diese Nation antreibt: Es ist die Angst um die eigene Freiheit – und es ist zugleich der unbedingte Wille, diese Freiheit zu erhalten und mit allen Kräften zu verteidigen.

Go west! Das Gefühl der Freiheit

Dieses Land, über das wir mit »Maggie« hinwegfliegen, ist so unendlich weit. Es scheint keinen Anfang zu haben und kein Ende. Unter uns erstrecken sich weite Wüsten; ausgetrocknete Flussläufe schlängeln sich zwischen kargen Bergen; tiefe Schluchten durchschneiden Hochplateaus, auf denen nichts wächst. Mal schimmert die Erde in sanften Ockertönen, mal in einem satten Braun. Die Hänge leuchten in einem hellen Gelb, dann wieder in kräftigem Orange. Manchmal fühle ich mich nicht wie auf der Erde, sondern eher wie auf einem fernen Planeten.

Wir fliegen, von Texas aus kommend, über die Weiten von New Mexico und Arizona hinweg, später über Nevada. Für viele Menschen – auch für mich – ist der Südwesten der Vereinigten Staaten von Amerika der Inbegriff der Freiheit. Eine Traumlandschaft: So unendlich weit, so unendlich schön. Es kommt nicht von ungefähr, dass der Marlboro-Cowboy durch diese Landschaft geritten ist – allein mit sich, seinem Pferd und seiner Zigarette. Und es kommt nicht von ungefähr, dass die großen Western in Gegenden wie dieser spielen.

Der Western: Das ist der Film gewordene Kampf im »frontier land«, im noch unbefriedeten Grenzland der amerikanischen Siedler. Der Western: Das ist die Auseinandersetzung eines oftmals einsamen Cowboys oder Sheriffs mit einem Bösewicht, ein Duell mit Revolvern, manchmal auch mit Fäusten, ein Kampf, in dem es um Geld geht, um Macht und nicht selten um eine Frau. Und immer ist der Western auch der Kampf um die große Freiheit.

Nach einem knapp vierstündigen Flug, der uns von Dallas aus schnurgerade nach Arizona führt, landen wir das erste Mal in dieser magischen Gegend. Ich setze »Maggie« auf einem Hochplateau auf, das sich auf 1200 Metern inmitten einer phantastischen Landschaft erhebt, ein gutes Stück oberhalb des Städtchens Sedona. Der Flughafen wirbt auf seiner Website damit, dass er »America's Most Scenic Airport« sei, Amerikas am schönsten gelegener Flughafen. Und das stimmt auch: In der Nähe erheben sich die Red Rocks, eine schroffe Gebirgskette mit ihren steilen, fast senkrechten Felsen. Und darüber spannt sich der unendlich weite Himmel von Arizona.

Diese eindrucksvollen Berge dienten viele Jahrzehnte als Filmkulisse. Über 70 Western wurden in Sedona gedreht, B-Movies, aber auch bekannte Filme wie »Der Schwarze Reiter« und »Ringo«, beide mit John Wayne, oder »Johnny Guitar – Wenn Frauen hassen« mit Joan Crawford. Errol Flynn, James Stewart oder Elvis Presley drehten ebenfalls in »Arizona's Little Hollywood«, wie sich der Ort gern nennt. Heute ist Sedona ein Zentrum der New-Age-Bewegung – den Red Rock Mountains etwa werden von den New-Age-Jüngern spirituelle Kräfte nachgesagt. Und auch wenn wir in Sedona nur ein paar Stunden Station machen, so kann ich die Anziehungskraft dieser Berge doch nachvollziehen: Das Städtchen mit seinen erdfarbenen Häusern gefällt mir ausgesprochen gut – ich könnte mir gut vorstellen, hier ein paar Jahre zu leben.

Zwei bis drei Millionen Menschen kommen jedes Jahr nach Sedona, viele auf dem Weg zum Grand Canyon, der nur gut 150 Kilometer weiter nördlich liegt. Und dorthin, zum Grand Canyon, werden auch wir in den nächsten Tagen reisen. Einen ersten Blick von der Schlucht des Colorado River erhaschen wir, als wir am Nachmittag weiter nach Las Vegas fliegen. Aus der Luft sehen wir sehr viel deutlicher als am Boden, wie tief und breit sich der Fluss mit seinen braunen Wassermassen in die Ebenen von Arizona, Utah und Nevada eingegraben hat – wir überfliegen die Hauptschlucht und die zahllosen Nebenschluchten.

Aus dem Cockpit von »Maggie« können wir gut erfassen, was für gewaltige Wassermassen der Colorado River zu Tal befördert. Sie werden flussabwärts im Lake Mead aufgestaut, einem 170 Kilometer langen Stausee. Wir gleiten über die Staumauer hinweg, ein gekrümmtes, schlankes Bauwerk, das sich kühn in die tief eingeschnittene Schlucht zwängt. Ohne diese Staumauer, den Hoover Dam, wäre Las Vegas, das 50 Kilometer entfernt liegt, nie zur großen Spielermetropole geworden. Denn Tausende von Bauarbeitern kamen in den 1930er-Jahren her, um den Hoover Dam zu errichten. 1931, im Jahr des Baubeginns, erhielt Las Vegas die Erlaubnis zum Glücksspiel – und so zog es viele Bauarbeiter in die Spielerstadt, die schnell wuchs.

Vielleicht, so denke ich mir, wäre Las Vegas heute aber ein viel angenehmerer Ort, wenn nicht das Glücksspiel die Macht übernommen hätte. Die dunklen Syndikate und Mobster hatten das Geschäft bis in die 1970er- und 80er-Jahre unter sich aufgeteilt, ehe die großen Vergnügungskonzerne Einzug hielten und noch größere, noch ausgefallenere Hotels bauten.

Wir übernachten in einem der seltsamen Paläste, dem »New York, New York«, einem schrecklichen Abklatsch der Skyline von Manhattan. Mittendrin steht die Freiheitsstatue; um die Hochhäuser, die auf ein Fünftel oder Sechstel ihrer Originalhöhe geschrumpft wurden, rast eine Achterbahn. Solche Hotels, die einem bestimmten Motto folgen, stehen in Las Vegas dicht an dicht: Manche verschwinden hinter einem nachgebauten Dschungel, andere hinter einem Imitat des Eiffelturms oder des Brandenburger Tors.

Wie fast immer auf unserer Reise teilen wir uns auch im »New York, New York« das Zimmer. Für uns ist das zur Normalität geworden. Ich habe kein Problem damit, dass Wolf neben mir schläft. Es stört mich auch nicht, wenn ich schlafe und er am Computer sitzt. Umgekehrt hat dann er kein Problem damit, wenn ich mit Heike oder Marie skype, während er schon schlummert. Gott sei Dank haben wir beide einen festen Schlaf.

Damit wir ein bisschen Privatsphäre haben, mieten wir meist Zimmer, in denen wir die Betten auseinanderschieben können. Das hat auf den Stationen zuvor aber nicht immer geklappt. In Iqaluit zum Beispiel mussten wir uns ein nicht allzu großes Doppelbett teilen. Jetzt in Las Vegas haben wir wieder Glück, denn das Hotelzimmer ist besonders groß und die beiden Betten natürlich auch. Queen Size – das heißt: Genug Platz für uns beide!

Zudem gibt es in unserem Zimmer einen Haufen Steckdosen, an denen wir all unsere elektronischen Geräte aufladen können: unsere iPads und iPhones, das Satellitentelefon und die Computer. Was für ein Kabelsalat, denke ich, als ich das Wirrwarr aus Ladegeräten in unserem Zimmer erblicke. Noch vor zehn Jahren hätte es all die Geräte und Programme, die uns nun das Leben erleichtern, die Navigation, die Kommunikation mit unseren Liebsten, noch nicht gegeben. Wie wäre es wohl, wenn ich nicht jeden Tag mit Heike telefonieren könnte? Würde ich es dann aushalten? Wahrscheinlich würde mich das Heimweh irgendwann übermannen.

Trotz des luxuriösen Hotelzimmers fühle ich mich in Las Vegas aber nicht wohl. Ja, mich stößt diese laute, schrille Metropole sogar ab. Sie fasziniert durch ihre glitzernden Lichter, die riesigen Leuchtreklamen, durch die scheinbar perfekte Illusion, aber sie hat nichts Heimeliges, und sie lockt seltsame Gestalten an: Dicke, Arme, Verzweifelte. Sie hocken in schlabbrigen Hosen an den Black-Jack-Automaten oder den Pokertischen und verzocken ihr letztes Geld, während die Lautsprecher in den Casinos unentwegt verkünden, dass irgendjemand wieder eine große Summe gewonnen habe.

Das Glück wird hier in jeglicher Form verkauft. Große Lastwagen mit Werbetafeln rollen über den Strip und preisen die käufliche Liebe an: »Girls direct to you« oder »Girls that want to meet you« steht auf den Lastwagen, daneben eindeutige Telefonnummern wie 696 96 96. »Call 24 hours!« Auf den Bürgersteigen und an den Fußgängerbrücken, die die beiden Seiten des riesigen Boulevards verbinden, laufe ich an zwielichtigen Menschen vorbei, die mir Visitenkarten von Bordellen oder von Prostituierten entgegenstrecken, die direkt zu mir aufs Hotelzimmer kommen würden. Um die Aufmerksamkeit der Passanten zu gewinnen, schlagen die Verteiler sich mit ihren Stapeln aus Visitenkarten ständig selbst auf die Finger.

Ich bin das erste Mal in Las Vegas, Wolf dagegen war schon ein paarmal hier und hatte, wie er mir erzählt, meist eine gute Zeit. Mit 15 Jahren, bei seinem ersten Besuch, hat er mit seiner Familie in Las Vegas seinen Geburtstag gefeiert und verdammt viel Geld gewonnen: Als er mit einer 25-Cent-Münze an einem Automaten spielte, warf dieser plötzlich einen Gewinn von 2500 Dollar aus. Seine Mutter sammelte das Geld ein, denn eigentlich war Wolf damals noch zu jung zum Spielen. Das zweite Mal kam Wolf an seinem 21. Geburtstag und hat mit Freunden eine richtige Sause gemacht. Später, auf dem Höhepunkt des New-Economy-Booms, hat das Softwareunternehmen, für das er tätig war, seine Mitarbeiter nach Las Vegas eingeladen und jedem 1000 Dollar in die Hand gedrückt: Wolf und die anderen durften erst wieder vom Spieltisch aufstehen, wenn sie ihr Geld verloren oder verdoppelt hatten.

Diesmal, bei seinem vierten Besuch, empfindet Wolf Las Vegas ähnlich deprimierend wie ich. Eher lustlos sitzen wir an den Spieltischen. Im ersten Durchgang verliere ich 50 Dollar beim Black Jack, dessen Regeln mir Wolf erklärt hat, im zweiten Durchgang sind es 49 Dollar. Wir flüchten schnell aus den fensterlosen Casinos und verbringen stattdessen einige Stunden damit, die Menschen auf den Straßen zu beobachten. Wir laufen an Bettlern vorbei, die zwischen den glitzernden Hochhäusern auf dem Boden hocken, neben sich ein Einkaufswagen mit ihrer Habe; es sind Menschen, die hoffen, dass von den vielen Milliarden, die hier verjubelt und teils gewonnen werden, ein klein wenig für sie abfällt. Wir erblicken Straßenkünstler, die sich in alberne Robotergewänder zwängen und versuchen, mit ihren Vorführungen ein paar Dollar zu ergattern. Und wir sehen immer wieder Menschen, die viel zu viel getrunken haben. Ich fühle mich an »Leaving Las Vegas« erinnert, den düsteren Spielfilm aus dem Jahr 1995. Nicolas Cage spielt darin einen Mann, der in Las Vegas eine Liebschaft mit einer Prostituierten eingeht und sich zu Tode säuft.

Als noch trauriger empfinde ich das Straßenbild im alten Las Vegas, in jener Gegend entlang der Fremont Street, in der die alten Casinos stehen: das »Golden Nugget«, das »Four Queen« oder das »California«. An einer der vielen Hochzeitskapellen, in denen man spontan heiraten kann, steht vor mir eine dicke, derangierte Frau in Latschen. Ihre Bluse ist auf der einen Seite halb heruntergerutscht, und die Frau wirkt ziemlich unglücklich, obwohl sie vor ein paar Minuten erst geheiratet hat. Die Krönung auf unserer Tour bildet schließlich ein junger Mann um die 30 Jahre. Er hält ein Schild, auf dem steht: »20 bucks to kick me in the nuts. No cup, no joke.« – »Für 20 Dollar darfst du mir in die Eier treten. Kein Scherz.« Oh mein Gott!

So schön auch die Landschaft ringsum ist, so sehr verstört mich diese gekünstelte Stadt. Andererseits: Las Vegas passt zu einem Land wie den Vereinigten Staaten von Amerika, in dem alles möglich ist. Zur großen Freiheit gehört eben auch, dass man die Freiheit hat, sich ins Unglück zu stürzen und alles zu verlieren: sein Geld und seine Seele.

Ich bin froh, als wir Las Vegas am nächsten Morgen zu einer Tagestour verlassen und mit »Maggie« die traumhafte Natur des amerikanischen Südwestens erkunden. In aller Frühe brechen wir in Richtung Bryce Canyon auf, zu einem Nationalpark, der längst nicht so bekannt ist wie andere, was vielleicht auch daran liegt, dass er ein wenig abseits liegt. Mit dem Flugzeug allerdings kommen wir sehr gut hin, der kleine Airport des Nationalparks in der Nähe von Kanab befindet sich nur ein paar Kilometer vom Canyon entfernt.

Ein Shuttle bringt uns zur Hangkante des Bryce Canyon. Noch auf dem Parkplatz ahne ich nichts von der unglaublichen Schönheit dieses Naturwunders, dann machen wir einige Schritte – und plötzlich stehe ich staunend vor einer bizarren Landschaft. Sie erinnert mich an eine riesige Tropfsteinhöhle – nur ohne Dach. Wie ein Amphitheater öffnet sich der Bryce Canyon zu unseren Füßen. Hunderttausende von großen und kleinen Steinsäulen, sogenannte »hoodoos«, stehen dicht an dicht, sie leuchten in Weiß und Rosa, Orange und Braun. Und sie würden noch sehr viel mehr leuchten, wenn das Wetter an diesem Tag besser wäre.

Eigentlich ist der Bryce Canyon, benannt nach dem Mormonen-Siedler Ebenezer Bryce, kein Canyon im klassischen Sinne, keine Schlucht, die durch einen Fluss entstanden ist. Stattdessen haben Wind, Regen und Eis die Hangkante des Hochplateaus erodieren lassen. Im Laufe von Millionen Jahren entstanden so die Steinsäulen und Felspyramiden.

Nachdem wir den ersten Eindruck in uns aufgesogen haben, machen wir uns auf zu einer mehrstündigen Wanderung. Immer wieder bleiben wir stehen und können kaum fassen, was für atemberaubende Felsformationen sich vor uns ausbreiten. Es regnet, dunkle Wolken ziehen heran – doch diese Landschaft schlägt uns magisch in ihren Bann.

Nach der Wanderung fliegen wir zurück nach Las Vegas und landen mit dem letzten Tageslicht. Hinter den Bergen im Westen der Stadt versinkt – nur durch einen Schlitz in der Wolkendecke sichtbar – die Sonne. Ein leuchtender Feuerball. Der schmale Himmelsstreifen zwischen den Regenwolken leuchtet erst in sattem Orange, später in glühendem Rot, während in der Stadt die Leuchtreklamen der Casinos blinken.

Am nächsten Tag verabschieden wir uns endgültig aus Las Vegas und starten mit »Maggie« zum Grand Canyon. »Maggie« fliegt ohne alle Zicken. Der kaputte Propeller und der Kolbenfresser vor dem Start in Straubing, der Ölverlust auf dem Weg nach Island – alles vergessen, alles weit weg. Meine anfänglichen Sorgen, wann wohl das nächste Problem auftauchen wird, sind verschwunden. Der Motor schnurrt, die *Mooney* bringt uns sicher voran. Nur das Wetter ist wie am Tag zuvor im Bryce Canyon schlecht. So ein Mist! Anders als Wolf und ich es uns erhofft haben, können wir mit »Maggie« nicht in den Grand Canyon hineinfliegen, können nicht hinabtauchen zwischen den steilen Felswänden, die von der Hangkante abfallen bis zum ersten Hochplateau und von dessen Kante hinunter zum nächsten Hochplateau und in vielen Stufen weiter hinunter. So sehr hatten wir uns auf dieses Abenteuer gefreut, so sehr wie auf den Flug entlang der Skyline von Manhattan – doch Wind und Regen machen es zu gefährlich. Stattdessen fliegen wir in sicherer Höhe über die gigantische Schlucht hinweg. Tief unter uns sehen wir den Colorado River mit seinem braunen, brodelnden Wasser, das von den Rafting-Boat-Fahrern so sehr geliebt wird.

Wir landen schließlich auf dem Grand Canyon Airport. Und hoffen auf besseres Wetter für unseren Rundflug. Mehrere Stunden harren wir in der Piloten-Lounge aus – aber vergebens. Während wir in den Regen starren, ein wenig frustriert, erheitert uns immerhin eine Kojote: Seelenruhig schleicht er über die nasse Landebahn. Die Flugzeuge ringsum scheinen ihn nicht zu stören – als wären sie ein Teil der Wildnis.

Nun gut! Am frühen Nachmittag erkennen wir, dass nichts zu machen ist. Also rein in die Maschine, Motor anwerfen, auf nach Westen. Vom Grand Canyon Airport fliegen wir über die Mojave-Wüste schnurstracks nach Los Angeles, wir lassen die Naturschönheiten des amerikanischen Südwestens hinter uns und steuern auf die Stadt der Engel zu.

Der Flug bietet noch einmal phantastische Blicke auf die bizarren Trockenlandschaften des amerikanischen Südwestens. Die Mojave-Wüste ist noch karger, noch unwirtlicher als die Wüsten, die wir in Arizona oder Nevada gesehen haben. Und mitten in der Wüste befindet sich einer der heißesten Orte der Erde: das Death Valley mit einer Durchschnittstemperatur von 45 Grad. Es wundert mich nicht, dass wir in der Ödnis zahlreiche Sonnenkraftwerke entdecken. Die Mojave-Wüste gilt als eine der wichtigsten Solarstrom-Regionen der Welt.

Zwischendurch genießen wir unsere Bordverpflegung, die wir vor dem Abflug in Las Vegas wie üblich im Supermarkt besorgt haben. Unsere Vorlieben sind dabei durchaus unterschiedlich. Wolf isst aus Überzeugung kein Fleisch und auch nur selten Fisch. Er holt sich stattdessen gern Bananen, Äpfel, ein vegetarisches Sandwich oder Sojamilch. Für mich dagegen darf es deftiger sein, gern ein Sandwich mit Schinken oder Pute, dazu eine Coke Zero. Gemeinsam ist uns die Liebe für Ritz-Kekse, sie sind fester Bestandteil unserer Einkäufe – je größer die Packung, umso besser. Auch Cheddar-Käse haben wir stets dabei. Über dessen unterschiedliche Qualitäten hat Wolf mich aufgeklärt: Gut ist der gelbe, weniger gut der weiße.

Unser Ziel in L. A. ist der Van Nuys Airport im San Fernando Valley. Mit seinen beiden Pisten gilt er als der verkehrsreichste Privatflughafen der Welt. Nirgends stehen mehr Privatmaschinen, nirgends gibt es mehr Starts und Landungen – in L. A. wohnen einfach sehr viele Menschen, die sich ein eigenes Flugzeug leisten können. Und zwar nicht bloß eine kleine *Mooney*, sondern einen richtigen Jet.

Doch auch wenn unser Flugzeug ein wenig abfällt zwischen all den teuren Maschinen, werden wir genauso zuvorkommend behandelt: Unser Handling-Agent Richard bietet uns in dem riesigen Marmorpalast, in dem er residiert, Essen und Trinken an. Und er organisiert uns ein Hotel, einen Mietwagen. Als er davon erfährt, dass wir die Erde umrunden wollen, werden wir in den VIP-Status erhoben. Richard erzählt uns, dass vor sechs Wochen auf seinem Flug gen Osten ein anderer »Earthrounder« hier gelandet sei, Ryan Campbell, ein 19-jähriger Australier, der als jüngster Mensch ganz allein um die Welt fliegen will.

In seiner Begeisterung organisiert Richard für uns am nächsten Tag eine exklusive Flughafenführung. In einem Auto fahren wir übers Rollfeld und bekommen auf dem größten Privatflughafen der Welt so einiges zu sehen: alte Linienflugzeuge, die als Kulissen für Katastrophenfilme gedient haben, Hubschrauber von Fernsehstationen, die über L. A. schwirren, wenn wieder einmal ein mutmaßlicher Verbrecher gejagt wird. Wir sehen die gelben Löschflugzeuge, die ihren Bauch mit ganz viel Wasser füllen können, um Waldbrände zu ersticken. Und die »warbirds«, die alten Bomber aus den Weltkriegen.

In einem der Hangar befindet sich eine Sammlung von Flugzeugen, die dem Schauspieler Tom Cruise gehört. Dazu zählt eine *Gulfstream VI* (Kaufpreis: 20 Millionen Dollar) mit eingebautem Whirlpool, die er seiner damaligen Frau Katie Holmes zur Hochzeit geschenkt hat. Außerdem besitzt Cruise, der Jet-Pilot aus dem Spielfilm »Top Gun«, eine *P51 Mustang*, ein Kampfflugzeug aus dem Zweiten Weltkrieg.

Für mich ist es der erste Besuch in Los Angeles, aber natürlich habe ich seit vielen Jahren ein Bild von dieser Stadt im Kopf: Mein Bild wurde von Hollywood geprägt, von den Filmen und Serien, die oft in L. A. spielen. Und ich habe die Bücher von Michael Connelly verschlungen, dem amerikanischen Krimiautor, der Hiernoymus »Harry« Bosch erschaffen hat, einen schrägen Polizeibeamten, der in Beverly Hills wohnt und dessen Kriminalfälle rund um den Mulholland Drive spielen, eine Straße voller Serpentinen, die durch die Berge westlich von Hollywood führt.

Also besuchen wir am nächsten Morgen jene Orte, die ich im Kopf habe. Wir fahren über den Mulholland Drive und über den Sunset Boulevard, vorbei an den berühmten Hotels, Clubs und Filmstudios. Wir halten an der Polizeistation, die die Heimat der »Beverly Hills Cops« war. Wir laufen über die Sterne am Hollywood Boulevard. Wir fahren über den Rodeo Drive, wo sich ein Luxusladen an den anderen reiht, von Versace bis Tiffany. Und wir fahren hinauf zum Griffith-Observatorium auf der Südseite des Mount Hollywood.

Von dort oben lasse ich meinen Blick über den wogenden Ozean aus Highways und Häusern schweifen. Nur den Pazifik kann ich nicht sehen. Er versteckt sich hinter dem Smog, hinter den Abgasen dieser riesigen Stadt. Doch wenige Stunden später, als wir mit »Maggie« vom Van Nuys Airport in Richtung San Francisco abheben, kann ich endlich auch das Wasser sehen. Die weiten Strände. Die Surfer. Die wilde Küste mit ihren Klippen. Die rauschenden Wellen.

Da ist er also. Der Pazifik.

Der Ozean wird uns in den nächsten eineinhalb Monaten nicht mehr loslassen. Ferdinand Magellan, der portugiesische Weltumsegler, gab dem Ozean im 16. Jahrhundert seinen Namen. Pacificus – das bedeutet auf lateinisch: friedlich. Denn als Magellan, vom Atlantik kommend, den Pazifik erreichte, da ließen die Stürme nach.

Der Pazifik wird auf unserer Reise sein Gesicht verändern. Mal wird er tosen, aufgewühlt von den Ausläufern eines Taifuns, mal wird er ruhig sein. Aber er wird immer da sein. Er wird unser steter Begleiter sein, wenn wir über die USA nach Alaska fliegen, über die Aleuten nach Japan, südwärts über die Philippinen, Indonesien und Papua-Neuguinea bis nach Australien.

Das pazifische Abenteuer

»Sei vorsichtig!«, sagt Archibald zu mir. »Pass auf dich auf! Denn der Weltuntergang ist nahe.«

Archibald weiß das genau. Er redet schnell, ohne Punkt, ohne Komma, während er mit seinen Armen so weit ausholt, als wolle er die Welt ein letztes Mal festhalten. Anfang 60 mag er sein. Er trägt einen hellblauen Overall und einen langen Vollbart, dessen Spitze schon grau ist. Die Gläser seiner Sonnenbrille hat er mit einem irrwitzigen, labyrinthhaften Muster überklebt. Seinen Kopf schützt er mit einer Baseballkappe aus schwarzem und rotem Filz.

Immer wieder bleiben Menschen stehen, um mit ihm zu reden, während er auf seinem Hocker sitzt, am Hafen vom Sausalito, dem Künstlerstädtchen auf der nördlichen Seite der Bucht von San Francisco. Ab und zu wirft er einen orangefarbenen Ball die Straße hinunter, den sein kleiner, schwarzer Hund dann apportiert. Nur ein paar Meter entfernt steht ein altes Auto, das irgendein Künstler mit Nippes und Spielzeug, mit Plastikpuppen und Pflanzen beklebt hat. Ein schrilles Kunstwerk.

In ein paar Wochen, warnt Archibald mich, werde unser Planet im Höllenfeuer versinken. Im Weltall verschwinden. Sich auflösen. Was auch immer.

Wirklich, Archibald?

Ja. Wirklich.

Und deshalb rät er mir: Freue dich am Leben, solange du es noch hast.

Archibald erzählt mir, dass er 29 Jahre als Clown gearbeitet habe. Nun wolle er das Leben genießen in der Zeit, die ihm seine Krebserkrankung noch lasse. Er lebe draußen in der Bay, auf einem Boot, und zeichne Cartoons, male Porträts, manchmal auch Stillleben. Aber er mache das nur, wenn er Lust dazu habe. »Ich habe das mit mir selbst diskutiert«, sagt er, »aber ich brauche diesen Stress nicht mehr. Ich relaxe einfach und mache das, was mir Spaß macht.«

Relaxen. Spaß haben. Bloß kein Stress. Das will auch ich auf unserer Reise. Typen wie Archibald erinnern mich daran, dass es eben auch noch andere Möglichkeiten gibt, sein Leben zu gestalten.

Und nach zwei Wochen bin ich dem Optimalzustand der Entspannung schon ziemlich nahe. Klar, Wolf und ich haben viele Stunden in der Luft verbracht. Sind viele Tausend Kilometer geflogen. Haben den Atlantik überwunden. Und die USA durchquert. Strecken, für die andere sich Monate Zeit lassen würden, legen wir innerhalb von Tagen zurück. Aber das ist ja das Faszinierende an unserer Erdumrundung. Heute die Arktis. Übermorgen New York und Dallas. Und nur wenige Tage später Kalifornien. Eine Reise der Gegensätze.

Zudem haben wir mittlerweile den nötigen Abstand zu unserer Heimat gefunden. Wir sind acht, neun Mal gestartet und gelandet und haben uns als Piloten aneinander gewöhnt. Das war nicht leicht. Ich musste erst einmal ein Gefühl für »Maggie« entwickeln und meinen Respekt vor dem mir unbekannten Flugzeug ablegen. Und Wolf musste erdulden, dass ich seine Maschine nicht sofort so perfekt beherrschte wie er.

Nach zwei Wochen auf engstem Raum, im Flugzeug und im Hotelzimmer, verstehen wir uns bestens. Wir scherzen miteinander, frotzeln uns gern gegenseitig und lachen uns kaputt, wenn wir komische Momente erleben. In Iqaluit zum Beispiel fanden wir es beide urkomisch, als wir während des Stromausfalls im Kerzenschein duschen mussten. Auch haben wir unsere kleinen Rituale entwickelt. Wenn wir eine besonders gute Landung hinlegen, rufen wir grinsend und mit leicht anzüglichem Ton: »Uh, war die gut!« Wenn wir ein Restaurant betreten, hält Wolf, der Höfliche, mir stets die Tür auf, während ich anschließend dafür sorge, dass wir schnell ein Bier bekommen. Und weil wir beide sehr gern fotografieren (und gemerkt haben, dass wir meist die gleichen Dinge spannend finden), hat sich ein Satz zum »running gag« entwickelt: Einer von uns sagt: »Oh, das ist ein tolles Motiv!« – und sofort zückt auch der andere seine Kamera und hält den Moment fest.

Nur einmal hatten wir Zoff. Da hat Wolf mir bei der Landung ins Steuer gelangt. Er hatte Angst, dass ich »Maggie« nicht im Griff haben könnte, ihr vielleicht Schaden zufüge, nachdem sie bei der Landung einen Hüpfer gemacht hatte. Keine Frage: Ich war zu schnell, hätte das Gas langsamer rausnehmen müssen, dann wäre »Maggie« mit dem Hauptfahrwerk nicht so heftig auf die Piste geknallt und wieder hochgesprungen. Aber dennoch hat es mich wütend gemacht, dass Wolf mir, ohne mich vorzuwarnen, ins Steuer griff. Ich habe innerlich geflucht und gedacht: »Na gut, dann soll er das zu Ende bringen!« Ich habe ihn die Maschine parken lassen. Danach habe ich Wolf gesagt, dass ich vieles ertrage – aber nicht, dass man mir ins Steuer greift. Danach haben wir wenig geredet.

Am nächsten Morgen war ich immer noch stinkig und habe Wolf gesagt: »Flieg du. Ich habe keine Lust dazu!« Doch Wolf – und dafür war ich ihm in dem Augenblick unendlich dankbar – hat sich durch meine schlechte Laune nicht aus der Ruhe bringen lassen, sich entschuldigt und gesagt: »Nein, ich möchte nicht fliegen. Ich will, dass du das machst«. Dann haben wir uns wieder versöhnt. Ich bin auf den Pilotensitz geklettert, und die Sache war ausgestanden.

So ist es halt, wenn zwei Alphatiere in einer kleiner Maschine unterwegs sind: Jeder von uns beiden strotzt vor Selbstbewusstsein, jeder von uns führt ein eigenes Unternehmen, Wolf seine Firma für geführte Radeltouren, ich mein IT-Systemhaus. Jeder von uns ist es gewohnt, die Dinge allein zu entscheiden. Aber solche Zwistigkeiten sind letztlich Kleinigkeiten auf einer langen Reise, die uns immer näher zusammenbringt.

Wir sollten es ebenso machen wie Archibald – und einfach entspannen. Das sieht Wolf ganz genauso wie ich. Und deshalb ist er ja am Tag nach unserem Zoff auch auf mich zugegangen.

Unsere Route führt von Los Angeles aus nun immer am Pazifik entlang. Anfangs ist der Ozean sanft, beinahe lieblich. Wir fliegen über Santa Monica und Malibu hinweg, über teure Villen mit eigenem Meerzugang. Später passieren wir Santa Barbara, wo einst Michael Jackson die Neverland Ranch bewohnt hat, eine bizarre Mischung aus Zoo und Vergnügungspark.

Unser Flug geht weiter entlang des Highway 101, den viele für die Traumstraße der Welt halten. Vorbei an Big Sur mit seinen schroffen Klippen und den berühmten Bögen der Bixby Bridge. Vorbei an dem kleinen, beschaulichen Städtchen Carmel, wo die Schriftsteller John Steinbeck, Ernest Hemingway und Jack London lebten und wo Clint Eastwood Bürgermeister war. Und vorbei an Monterey, wo Steinbecks Romane »Die Straße der Ölsardinen« und »Tortilla Flat« spielen.

Nach exakt zwei Stunden in der Luft landen wir in Palo Alto, dem Flughafen im Silicon Valley. Ich hatte erwartet, dass diese reiche Gegend, Heimat von Konzernen wie Apple, Google oder Yahoo, über einen besonders schmucken Privatflughafen verfügt, doch ich werde bitter enttäuscht: Die Piste, auf der wir mit »Maggie« aufsetzen, ist holprig und huckelig – sie ist eine der schlechtesten auf unserer Reise.

Am Flughafen in Palo Alto wartet Caroline auf uns, die Freundin von Wolf. Sie lebt in San Francisco und arbeitet als Kundenberaterin bei der Wells Fargo Bank. Caroline gehörte einst zu einer Touristengruppe, die von Wolf in seiner Funktion als Tour Guide mit dem Fahrrad durch Berlin gelotst wurde. Seither führen die beiden eine Fernbeziehung und sehen sich nur alle paar Monate; umso größer ist die Freude, als sie sich nun in die Arme schließen können. In ein paar Monaten wird er zu ihr ziehen, um dann als Erstes mit ihr gemeinsam die Tour mit dem VW-Bus bis runter nach Brasilien zu machen.

Ich bewundere Wolf für seinen Mut, Altes hinter sich zu lassen und irgendwo in einer anderen Stadt wieder neu anzufangen. Ich bin da völlig anders und habe mein ganzes Leben in München verbracht. Wenn ich umgezogen bin, musste der Möbelwagen nie länger als eine halbe Stunde fahren. Und Wolf? Der packt all seine Sachen in ein paar Koffer, packt die Koffer in einen Container – und verschifft sein Leben einmal um die Welt. Wolf zieht von Texas nach München. Von München nach Berlin. Und von Berlin nun bald wieder nach San Francisco. Gründet Unternehmen in halb Europa. So ruhig und überlegt er auch wirkt, so sachlich er alles angeht – in ihm steckt auch ein großer Abenteurer. Aber Abenteuer übersteht man, das lerne ich von Wolf, eben besonders gut, wenn man sich nicht aus der Ruhe bringen lässt. Wenn man in der Lage ist, sich an jedem Ort der Welt wohlzufühlen, weil jeder Ort seinen besonderen Reiz hat.

Mit Caroline hat er jemanden gefunden, der wunderbar zu ihm passt. Sie ist ein Kumpeltyp so wie er, gesellig und weltoffen. In San Francisco hat sie ein kleines Programm für uns gestrickt, das nicht die übliche Tour mit der Cable Car enthält, sondern uns mit den unterschiedlichsten Menschen zusammenbringt. Erst führt sie uns in ein bayerisch angehauchtes Restaurant aus, das von einem gebürtigen Regensburger geführt wird, dann lädt sie uns samt zahlreicher Freunde zum Barbecue in den Garten ihres Hauses ein. Für Wolf, den Vegetarier, gibt es Tofu vom Grill, für alle anderen ein Steak. Am Abend fahren wir dann mitsamt der Freunde rüber auf die andere Seite der Bucht, nach Oakland, und besuchen im Fox Theatre ein – zumindest für meine Ohren – ziemlich schräges Konzert der Band Alt-J.

In San Francisco wohne ich erstmals während unserer Reise ganz allein im Hotel, denn Wolf übernachtet bei Caroline. Ich habe ein wenig Raum für mich, ein wenig Freiheit, ein wenig Privatsphäre. Und das ist zur Abwechslung auch mal ganz schön. Umgekehrt genießen Wolf und Caroline ihre Zweisamkeit, und so streife ich am nächsten Tag allein ein wenig durch die Straßen von San Francisco. Im Hafen leihe ich mir ein Fahrrad und erkunde die Stadt auf zwei Rädern. Auch an diesem Tag wabern, wie so oft in San Francisco, Nebelschwaden vom Pazifik herüber und legen sich wie eine Watteschicht über die Hügel und das Häusermeer. Sie sorgen dafür, dass ich die Golden Gate Bridge nicht in ihrer ganzen Schönheit zu sehen bekomme, diese gewaltige, rostbraune Brücke, bei der man einst auf den vorgesehenen grauen Anstrich verzichtet hat, weil den Menschen in San Francisco die Rostschutzfarbe besser gefiel. Die Brücke ist mit einer Spannweite von 1280 Metern so imposant, dass selbst die großen Containerschiffe, die unter ihr hindurchfahren, klein wirken. 67 Meter liegen zwischen dem Wasser und den sechs Fahrbahnen.

Trotz des Nebels habe ich jedoch einen phantastischen Blick auf die Stadt: Als großes Panorama erstreckt sich vor mir Downtown San Francisco mit seinen Hochhäusern, darunter die markante Transamerica Pyramid. Entlang der oft steilen Straßen, die sich über die Hügel ziehen, stehen zudem viele alte Häuser – die meisten wurden nach dem großen Erdbeben im Jahr 1903 errichtet, durch das die Stadt in weiten Teilen zerstört wurde. Man lebt hier, unweit des Andreas-Grabens, nach wie vor mit der Angst vor dem nächsten großen Beben.

Neben den großen Containerschiffen, die in der Bucht einen Teil ihrer Ware entladen, sind hier auch viele Segelboote zu sehen – ein Anblick, der mich als Segler natürlich freut. Die San Francisco Bay gilt als ein hervorragendes Segelrevier, gerade fechten die Teams aus Neuseeland und den USA mit ihren Super-Jachten den America's Cup aus. Von der Golden Gate Bridge radele ich nach Sausalito und fahre mit der Fähre zurück nach San Francisco, vorbei an der Gefängnisinsel Alcatraz mit ihren mächtigen Mauern.

Der viele Nebel in San Francisco nervt, aber manchmal muss man nur lang genug warten – und dann verschwindet er plötzlich und die Stadt entfaltet ihren ganzen Reiz. An unserem letzten Tag, bei einem Abflug, wie er schöner nicht sein könnte, genießen wir dieses Glück. Wir sind nun zu dritt an Bord, da Caroline uns in den nächsten sechs Tagen begleiten wird, die Küste rauf bis nach Anchorage in Alaska. Sie weiß, wie gern Wolf mit dem Flugzeug unterwegs ist. Wenigstens auf einem Teil der Tour will sie deshalb mit dabei sein, worüber Wolf natürlich sehr froh ist. Damit Caroline überhaupt Platz hat, haben wir das Gepäck hinter den beiden vorderen Sitzen, auf denen Wolf und ich hocken, beiseitegeräumt und in der zweiten Reihe wieder einen Sitz montiert. Es ist also noch ein wenig enger geworden in der kleinen Kanzel von »Maggie«. So werden wir bis Anchorage fliegen.

So sehr es mich für Wolf freut, dass ihn seine Freundin begleitet, so sehr führt mir dies aber auch vor Augen, dass mir meine Frau Heike und meine Tochter Marie fehlen. Wir sind gerade erst zwei Wochen unterwegs, und doch vermisse ich sie bereits unendlich. Noch nie war ich von den beiden so lange getrennt. Und es kommen noch neuneinhalb Wochen. Wie halte ich das nur aus? Täglich rufe ich daheim in Pullach an, manchmal skype ich auch mit den beiden, dann können wir uns wenigstens auf wackeligen Videobildern sehen. Oder wir schicken Fotos über WhatsApp hin und her. Aber echte Nähe kann auch die beste Kommunikationstechnik nicht ersetzen.

Das Fliegen, immerhin, lenkt mich ab. Als wir von Palo Alto aus starten, breitet sich vor uns nur wenig später die gesamte Bay Area aus, die weitläufige Bucht, an der San Francisco, Oakland und das Silicon Valley liegen. Ich steuere »Maggie« hinaus auf den Pazifik und entlang der Küste nordwärts. Den Höhepunkt, na klar, bildet der Flug vorbei an der Golden Gate Bridge. Es ist für mich ein erhebendes Gefühl, unser Flugzeug an dieser mächtigen Brücke vorbeifliegen zu dürfen. Noch nie zuvor habe ich als Pilot einen derartigen Glücksmoment erlebt. Und ich ahne noch nicht, dass auf dieser Reise weitere, noch sehr viel größere Glücksmomente folgen werden – Momente, die das Heimweh immer wieder verdrängen.

Auch der weitere Flug entlang der Pazifikküste ist atemberaubend. Zur Linken erstreckt sich das Meer mit seinen Wellen, die immer kräftiger werden, zur Rechten erhebt sich die Küste mit ihren steilen Klippen. Die Landschaft wird herber, wilder, urwüchsiger, je weiter wir nach Norden kommen. Nichts erinnert mehr an die hellen Sandstrände von Los Angeles. Hoch ragen die Berge auf, nicht wenige von ihnen haben einen vulkanischen Ursprung.

Es ist früher Abend, als wir eine Runde über dem Crater Lake drehen, einem See, der sich – wie der Name sagt – im Krater eines erloschenen Vulkans befindet, dem Mount Mazama. Die Sonne taucht den Himmel, die Hänge und die Wasseroberfläche des Sees, der durch Schmelz- und Regenwasser entstanden ist, in ein feuriges Orange. Ein Glühen liegt darüber – fast so, als spucke der Mount Mazama, 7700 Jahre nach seinem letzten Ausbruch, wieder Magma aus dem Erdinneren hervor.

Danach steuern wir Portland an, wo Caroline einst zwei, drei Jahre gelebt hat und immer noch Freunde hat. Wir treffen einige von ihnen am Abend in einem Restaurant, das mir, obwohl ich noch nie in Portland war, erstaunlich bekannt vorkommt: im Trader Vic's. Denn auch in München gibt es ein Trader Vic's. Oft habe ich dort Rindfleischspießchen gegessen oder mit Krabbenfleisch gefüllte Teigtaschen. Und dazu einen Mai Thai getrunken. Und so mache ich es auch in Portland. Für meine Bestellung muss ich nicht groß in die Karte schauen, denn die kenne ich ja aus München. Für einen Abend fühle ich mich fast wieder wie daheim. Wolf und ich erzählen ein wenig von unserer Reise, von dem, was wir erlebt haben – und was noch vor uns liegt. Die Freunde von Caroline hören sich das interessiert an, aber sie sind sich nicht der Dimension unseres Abenteuers bewusst. Wie auch? Die meisten Amerikaner haben ihr Land noch nie verlassen. Europa? Asien? Sind für sie entfernte Welten.

Am nächsten Tag, als wir bei strahlendem Sonnenschein in den Süden Alaskas fliegen, verändert sich die Landschaft entlang des Pazifiks nochmals. Zur Rechten, also im Osten, erheben sich immer mehr Vulkane, darunter einige noch halbwegs aktive. Einer, der Mount St. Helens, ist am 18. Mai 1980 zum letzten Mal ausgebrochen. Wir blicken auf einen gewaltigen Kegel, dem oben die Spitze fehlt – der Ausbruch damals war derart heftig, dass ein Teil des Vulkans weggesprengt wurde und der Berg fast 400 Meter an Höhe verlor. Zu unserer Rechten erhebt sich wenig später, nicht allzu weit von Seattle entfernt, auch der schneebedeckte Mount Rainier mit einer Höhe von 4392 Metern.

Nördlich von Seattle verlassen wir für einige Hundert Kilometer die USA und fliegen über die Küste Kanadas hinweg, über eine kaum bewohnte Landschaft mit unzähligen grünen Inseln und grünen Hängen, die wellengleich aus dem glitzernden Wasser der Fjorde aufragen. Wir sehen bewaldete Berge, die sich in weichen, rhythmischen Schwüngen erheben, als habe der liebe Gott sein Werk hier mit besonders viel Liebe vollbracht. Dazwischen befinden sich Seen, große und winzige, die wahrscheinlich seit Jahrzehnten kein Mensch mehr besucht hat. Auch die Küstenlinie folgt diesem harmonischen Schwung, diesem perfekten Rhythmus der Natur.

Natürlich verändert es unsere Reise, dass wir nun zu dritt unterwegs sind. Wolf hat mir das Steuer überlassen, damit er sich besser um Caroline kümmern kann. Er hat auf dem Sitz des Co-Piloten Platz genommen, seine Freundin hinter ihm. Sie sind sehr verliebt und turteln immer wieder miteinander, was mich aber nicht stört. Denn Caroline ist eine angenehme Begleiterin, und obwohl ich sie erst seit ein paar Tagen kenne, wird sie mir schnell vertraut, was auch daran liegt, dass Wolf in den Wochen zuvor viel über sie erzählt hat.

Mit ihrer fröhlichen Art vertreibt sie zudem schnell alle Zweifel, die ich hatte, als Wolf mir einige Wochen vor dem Start in

Deutschland erzählte, dass Caroline uns auf unserer Weltreise auf zwei Abschnitten begleiten wolle: erst von San Francisco nach Anchorage, dann später quer durch Australien. Natürlich hat Wolf, höflich wie er ist, gefragt: »Ist das in Ordnung?« – »Klar, kein Problem«, habe ich geantwortet. Nicht wissend, ob es wirklich gut gehen würde.

Aber all meine Bedenken erweisen sich als unberechtigt. Denn es entspinnt sich an Bord von »Maggie« eine Atmosphäre wie bei einer gemütlichen, geselligen Autofahrt, bei der alle Spaß haben wollen. Manchmal plaudert Caroline über das Mikrofon und die Kopfhörer, die wir alle tragen, mit uns beiden. Manchmal schaut sie auch einfach nur zum Fenster hinaus und genießt den Flug. Oder sie hört Musik. Wenn wir Hunger und Durst haben, reicht sie uns von hinten das Essen und die Getränke. Manchmal, wenn Wolf und ich über die Mikrofone fliegerische Fragen diskutieren, schalten wir Caroline aber auch einfach weg. Dann hat sie ihre Ruhe – und wir nerven sie nicht mit unseren Fachsimpeleien.

Unser Ziel an diesem Tag heißt Ketchikan und liegt am südlichsten Zipfel Alaskas, auf einem schmalen Streifen Land, der zur USA gehört und sich an Kanada vorbeimogelt. Ketchikan mit seinen 7400 Einwohnern liegt an einem Meeresarm, in einer Gegend, die mich an Norwegen erinnert. Das Wasser leuchtet in tiefem Blau, die Hänge erheben sich dunkelgrün, bunte Holzhäuser reihen sich entlang des Ufers, mal sind sie in sattem Rot, mal in einem tiefen Blau, mal in einem hellen Grün gestrichen. Darüber wölbt sich ein hellblauer Himmel mit Schäfchenwolken.

Was mir als Erstes in Ketchikan auffällt, sind die riesigen Kreuzfahrtschiffe, die im Hafen festgemacht haben. Ich kann sie schon beim Landeanflug sehen. Auf eines davon, ein Monster mit zehn Stockwerken, blicke ich auch aus meinem Hotelzimmer: auf die »Celebrity Solstice«, ein 317 Meter langes Schiff, das von der Meyer-Werft im ostfriesischen Papenburg gebaut wurde.

Die Kreuzfahrtschiffe legen hier an, weil sich in der Nähe die Misty Fjords befinden, eine atemberaubende Landschaft aus Meeresarmen, steilen Trogtälern und Wasserfällen, und weil es hier mehr Totempfähle zu besichtigen gibt als irgendwo sonst auf Welt, insgesamt über 80. Jedes dieser Schiffe spuckt ein paar Tausend Passagiere aus, die dann in diese ansonsten eher gemächliche Stadt einfallen.

Als Wolf, Caroline und ich am nächsten Morgen durch die Gassen laufen, begegnen uns die Totempfähle auf Schritt und Tritt. Wie wir erfahren, handelt es sich bei den Pfählen keineswegs um religiöse Symbole, sondern sie wurden errichtet, um an Tote zu erinnern oder die Legenden der Vergangenheit von Generation zu Generation zu transportieren. Die Tiere und Fabelwesen, die in das Holz geschnitzt wurden, erzählen meist eine dieser Geschichten. Am Totempfahl von Chief Johnson zum Beispiel sehen wir eine Frauenfigur, die ins Holz geschnitzt wurde. Die »Fog Woman« symbolisiert den Nebel, der im Sommer am Eingang des Flusses aufzieht, wenn die Lachse mit ihrer Reise in die Laichgebiete beginnen. Die »Fog Woman«, so geht die indianische Erzählung, ist die Mutter all dieser Lachse, die anschließend in das Gebiet ihrer Geburt zurückkehren.

Viele Tausend Jahre lebten die Indianer ungestört in Ketchikan, doch dann kam Ende des 19. Jahrhunderts ein Unternehmer aus Oregon, errichtete ein Sägewerk und eine Lachsfabrik – und alles änderte sich. Wenig später begann der Goldrausch. Tausende Bergarbeiter zogen in den Süden Alaskas, in der Hoffnung, dass sie reich würden. Was sie verdienten, versoffen sie meist in den Kneipen. Oder sie gaben es in den über 30 Bordellen wieder aus, im berühmtesten Rotlicht-Bezirk von Alaska: in den Häusern, die auf Stelzen entlang des Ketchikan Creek gebaut wurden, des Flusses, von dem die Stadt ihren Namen hat.

Die Prostituierten sind verschwunden, doch die meisten Häuser, die als Bordelle dienten, stehen noch – und die Stadt zeigt ihr halbseidenes Erbe selbstbewusst her: Auf einer Tafel lesen wir von den »sporting women«, die hier lebten, von Frauen wie Thelma Dolly Copeland, der bekanntesten Hure von Ketchikan, die 1914 aus Idaho kam und unter dem Künstlernamen »Dolly Arthur« bekannt wurde. Sie arbeitete auf eigene Rechnung, ohne Zuhälter. Und verdiente nicht schlecht. Auf dem Schild wird sie mit dem Satz zitiert: »I loved it here because the men came in bunches« – sie liebte es hier, weil die Männer in Scharen zu ihr kamen.

Der Goldrausch ist längst verebbt, die Freier sind verschwunden, aber die Lachse prägen immer noch das Leben in der »Salmon Capital of the World«, der Welthauptstadt des Lachses. Als wir in den Ketchikan Creek blicken, sehe ich nichts als Lachse. Hunderte. Tausende. Flosse an Flosse kämpfen sie gegen die kräftige Strömung an. Wir beobachten, wie sie zum Sprung über die Fischtreppen ansetzen, die in den Fluss gebaut wurden, wie sie versuchen, auf die nächste Stufe zu springen: Die meisten Lachse schaffen es, aber einige haben nicht genug Kraft. Sie knallen mit ihrem Kopf gegen den Beton, sind benommen, versuchen es nochmals. Nicht immer erfolgreich. Auf den Steinen am Ufer sehe ich viele tote Fische. Hunderttausende von Lachsen mögen es sein, die durch den Ketchikan schwimmen, um irgendwo weiter oben in den Wäldern abzulaichen. Ein unglaubliches Spektakel!

Am nächsten Morgen verlassen wir Ketchikan, die Stimmung ist bestens, wie in den Tagen zuvor. Zunächst machen wir mit »Maggie« einen Abstecher hinein in die Misty Fjords und drehen dann ab gen Anchorage. Wir spüren schnell, dass sich der Charakter unsere Reise nun erneut verändert. Denn jetzt fliegen wir über einsame Gegenden, in denen niemand mehr wohnt. Die schneebedeckten Berge zu unserer Rechten werden immer höher, immer steiler. Der sanfte Schwung der Landschaft, den wir noch auf dem Flug nach Ketchikan beobachtet haben, ist verschwunden. Alles wirkt kantiger, eckiger, schroffer. Einige der

Berge, die wir passieren, sind von einer Wolkendecke umschlossen, nur die weißen Gipfelspitzen ragen darüber hinaus – wie weiße Inseln in einem weißen Meer aus Watte.

Als die Wolken unter uns verschwinden, erblicken wir einen riesigen Gletscher, der mit seiner Zunge gewaltige Eismassen in Richtung Pazifik schiebt: der Bering Glacier, der größte Gletscher Nordamerikas – 190 Kilometer lang, 800 Meter dick. Sein Druck ist so groß, dass er die beiden Erdplatten stabilisiert, die hier aneinanderstoßen: die Pazifische Platte und die Nordatlantische Platte. Weil jedoch der Gletscher aufgrund der Erderwärmung schrumpft, lässt auch der Druck auf die Platten nach, weshalb die Gefahr von Erdbeben wächst.

Als wir über diesen gewaltigen Gletscher hinwegfliegen, wissen Wolf und ich: Jetzt wird unsere Weltreise vollends zur Herausforderung. Oder wie es Wolf formuliert: »From here on out it's all uncharted territory.«

Von nun an betreten wir Neuland.

Eine wilde Party in Alaska

Milchig, ja beinahe weiß ist das Wasser am Lake Clark. Und an diesem regnerischen Tag wirkt es noch ein wenig trüber. Doch der Grizzlybär am Ufer des Sees lässt sich nicht beirren. Er weiß, wie man in diesen Gewässern Lachse jagt. Er ist es gewohnt, dass das Wasser in den mäandernden Flusstälern durchsetzt ist von Sedimenten, von kleinen Steinpartikeln, die den Lake Clark so trübe erscheinen lassen. 25 Meter, vielleicht 30 Meter entfernt von mir steht der Bär. Ein mächtiges Tier. Wenn er sich aufrichtet, ist er viel größer als ich, zweieinhalb oder drei Meter hoch.

Der Grizzly senkt seine Nase, blickt in die Brühe, greift mit seiner Pranke hierhin, greift dorthin. Er hat Hunger. Er schleicht am Ufer entlang, auf dem schmalen, grauen Sandstrand vor dem Schilfgürtel. Steigt über umgekippte Bäume. Läuft erst in die eine Richtung, dann in die andere. Und bewegt sich Schritt für Schritt ins Wasser hinein. Erst versinken seine großen Tatzen, dann seine Ober- und Unterschenkel. Fast bis zur Schulter taucht er ein.

Und dann schlägt er zu!

Mit seiner rechten Pranke holt er kurz aus. Schlägt sie ins Wasser. Holt sie wieder hervor. Und hält einen großen Lachs. Einen Teil der Schuppen hat er bei seinem Schlag vom Körper des Fisches gerissen. Das blanke, rosa Fleisch ist zu sehen. Der Fisch zappelt, es sind seine letzten Zuckungen. Der Grizzlybär steckt sich den Lachs ins Maul. Beißt mit voller Kraft zu, reißt ein Stück heraus.

Ein Moment, den ich nicht vergessen werde. Ich stehe in sicherer Entfernung auf einem Boot, bewaffnet nur mit meiner Kamera, mit einem Teleobjektiv. Der Regen prasselt auf das Schutzdach, das über den motorisierten Katamaran gespannt ist.

»Hier kann euch nichts passieren«, hat der Bootsführer uns erklärt. Und doch stelle ich mir vor, was wohl wäre, wenn nicht der Lachs in die Fänge des Grizzly geraten wäre – sondern ich.

Dass ein Bär Menschen anfällt, kommt in Alaska immer wieder vor. Schon am Tag zuvor haben Wolf, Caroline und ich uns aufgemacht zum Chugach State Park, der im Süden von Anchorage liegt. Er zählt wegen seiner Gletscher und Berge, wegen der tollen Wanderwege und Skihänge zu den zehn schönsten State Parks der USA. Auch Bären leben hier, worauf immer wieder Schilder hinweisen; nur bekommen wir zunächst leider keinen zu Gesicht. Auf einem großen Schild lese ich: »Mach Lärm, damit die Bären nicht überrascht werden! Renn niemals davon, wenn du einen Bären siehst! Stell dich schlafend, wenn ein Bär dich angreift, und wehre dich erst, wenn der Bär anfängt dich zu essen.«

Wenn der Bär anfängt dich zu essen… Puh!

Am Lake Clark essen die Bären bloß Lachse, wenn sie aus dem Unterholz hervorkommen. Immer wieder beobachte ich dieses Schauspiel. Manchmal vernehme ich nur das Knacken der Äste, wenn sie durch die Büsche stapfen. Und dann kommen sie hervor, meist allein. Irgendwo im Schilf oder zwischen den Büschen tut sich eine Lücke auf: Ein Bär tritt hervor. Groß. Mächtig. Eindrucksvoll. Nur seine Nase und die Augen sind erstaunlich klein.

Mehrmals fahren wir mit dem Boot auf den See hinaus. Einmal sehe ich eine Bärenmutter mit ihren beiden Kindern, die sich aufgerichtet haben und mit ihren Vordertatzen auf dem Rücken der Mutter abstützen. Die Fischer, die nur wenige Meter entfernt im hüfthohen Wasser des Sees angeln, in wasserdichten Anzügen, die bis zur Brust reichen, verstecken sich hinter ihrem Boot, als sie die Grizzlys erblicken.

Wenig später sehe ich einen anderen Grizzly, der sich schüttelt, nachdem er aus dem See gestiegen ist. Er dreht seinen Kopf und seinen Körper hin und her, das Wasser spritzt in hohem Bogen in alle Richtungen, die langen Haare des Fells fliegen davon, als würden sie in einer Waschtrommel bei hoher Drehzahl geschleudert.

Der Lake Clark liegt eine halbe Flugstunde nordwestlich von Anchorage. Man erreicht ihn nur per Wasserflugzeug. Ein abgelegener See inmitten der Wildnis, umgeben von grünen Hängen, von Nadelwäldern, die durchsetzt sind mit Birken. Kreuz und quer liegen abgestorbene Bäume in den Wäldern. Anders als ich es aus Deutschland kenne, kommt kein Forstarbeiter, um die umgestürzten Bäume herauszuziehen und auszulichten – der Wald ist ein richtiger Urwald.

Nicht mehr als 5000 Menschen pro Jahr kommen hierher. Doch es lohnt sich. Denn wann hat man schon die Möglichkeit, Grizzlys in freier Wildbahn zu beobachten? Und das vom sicheren Boot aus? Auch einige Greifvögel sehe ich, darunter einen Weißkopfseeadler. Er hat es ebenfalls auf die Lachse abgesehen. In hohem Tempo stürzt er auf das Wasser herunter, greift mit seinen Klauen hinein und zieht einen Lachs hervor. Am Ufer zerlegt er den Fisch mit seinem gelben Schnabel.

Als wir am Abend mit dem letzten Tageslicht nach Anchorage zurückkehren, bin ich voller Erlebnisse, voller Eindrücke vom Überlebenskampf in der Tierwelt. Bären und Seeadler, die Lachse jagen – so etwas sieht man nur einmal im Leben. Genau dafür musste ich nach Alaska reisen, in diesen Staat, der zwar zu den USA gehört, aber doch so anders ist als die anderen 49 Staaten, anders als Kalifornien oder Kansas, als Texas oder Tennessee.

Alaska – das ist der größte Bundesstaat der USA. Er umfasst ein Fünftel der Fläche des gesamten Landes, und wenn man die Karten Alaskas und jene der anderen US-Staaten übereinanderlegt, sieht man erst, wie groß diese Region ist: Der südöstlichste Zipfel (also die Gegend südlich von Ketchikan) läge in Florida, und der westlichste Zipfel Alaskas (nämlich Attu) läge auf der Höhe von San Francisco.

Alaska – das ist ein Staat mit einer wechselvollen Geschichte. Vor über 12 000 Jahren kamen die ersten Nomaden über die damals existierende Landbrücke zwischen Sibirien und Nordamerika. Später teilte sich das Land, es entstand die Beringstraße, benannt nach dem Dänen Vitus Bering, der ab 1728 im Auftrag des Zaren Alaska erkunden sollte. Die Russen eigneten sich Alaska an und jagten dort Pelztiere. Doch als das immer weniger abwarf, verkaufte Zar Alexander II. das Gebiet im Jahr 1867 an die USA.

Alaska – das ist zugleich ein Land der krassen Gegensätze. Atemberaubend schön, aber manchmal auch abschreckend. So erleben Wolf, Caroline und ich auf dem Weg nach Seward ein gewaltiges Schauspiel von Sonne und Wolken, das die Fjorde in ein magisches Licht taucht: mal in ein gleißendes Weiß, wenn die Sonnenstrahlen durch ein Wolkenloch dringen, dann wieder in ein sattes, tiefes Blau, wenn die Wolken ihre Schatten auf die steilen Berge werfen.

In Seward lernen wir dann, dass im dortigen Gefängnis seit eineinhalb Jahrzehnten Robert Christian Hansen einsitzt, der gefährlichste Serienmörder der USA: Er hat mindestens 17 Frauen vergewaltigt, sie anschließend in der Wildnis ausgesetzt, gejagt und auf bestialische Weise getötet; Hansen wurde zu einer Strafe von Lebenslang plus 461 Jahre ohne Bewährung verurteilt. Eine erschütternde Verbrechensserie, die mich frösteln lässt. Einen Tag später treffe ich im »Trooper Museum« in Anchorage einige Polizisten, die mir von diesem Fall erzählen. Und davon, dass sie als Statisten in dem Spielfilm »Frozen Ground« mit Nicolas Cage mitgespielt haben, der ein paar Monate zuvor hier gedreht wurde. Der Film schildert die fürchterlichen Verbrechen und die Geschichte dieses kranken Menschen.

Zehn Tage verbringen wir in Alaska. Zehn bewegende Tage, in denen wir die Menschen ebenso kennenlernen wie die Einsamkeit der Natur. Es sind Tage, in denen unsere Flüge immer gewagter werden und deshalb nicht nur Wolf und ich an unsere Grenzen gehen, sondern auch unser Flugzeug. Caroline begleitet uns noch die ersten Tage, als wir in Anchorage Station machen, dann fliegt sie heim nach San Francisco. Als ich mich von ihr in unserem Hotel verabschiede, sage ich lachend: »See you again in Australia!« In Cairns wird sie wieder zu uns stoßen und uns dann erneut einige Wochen begleiten.

Direkt nach unserer Ankunft in Anchorage geben Wolf und ich unsere *Mooney* bei John Pratt ab, einem kauzigen Flugzeugmechaniker. Er ist ein Zausel mit einem langen, weißen Bart, gut 70 Jahre alt, seit mehr als vier Jahrzehnten daheim in Anchorage, erfahren und liebenswürdig – und als Chef einer Servicefirma am Merrill Field Airport immer noch im Geschäft. John versteht viel von der Reparatur kleiner Flugzeuge – aber nicht sehr viel vom Aufräumen. Auf dem kleinen Schreibtisch in seinem engen Büro stapeln sich Papier, Stifte, ein Taschenrechner und gelbe Post-it-Zettel. In der einen Ecke steht ein Telefon, das gut und gerne 20 Jahre alt ist, dahinter ein klobiger PC-Bildschirm, der vermutlich noch älter ist. Auch die Regale über dem Schreibtisch quellen über mit Aktenordnern, Klemmbrettern, Büchern und Papierrollen, dazwischen eine Plastikbox mit Disketten. An der Wand hängt ein gelber, verblichener Zettel: »What I do today is important because I'm exchanging a day of life for it.« – Was ich heute mache, ist wichtig, weil ich dafür einen Tag meines Lebens hergebe.

Auch in dem kleinen Hangar neben Johns Büro, wo »Maggie« sich den knappen Platz mit zwei anderen Maschinen teilt, kann ich kein Ordnungssystem erkennen. Überall stolpern Wolf und ich über Kisten, Werkzeuge, Flugzeugteile, Schläuche, Kabel, einen gelben Hubwagen, blaue Fässer. Aber John weiß, wo alles steht. Er findet es mit einem Griff. Und so hat er nach drei Tagen, als wir »Maggie« wieder abholen, die *Mooney* dem ausführlichen Check unterzogen, der nach 25 Flugstunden vorgeschrieben ist; er hat das Öl gewechselt, den Zusatztank getestet und eine herrenlose Schraube entfernt, die sich in den Blechen des Kühlers verfangen hat – ein Problem, das uns erst einen kleinen Schrecken einjagt, sich aber als nicht allzu gefährlich erweist.

Die Tage in Anchorage, in denen »Maggie« gewartet wird, nutzen wir für Ausflüge in die Umgebung. Wolf und ich treffen uns auch mit einigen anderen Piloten, die mit ihren Flugzeugen um die Welt fliegen. Wir kennen sie von jenem Treffen der Zeitschrift »Pilot und Flugzeug«, bei dem Wolf und ich uns das erste Mal begegnet sind. Auf den kommenden Etappen werden wir mit ihnen einen Teil unserer Weltreise gemeinsam absolvieren. Die anderen neun Flugzeuge sind allerdings alle deutlich größer und leistungsfähiger als »Maggie«, manche von ihnen sind kleine, durchaus luxuriöse Geschäftsflugzeuge. Sie sind mit Turboprop-Motoren ausgestattet, teils sogar mit zwei Motoren – und nicht bloß mit einem Kolbenmotor wie unsere winzige *Mooney*. Einige Kollegen sind nicht nur zu zweit unterwegs, sondern zu viert, fünft oder sechst. Im Vergleich sind wir dagegen die Zwerge. Die »Verrückten«, wie einige uns später nennen.

Bei etlichen »Alaskan Beer« sitzen wir bis tief in die Nacht mit den anderen Piloten zusammen und erzählen uns gegenseitig von unseren bisherigen Flugabenteuern. Ich finde es spannend, von den anderen zu hören, wie sie das erste Stück ihrer Reise bewältigt haben. Alle sind sie sehr erfahrene Piloten, die meisten haben nicht wie ich bloß ein paar Hundert Flugstunden absolviert, sondern viele Tausend. Und alle haben sie zudem den direkten, schnellen Weg über Nordamerika gewählt, von Grönland quer durch Kanada nach Alaska – sie sind nicht wie wir den Umweg über den Süden der USA geflogen.

Für den gemeinsamen Teil der Weltreise gelten in der Gruppe klare Regeln. Eine lautet: Wenn einer mit seiner Maschine liegen bleibt, warten die anderen nicht auf ihn – sondern fliegen weiter. Gleichwohl ist die Hilfsbereitschaft in der Gruppe groß. So erklärt sich Hans Brüning, der zusammen mit seiner Frau Elisabeth und seinem Sohn Michael in einer achtsitzigen *King Air* reist, dazu bereit, einen Teil unseres Gepäck und den Rücksitz von »Maggie« mitzunehmen. Diesen benötigen wir erst in

Australien wieder, wenn Caroline uns ein zweites Mal begleiten wird.

Jan Brill, ein besonders erfahrener Pilot, wird zudem mit seiner *Cheyenne,* die über viel Stauraum verfügt, auf Attu ein Fass Sprit für uns deponieren – damit wir für den Flug nach Japan genug Flugbenzin haben. Jan ist als Pilot auf allen Kontinenten unterwegs gewesen. Was er über die Fliegerei weiß, über technische Fragen oder die Kunst der Navigation, ist unglaublich; er ist ein wandelndes Fliegerlexikon. Ich komme mir angesichts des gewaltigen Know-hows von Jan ziemlich unwissend vor.

In den nächsten Tagen werden wir alle auf unterschiedlichen Routen nach Japan fliegen. Denn die anderen Teams kommen viel schneller voran – sie müssen mit ihren großen Maschinen auf dem Weg von Alaska über die Aleuten nach Sapporo weniger Zwischenlandungen machen. Wir dagegen legen mit unserer *Mooney* gleich drei Stopps ein: in Cold Bay, in Adak und auf Attu. Diese drei Etappen bescheren uns Einblicke in eine Gegend, in die nur wenige Menschen je kommen, in eine Landschaft, die wild und aufregend zugleich ist. Und sie beschert Wolf und mir eine wilde Party in einem Kaff (ja, so muss ich es sagen) im Nirgendwo.

Gleich unser erster Flug führt uns mitten hinein in die Einsamkeit von Alaska. Er führt uns nach Cold Bay, sechs Flugstunden westlich von Anchorage. Man kann Cold Bay nur aus der Luft oder per Schiff erreichen. Schon der Flugplatz mit seiner über vier Kilometer langen Piste lässt uns erahnen, wie einsam das Leben hier ist. Schwere Regenwolken hängen über der Landebahn. Kein anderes Flugzeug steht auf dem nassen Asphalt, keine Sportmaschine, nichts. Der Tower ist unbesetzt.

Unser Anflug wird von einem Controller gesteuert, der in Anchorage sitzt, von wo wir am Morgen gestartet sind. Er gibt das Okay zur Landung, ohne überblicken zu können, ob die Landebahn frei ist. Aber die Gefahr, dass in Cold Bay noch irgendjemand auf dem Runway unterwegs ist, erscheint in der Tat äußerst gering. Selbst die Tankstation von »Frosty Fuels«, wo wir nach der Landung tanken wollen, ist verwaist.

In einem Schuppen finden Wolf und ich ein paar recht wortkarge Männer, die uns immerhin den Weg zum »Bearfoot Inn« weisen. Das »Bearfoot Inn«, ein grüner, aus Containern zusammengeschraubter Komplex, ist in Cold Bay alles zugleich: das einzige Hotel, der einzige Laden (der nur wenige Stunden am Tag geöffnet hat), die einzige Schule mit sieben Schülern sowie einem Lehrer – und vor allem die einzige Bar im Umkreis von ein paar Hundert Kilometern.

Auch im »Bearfoot Inn« treffen wir zunächst niemanden an. Als wir den Vorraum betreten, stoßen wir auf eine verschlossene Glastür, zur linken ein Telefon, daneben ein Zettel mit einer Nummer, die man wählen soll, damit jemand vorbeikommt. Wolf wählt die Nummer, und es erscheint nach wenigen Minuten Chris, ein Bär von einem Mann, vielleicht Mitte 50, mit grünem Schlapphut und weißem Vollbart. Er streckt mir seine mächtige Hand entgegen. Seine Oberarme sind mit Muskeln bepackt, ein schwarzes T-Shirt überspannt nur mühsam das mächtige Kreuz, sein Händedruck zur Begrüßung fällt, nun ja, sehr kraftvoll aus.

»Wartet nur ab, bis ihr meine Bar seht«, sagt Chris, nachdem er uns willkommen geheißen hat. Am Abend, so verstehe ich den Satz, soll Cold Bay dann zum Leben erwachen. Bloß wie? »Ein heißer Typ«, sage ich zu Wolf, als Chris verschwunden ist, »aber was soll hier denn bitte noch passieren?« »Keine Ahnung. Ist ja völlig tot hier«, entgegnet Wolf.

In Cold Bay wohnen gerade einmal 70 Menschen. Sie leben in Containern, die außen mit buntem Holz verkleidet sind, oder in Holzhäusern, die man scheinbar ohne jeden Sinn und Verstand über die Hügel rund um den Flughafen verteilt hat. Dazwischen winden sich ein paar feuchte Schotterpisten. Sie führen zu Wellblechhallen, die als Lager oder Werkstätten dienen. Überall stehen ausrangierte Trucks, ein paar aufgebockte Motorboote, rostige Transportcontainer. Nur die leuchtend gelben Hydranten entlang der dunklen Pisten sorgen für etwas Farbe.

Wir sind die einzigen Gäste, die an diesem Septembertag im »Bearfoot Inn« übernachten. Jeder von uns bekommt ein eigenes, karg eingerichtetes Zimmer; der einzige Luxus sind eine Mikrowelle und ein Wasserkocher, die auf dem Nachtisch direkt neben meinem Bett stehen. Wir sind auch die einzigen Kunden, die in dem kleinen Supermarkt einkaufen, den die Frau von Chris betreibt.

Am Abend schließt Chris seine Bar auf – und ich merke schnell: Er hat nicht zu viel versprochen. Denn die Kneipe hat es wirklich in sich. In der Mitte steht ein Tresen mit Barhockern, in der einen Ecke des holzvertäfelten Raumes wartet ein Billardtisch, in der anderen diverse Spielautomaten und eine Dartscheibe, davor befindet sich eine Tanzfläche. An der Wand hängen rote Rettungsringe und ein Schild mit der Aufschrift »Our house wine is Jägermeister«. Unter der Decke baumelt das Modell eines Doppeldecker-Flugzeuges.

Chris dreht die Musik auf, und bald füllt sich die Bar mit drei Dutzend Gästen, was angesichts der Einwohnerzahl von Cold Bay beträchtlich ist: Das halbe Dorf feiert mit uns. Vor allem die kleinwüchsigen Inuit-Frauen interessieren sich für uns, sie blicken zu uns herüber, sie suchen das Gespräch mit Wolf und mir, lachen und flirten mit uns, was den Inuit-Männern gar nicht gefällt. Ich sehe, wie einer deswegen einen heftigen Streit mit seiner Frau anfängt. Ich verstehe nicht wirklich, worum es geht, höre nur ein paar Wortfetzen. Er solle sich nicht so haben, sagt sie. Er aber schimpft weiter und will, dass sie nicht mehr mit uns redet.

Gleichwohl wird die Stimmung immer ausgelassener und die Musik lauter. Die Party nimmt ihren Lauf. Irgendwann holt einer der Männer seine Gitarre hervor und gibt Rock- und Poplieder zum Besten. Es wird getanzt und gekickert. Wir spielen mit einer Xbox virtuell Bowling und zeigen beim Billard, was wir können. Die Männer erzählen uns, wie sie mit dem Fischen und Jagen ihr Geld verdienen. Wir reden mit einigen lokalen Piloten, die uns erklären, wie man die Flugplätze in der Gegend am besten anfliegt. Einer der Gäste vermittelt uns den Kontakt zum Meteorologen einer Radiostation in Anchorage, der uns in den kommenden Tagen mit aktuellen Wetterberichten versorgen soll. Die Station in Anchorage wird dann tatsächlich über »those two crazy Germans« berichten, die mit einer einmotorigen Sportmaschine um die Welt fliegen.

Es fließt reichlich Bier, auch ich stoße immer wieder mit Chris und seinen Gästen an, sodass am Ende des Abends die Flaschen von sieben verschiedenen Marken vor mir auf dem Tisch stehen, darunter eigenwillige Biere wie das »Alaskan Kölsch Style Ale«. Ich merke, dass mich der Alkohol benebelt hat. Als die Runde sich zwischen 1 und 2 Uhr in der Frühe auflöst, sind alle betrunken. Aber die Einwohner von Cold Bay fahren dennoch mit dem Auto nach Hause. Die vielen Biere? Egal, sagen sie. Der einzige Polizist der Gegend sei ohnehin gerade im Urlaub. Zum Abschied hinterlasse ich Chris noch einen signierten Dollarschein für seine Sammlung. Mit einem dicken Filzstift schreibe ich: »Around the World. Beautiful Place. Johannes from Pullach«.

Die Nacht in der Bar steckt uns am nächsten Morgen noch in den Knochen. Doch wir wollen weiter, westwärts entlang der Aleuten. Die schmale Kette aus 162 Inseln, von denen nur sieben bewohnt sind, beginnt wenige Kilometer von Cold Bay entfernt. Die Aleuten reichen in einem weiten Bogen insgesamt 1750 Kilometer in den Pazifik hinein. Allein bis nach Attu, unserem westlichsten Ziel auf den Aleuten, sind es gut 1400 Kilometer – das entspricht der Entfernung zwischen Hamburg und Neapel. Weitere 330 Kilometer westlich befinden sich, als letzte Inseln der Aleuten, noch die Kommandeursinseln, sie gehören bereits zu Russland.

Ich übernehme an diesem Tag das Steuer. Das ist inzwischen ganz normal. Vergessen ist meine Flugangst, vergessen ist die holprige Landung in Berlin, vergessen ist auch, dass Wolf mir ins Steuer gegriffen hat. Vielleicht war das sogar ein heilsamer Streit, denn jetzt vertrauen wir uns umso mehr.

Nach dem Start in Cold Bay steige ich anders als üblich nicht hinauf bis auf 8000 oder 12000 Fuß, sondern nur auf 1000 Fuß, also gut 300 Meter. Wir wollen uns die Inseln aus der Nähe anschauen: die 80 teils noch aktiven Vulkane; die kargen Berge, auf denen nur wenig wächst. Die meiste Zeit des Jahres bedeckt eine Schneedecke Boden und Pflanzen. Nur jetzt im Sommer kommt für wenige Wochen das Grün hervor: Moose und Gräser, kleine Büsche, verkrüppelte Fichten.

Und wer weiß? Auf manchen dieser Eilande, die wir passieren, war vielleicht seit Jahrhunderten kein Mensch mehr. Und dann sehe ich doch noch ein paar Lebewesen: Es sind Wale. Zehn, fünfzehn Tiere. Wie an einer Perlenschnur aufgereiht schwimmen sie hintereinander her. Anderswo auf der Welt müsste ich für das »whale watching« eine teure Tour buchen – hier bekomme ich die Wale frei Haus! Und ohne, dass ich damit gerechnet habe.

Unser Ziel an diesem Tag heißt Adak, das westlichste Dorf auf den Aleuten – und damit die westlichste Gemeinde der Vereinigten Staaten von Amerika. Schon aus der Luft sehen wir den Hafen von Adak: Ein altes Krabbenfangschiff, das vor Jahren gesunken ist, ragt mit seinen rostigen Aufbauten aus dem Wasser. Der Wind weht heftig, als ich mit »Maggie« auf dem Runway aufsetze. Zum ersten Mal lande ich das Flugzeug bei kräftigen Seitenböen und bin froh, dass mir auch dieses schwierige Manöver inzwischen gut von der Hand geht. »Maggie« und ich haben uns aneinander gewöhnt. Ich kenne nun ihre Zicken und Eigenheiten und habe ein Gefühl dafür entwickelt, wie ich mit der sensiblen Dame umzugehen habe.

Der Flughafen von Adak gilt als der modernste auf den Aleuten, was daran liegt, dass das amerikanische Militär hier nach dem Zweiten Weltkrieg einen Stützpunkt errichtet hat. Noch

Mitte der 1990er-Jahre lebten auf Adak Island 15 000 Menschen, vorwiegend Soldaten und ihre Familien, dann zog das Militär ab; die Basis der Navy wurde geschlossen. Heute zählt die Insel noch etwa 300 Einwohner. Aus Adak ist eine Geisterstadt geworden, die allmählich zerfällt.

Die Navy-Basis bot den Soldaten einst alles: vom Kino über die Roller-Skating-Bahn bis hin zu Tennisplätzen und einer Zahnklinik. Heute sind die Bauten verlassen, sie wurden verrammelt: die Kirche, die Wohnblocks der Marines, die Geschäfte. An den roten Telefonzellen, die vor dem Gemeindezentrum in Reih und Glied stehen und von denen aus die Soldaten nach Hause telefonieren konnten, sehe ich niemanden. Selbst der McDonald's wurde geschlossen; nur die Uhr, die ich durch die großen Fenster sehen kann, tickt noch. Auch die Supermärkte wurden dichtgemacht. Stattdessen müssen wir uns den Proviant für die kommenden Tage in einer ehemaligen Basketballhalle kaufen, in der ein paar halb leere Regale stehen und Lebensmittel zu überzogenen Preisen angeboten werden – eine große Flasche Cola zum Beispiel kostet 7,99 Dollar.

Das militärische Erbe von Adak Island ermöglicht uns eine Übernachtung der besonderen Art. Wir beziehen ein ehemaliges Offiziershaus, das wir ganz für uns haben. Die alten Häuser sind noch eingerichtet wie früher: mit mehreren Schlafzimmern, einer kompletten Küche samt Geschirrspüler und schweren Kunstleder-Sofas im Wohnzimmer. Heute werden sie an die wenigen Besucher vermietet, die noch nach Adak kommen.

Ehe wir am nächsten Morgen weiterfliegen, schauen wir uns noch einmal den verlassenen Ort an: die Klinik, in der es keine Patienten mehr gibt; die Bob Reeve High School, die keine Schüler mehr hat; das Post Office, das geschlossen wurde; die Reste von Kinderspielplätzen und Radar-Stationen. Zäune mit Stacheldraht und Schranken versperren die Kasernen, in denen niemand mehr arbeitet und lebt. »Restricted Area. No Admittance«, warnen Schilder. Verbotenes Gebiet. Kein Zutritt. Ein gespenstischer Himmel spannt sich über all dem: Graue, tief hängende Regenwolken ziehen vorbei, durch die ab und zu die Sonne blinzelt. Es weht kalt vom Pazifik herüber, während Wolf und ich durch die Straßen stapfen, den Kragen hochgeschlagen, die Hände in den Taschen.

Adak – was für ein menschenverlassener Ort. In gewisser Hinsicht ist es das Ende der Welt. Doch es geht für uns noch weiter. Nach Attu. Und von dort weiter nach Japan.

Das wahre Ende der Welt kommt noch.

Elf Stunden im Überlebensanzug

Langsam rollen wir mit »Maggie« über die Landebahn nach Norden zu unserem Startpunkt. Wir haben keinen Blick für die Sonne, die allmählich über Attu aufgeht, keinen Blick für die Schönheit dieses Morgens. Das erste Tageslicht taucht die kahlen Berge in leuchtende Farben. Wir schauen nur auf den Runway, auf die Instrumente im Cockpit.

Gleich geht es los! Nach Japan! Über den Pazifik!

Es ist der gewagteste Flug unseres Lebens. Aber wir können niemanden anrufen, um zu sagen, dass wir nun starten. Nicht Heike in Pullach. Nicht Caroline in San Francisco. Unser Satellitentelefon funktioniert hier nicht. Kein Empfang. Selbst die Flugsicherung, bei der wir unseren Flug anmelden wollten, können wir nicht erreichen.

Hoffentlich, denke ich, passiert jetzt nichts! Hoffentlich geht alles gut!

Wir sitzen in unseren Überlebensanzügen in der Kabine. Unsere Stimmen klingen angespannt.

»Ich wünsche dir einen guten Flug. Und dass wir gut in Japan ankommen«, sage ich zu Wolf.

»Das wünsche ich dir auch«, antwortet Wolf. Er sitzt am Steuer. Er wird »Maggie« starten.

Behutsam gibt er Gas. Beschleunigt. Erst langsam, dann schneller. Das Flugzeug ist schwer, sehr schwer, da wir erstmals den Zusatztank im Einsatz haben, die »Big Bertha«, bis oben hin gefüllt. Jan Brill mit seiner *Cheyenne* hatte den Sprit dafür am Tag zuvor auf Attu abgesetzt – wofür wir sehr dankbar sind – und ist gleich wieder weggeflogen.

100 Gallonen Flugbenzin lagern nun in den Tragflächen, weitere rund 60 Gallonen in der »Big Bertha«. Den Zusatztank ha-

ben wir mit einigen Gurten auf der Holzabdeckung hinter unseren Sitzen festgezurrt. Die Maschine ist nun voll bis oben hin: Taschen, Rucksäcke, Proviant. Und obendrauf auf dem Gepäck die Rettungsinsel. Sie liegt direkt hinter uns, ein kleines, handliches Paket, das sich mit der dazugehörigen Druckluftpatrone im Nu zu einer großen Insel entfalten lässt. Man weiß ja nie. Schon gar nicht bei einem so langen Flug, der ausschließlich übers Meer führt. Elf, zwölf, vielleicht vierzehn Stunden lang.

Erst einmal müssen wir aber überhaupt in die Luft kommen. Denn wenn ein so kleines Flugzeug wie »Maggie« mit ein paar Hundert Kilogramm überladen ist, hebt es nur mühsam ab. Braucht mehr Tempo, mehr Speed, mehr Anlauf. Wolf weiß das natürlich.

Er beschleunigt auf 60 Knoten, auf 70 Knoten, schließlich auf 80 Knoten. Ganz lange hält er das Flugzeug auf dem Runway. Er drückt das Höhenruder herunter und zwingt »Maggie«, die längst abheben will, noch länger am Boden zu bleiben. Dann zieht Wolf behutsam am Steuerhorn und hebt ab. Kaum dass »Maggie« in der Luft ist, drückt er das Höhenruder erneut nach unten, um über der Landebahn den Bodeneffekt zu nutzen, wie es in der Sprache der Piloten heißt: Die zusammengepresste Luft zwischen den Tragflächen und der Landebahn treibt das Flugzeug nach oben. Wolf beschleunigt immer mehr. Je höher unser Tempo ist, umso schneller können wir anschließend steigen. Dann, als er den Bodeneffekt voll ausgereizt hat, zieht er »Maggie« sanft nach oben.

Auch jetzt, beim Steigflug, muss Wolf aufpassen. Weil die *Mooney* zu viel Ladung an Bord hat, liegt der Schwerpunkt der Maschine weiter hinten als üblich. Das Heck von »Maggie« drückt nach unten, die Nase nach oben: Wenn Wolf nicht gegensteuert, wird die Maschine nach hinten wegkippen – im schlimmsten Fall abstürzen.

Doch Wolf weiß genau, was er zu tun hat. Gefühlvoll steuert er »Maggie« an jenem Berghang vorbei, an dem vor gut drei Jahrzehnten eine *Hercules* der US Coast Guard zerschellt ist. Aus dem rechten Seitenfenster kann ich die Reste der Transportmaschine sehen: das große Heckleitwerk mit dem weißen Stern auf blauem Grund; die vielen Trümmerteile, die über den steilen Hang verteilt sind. Dann lassen wir Attu hinter uns.

Es ist 9.45 Uhr an diesem Morgen – und damit ziemlich spät, wenn man bedenkt, dass es vor einer Stunde noch dunkel war. Der Grund dafür erschließt sich, wenn man auf eine Karte blickt: Die Zeitzone (und damit die Datumsgrenze) ist auf den Aleuten weit nach Westen verschoben worden, sie macht einen gewaltigen Knick, weil andernfalls von Amerika aus gesehen die Inselkette jenseits der Datumsgrenze läge – und dort ein anderes Datum gelten würde als im Rest der USA. Deshalb wurden die Zeitzonen und die Datumsgrenze hier verschoben, und deshalb geht die Sonne hier auch so spät auf.

Wolf steigt zunächst auf 8000 Fuß. Das Wetter an diesem Morgen ist bestens. Perfekt für unseren Flug. Der Himmel strahlt blau, einige Wolken ziehen vorbei, es regnet nicht. Und vor allem: Der Wind kommt, anders als in dieser Gegend des Pazifiks üblich, nicht von vorn, sondern von hinten. Wir haben Ostwind, nicht Westwind. Was für ein Glück!

Unser Sprit langt im besten Fall für 14 oder 15 Stunden. Das reicht, solange der Wind nicht allzu heftig von vorn weht. In diesem Fall benötigen wir bis Sapporo vielleicht elf oder zwölf Stunden. Aber falls wir richtig Wind auf die Nase bekommen? Falls es also mit 50, 60 oder gar 80 Knoten aus Westen stürmt? Dann könnte es knapp werden und uns am Schluss der Treibstoff ausgehen.

Und je höher »Maggie« klettert, umso mehr ändert sich die Windrichtung. Auf 12000 Fuß, unserer geplanten Reiseflughöhe, weht der Wind plötzlich doch von vorn. Was also tun? Wir diskutieren, ob wir auf 12000 Fuß bleiben sollen. Hilft uns das, wenn plötzlich der Motor aussetzt? Nein, nicht wirklich. Deshalb schlage ich vor, wieder auf 8000 Fuß zu sinken. »Besser, wir fliegen mit Rückenwind«, sage ich zu Wolf. »Okay, dann runter«, antwortet er.

Der nächste Flugplatz, auf dem wir notlanden könnten, befindet sich entweder auf der russischen Halbinsel Kamtschatka oder auf den Kurilen-Inseln, die sich von Kamtschatka südwärts bis Japan ziehen. Damit wäre er mindestens 300 oder 400 Kilometer von unserer Route entfernt – zu weit, um ihn notfalls im Gleitflug zu erreichen, ohne die Kraft des Motors. Ganz egal, aus welcher Höhe.

Also müssten wir im Fall des Falles notwassern. Natürlich haben wir Proviant eingepackt, um auf der Rettungsinsel möglichst lange zu überleben. Aber hier sind so gut wie keine Schiffe unterwegs, die uns schnell retten könnten. Hinzu kommt: Wenn wir einen Notruf absetzen, würde uns möglicherweise niemand hören. Denn über weite Strecken unseres Fluges haben wir keinerlei Funkkontakt. Eine Flughöhe von 8000 oder auch 12 000 Fuß ist nicht hoch genug, um die nächste Funkstation zu erreichen. Auch die Positionen, die sogenannten Pflichtmeldepunkte, die wir auf unserer Route an die Controller melden müssen, können wir nicht direkt durchgeben. Fünf davon gibt es auf dem Weg nach Sapporo, auf den 2400 Kilometern übers Meer. Ihre Abkürzungen stehen auf dem Display in unserem Cockpit, auf der elektronischen Karte, auf der sich das kleine Flugzeug – das Symbol für unsere »Maggie« – nur unendlich langsam fortbewegt.

Um unsere Positionen durchzugeben, damit uns im Zweifelsfall jemand findet, bleibt uns daher nur eine Notlösung: Wir versuchen immer wieder die großen Verkehrsflugzeuge, die unseren Weg kreuzen, als Relais zu nutzen. Sie sind in viel größeren Höhen unterwegs, meist in 30 000 Fuß. Über Funk schicken wir unser »Request for a relais« in den Äther, in der Hoffnung, dass irgendwer aus den großen Maschinen antwortet. Manchmal hören wir nichts, manchmal meldet sich jemand. Dann schicken wir den Piloten in den großen Jets die Position für unsere *Mooney* durch, und diese geben sie an die Flugsicherung weiter.

Immer wieder stellen die Piloten der Passagiermaschinen erstaunte Fragen.

»Wie bitte, ihr seid in dieser Gegend in einer *Mooney* unterwegs?«

»Ja. Sind wir.«

»Und ihr fliegt bloß auf 8000 Fuß? Warum das denn?«

»Weil wir hier unten keinen Gegenwind haben.«

»Und wo geht's hin?«

»Nach Japan. Und weiter einmal um die Welt.«

»Um die ganze Welt?«

Wir bekommen ein paar ziemlich flotte Sprüche von den Kollegen aus den großen Maschinen zu hören. Aber am Ende helfen sie uns alle.

Je länger wir in der Luft sind, umso mehr legt sich unsere anfängliche Angst. Nach einer Stunde fühlen wir uns sicher, nach zwei, drei weiteren Stunden ist der Flug fast Routine. Beim Kommando über die Maschine wechseln wir uns regelmäßig ab: Mal hat Wolf das Steuer in Händen, mal ich. Die Pausen dazwischen nutzt jeder auf seine Weise: Wolf schreibt auf seinem iPad und hört Musik. Ich wiederum schaue mir einen Spielfilm an, den ich mir in Anchorage auf mein iPad geladen habe, und schlafe danach ein Stündchen. Power-Napping – eine Fähigkeit, die wir beide beherrschen: Augen zu – und weg sind wir!

Zu sehen gibt es nicht viel. Kein Schiff, keine Insel. Bloß Wasser und Wolken. Nur einmal kann ich in der Ferne Land erahnen. Ein paar schemenhafte Umrisse. Ist das Kamtschatka? Vielleicht. Immer wieder lausche ich dem Geräusch des Motors. Mich beruhigt, dass »Maggie« keine Zicken macht. Die neuen Kolben und der neue Propeller laufen gleichmäßig, den Mechanikern in Baierbrunn und Straubing sei Dank. Jetzt ein Kolbenfresser? Ich verdränge diese Vorstellung. Durch meinen Kopf schwirren viele Gedanken. Wird der Flug tatsächlich gelingen?

Was machen meine Frau und Tochter wohl gerade? Sie sind ganz weit weg – und in meinen Gedanken doch sehr nah.

Ich rede nicht viel. In den drei Wochen auf engstem Raum haben Wolf und ich uns schon viel über unser Leben erzählt: Geschichten aus unserer Jugend. Geschichten über unsere Frauen. Geschichten über unsere Arbeit. Geschichten über das Fliegen. Das Bedürfnis, ständig zu reden, ist allmählich dem Bedürfnis gewichen, ab und zu auch mal ein wenig Ruhe zu haben – selbst wenn wir direkt nebeneinandersitzen.

Es gibt aber auch Zauberworte, hineingesprochen ins Brummen des Motors, die das Schweigen sofort durchbrechen. »Ich eröffne mal den Gastro-Bereich«, ist so ein Satz, den ich gern sage und auf den Wolf garantiert freudig reagiert. Gastro-Bereich – das bedeutet, dass ich nach hinten greife, zu einer Plastiktüte, und unser Essen hervorhole. Die Mahlzeiten sind meist bescheiden, aber sie erfüllen ihren Zweck. Wir haben abgepackten Käse und Schinken mit dabei, eine kalte Tomatensuppe, Bananen, Ritz-Kekse. Dazu Wasser und Cola.

Wir zelebrieren das Essen an Bord, denn es bietet eine schöne Abwechslung. Zugleich versuche ich, so wenig wie möglich zu trinken. Denn ich will vermeiden, dass ich unterwegs pinkeln muss. In dem dicken Überlebensanzug wäre das eine komplizierte Angelegenheit. Ich müsste erst den Plastikoverall nach unten schieben, mich dann umdrehen und auf meinen Sitz knien und anschließend versuchen, in einen Plastikbeutel zu pinkeln. Zum Glück bleibt mir die Prozedur auf dem elfstündigen Flug erspart; auch sonst muss ich mich auf unserer gesamten Weltreise nur ein einziges Mal in der Luft erleichtern.

Noch eine Frage treibt mich auf dem Weg nach Japan um: Können wir uns auf »Big Bertha« verlassen? Funktioniert unser Zusatztank? Oder versagen die kleinen Pumpen?

Das erste Mal schalten wir nach gut zwei Stunden die Pumpen an, die den Sprit aus »Big Bertha« herausbefördern. Sie klacken leise, immer wieder. Klack! Klack! Klack! Nach und nach schicken sie einige Dutzend Liter Sprit durch einen kleinen Schlauch in die rechte Tragfläche. Während die Pumpe arbeitet, nutzen wir für den Motor den Sprit aus der anderen, linken Tragfläche. Als das geschafft ist, legen wir den Schalter erneut um – und fliegen wieder mit dem Sprit aus der rechten Tragfläche.

So machen wir das vier Mal, stets im Abstand von etwa zwei Stunden. Dann ist »Big Bertha« leer. Wolf klettert daraufhin nach hinten, um den Zusatztank zusammenzufalten. Auch den kleinen Schlauch, der von den Pumpen zur rechten Tragfläche führt, schraubt er ab – aus Furcht, beides könnte uns bei der Einreise nach Japan Probleme machen. Denn offiziell sind solche Zusatztanks verboten – jedenfalls dann, wenn das Flugzeug in der Folge überladen ist.

»Es ist unnütz, dass du das machst«, rufe ich ihm zu.

Ich bin davon überzeugt, dass unseren Zusatztank in Japan ohnehin niemand einordnen könnte. Denn kleine Sportmaschinen wie die *Mooney* sind dort weitgehend unbekannt. Wer also soll uns Ärger machen?

Aber Wolf lässt sich nicht beirren: »Ich mache das trotzdem.«

Wolf ist eben der Korrekte von uns beiden. Der Genaue. Ich dagegen bin der Draufgänger. Der Ungestüme. Wieder einmal denke ich, dass mein Temperament allein nicht gut wäre für eine Weltreise, weil mir manchmal die Ruhe fehlt. Das sagt auch meine Frau. Sie ist genau wie ich sehr froh, dass ein so besonnener Mensch wie Wolf zusammen mit mir reist.

Nach exakt zehn Stunden und 42 Minuten erreichen wir Sapporo. Um 9.45 Uhr Ortszeit sind wir auf Attu losgeflogen, um 17.27 Ortszeit landen wir in Japan. Tatsächlich ist es mehr als einen Tag später, weil wir die Datumsgrenze überflogen und damit rechnerisch einen Tag verloren haben.

Einen letzten aufregenden Moment erleben wir bei der Landung, und das liegt auch daran, dass wir die japanischen Controller mit ihrem eigenwilligen Englisch kaum verstehen. Welche Ausfahrt vom Runway sollen wir nehmen? Geht im Rauschen

unter. Und so verpassen wir die Abzweigung, die für uns vorge-
sehen war, und rollen weiter geradeaus. Schnell begreifen wir,
dass das ein Fehler war: Hinter uns rauscht bereits ein *Airbus*
von Nippon Airways heran, dem wir nun die Landebahn versperren. Der große Jet muss deshalb wieder durchstarten und ein
zweites Mal zur Landung ansetzen.

Egal. »Gute Landung«, sage ich zu Wolf.

»Cool, dass wir es geschafft haben«, antwortet er trocken.

Der gewagteste Flug unseres Lebens – er endet im Sonnen-
schein von Sapporo. Wir parken »Maggie«, klettern aus der
Maschine, streifen uns die Überlebensanzüge ab und ziehen
uns wieder unseren normalen Piloten-Dress mit Hemd und
Jeans an. Als ich mich umziehe, stehe ich für kurze Zeit in
Unterhosen auf dem Vorfeld. Auch egal. Dann recken wir die
Finger zum Victory-Zeichen in die Luft und machen Fotos von
uns und »Maggie«.

Die gute, alte »Maggie«!

Wir haben es geschafft – und sind dankbar dafür.

Das Beten hat geholfen.

Zwischen Taifun und Waschsalon

Da fliege ich von Bayern aus um die halbe Welt, lande in Grönland und Alaska und überquere in einem waghalsigen Flug den Pazifik. Und was finde ich am anderen Ende der Welt, in Sapporo, der ehemaligen Olympiastadt in Japan? Ein Oktoberfest! Unglaublich!

Direkt unter dem Rundfunkturm von Sapporo, einem Gerippe aus Stahl, das an den Eiffelturm erinnert, sind zwei Zelte, ein paar Dutzend Bierbänke und ein großer Speise- und Getränkestand aufgebaut. Auf einem blauen Schild über dem Eingang steht in roter Schrift: OKTOBERFEST. Es ist eines der wenigen Worte, die ich in Sapporo lesen kann. Ansonsten verwenden die Japaner fast ausschließlich ihre eigenen Schriftzeichen.

Auf der Speisekarte finden sich Dutzende von Speisen: »München Classic« ist die eine Hälfte überschrieben, »Essen Sapporo« die andere. Ich nehme an, dass sich in der Rubrik »München Classic« auch Haxn, Schweinsbraten oder Hendl finden, allerdings sind die Gerichte nur in japanischer Schrift aufgelistet. »Essen Sapporo« dürfte eher Gerichte der heimischen Küche enthalten. Selbst das Bier der großen Münchner Brauereien wird ausgeschenkt: Spaten-, Hofbräu und Franziskaner. Als gebürtiger Münchner rümpfe ich die Nase, weil auch »Flensburger Pilsener« auf der Bierkarte steht. Das wäre auf dem Münchner Oktoberfest undenkbar, wo nur das Bier der lokalen Brauereien getrunken werden darf. Ein wenig früh sind die Oktoberfest-Wirte in Sapporo zudem dran – in München wird die Wiesn erst in eineinhalb Wochen eröffnet, wenn der Oberbürgermeister im Schottenhamel-Zelt das erste Fass anschlägt.

Unglaublich ist nicht nur das Fest in Sapporo, unglaublich sind auch die Preise: Eine Maß kostet 2400 Yen, umgerechnet

20 Euro. Rege sich also in München noch mal einer darüber auf, dass die Wirte ihren Gästen das Geld aus der Tasche zögen... Die Maß für zehn Euro im Schottenhamel ist, verglichen mit Sapporo, ein echtes Schnäppchen.

Skurril ist all das, aber ich empfinde es auch als befremdlich. Natürlich wird sich kaum ein Münchner beleidigt fühlen, weil es das Oktoberfest samt Tracht und Münchner Bier ein paar Hundert Mal als Abklatsch irgendwo sonst auf der Welt gibt. Aber wie ist es, so frage ich mich, mit den Sitten anderer Völker? Dürfen wir deren Gebräuche kopieren und verunstalten, zumal wenn es sich um Traditionen mit religiösem Hintergrund handelt? Oder beleidigen wir damit jemanden? Ein kaum lösbares Problem – gerade in einer Zeit, in der die Welt so sehr zusammengewachsen ist. Fern der Heimat verzichte ich jedenfalls gern auf diese Kopie des Oktoberfests, Wolf geht es ähnlich. Er kennt aus seiner Zeit in München das Oktoberfest und findet die japanische Imitation der Wiesn genauso seltsam wie ich. Statt hier für viel Geld ein Münchner Bier zu kaufen, trinken wir lieber in einem kleinen Sushi-Restaurant ein japanisches Bier, ein »Sapporo Classic«.

In Sapporo sehen Wolf und ich auch Jan Brill, Hans Brüning und die anderen Piloten wieder, die wir in Anchorage getroffen haben. Sie sind mit ihren größeren Maschinen auf anderen, unterschiedlichen Wegen, die größtenteils über Russland führten, nach Japan geflogen. Auch sie hatten Glück mit dem Wetter und kaum Gegenwind. Eine der Crews allerdings hat es nicht geschafft, sie ist auf den Aleuten umgekehrt und heim nach Deutschland geflogen, weil ihr Tank für den Flug über den Pazifik zu klein war.

Fasziniert lauschen die anderen Piloten unserer Geschichte von der sternenklaren Nacht auf Attu. Und wir wiederum lassen uns von ihnen erzählen, wie teuer und kompliziert der Zwischenstopp in Petropawowsk auf der russischen Halbinsel Kamtschatka war, weil die Behörden dort offenbar ständig Genehmigungen widerriefen, neue erteilten, diese ebenfalls widerriefen und am Ende gar erklärten, dass ihr Flughafen nur montags für ausländische Sportmaschinen geöffnet sei.

Wie viel angenehmer erscheint da doch Sapporo. Die Zwei-Millionen-Metropole ist eine blitzsaubere und trotz ihrer Größe gemächliche Stadt: Auf den breiten Straßen im Zentrum sehe ich nicht sonderlich viele Autos, dafür erstaunlich viele Radfahrer. Alles wirkt sehr ruhig, ja, fast gespenstisch leise. Der Lärmpegel liegt deutlich unter dem Niveau aller anderen Großstädte, die ich jemals besucht habe. Das liegt auch daran, dass es diese moderne Stadt im Grunde zweimal gibt. Einmal über der Erde, wo sich in den mit dem Lineal gezogenen Straßen gesichtslose acht- bis zehngeschossige Häuser aus Beton, Glas und Stahl aneinanderreihen. Und ein zweites Mal unter der Erde: Dort erstrecken sich kilometerlange Einkaufspassagen, mit blitzenden Fliesen und Hunderten von Geschäften.

Fasziniert wandeln wir durch den Untergrund, durch diese geradezu aseptische Parallelwelt, die greller, bunter, schriller daherkommt als deutsche Einkaufspassagen. Im Untergrund kann man alle Besorgungen des täglichen Lebens erledigen – denn im Winter sinkt das Thermometer in dieser Gegend des Landes, also auf Hokkaido, der nördlichsten Insel Japans, auf eisige Temperaturen. Die Einwohner von Sapporo verlagern in den entsprechenden Monaten das Leben unter die Straße und können in den gut beheizten Passagen ungestört shoppen.

Allzu viel hat Sapporo ansonsten nicht zu bieten. Eine der größten Attraktionen ist noch die Olympia-Sprungschanze, die für die Winterspiele 1972 errichtet wurde. Wir sehen sie vom Funkturm aus in der Ferne; sie liegt vor den Toren der Stadt. Nicht nur das Oktoberfest, sondern auch Olympia hat Sapporo also mit meiner Heimatstadt München gemein. Hier wie dort wird das olympische Erbe immer noch stolz hergezeigt. Zugleich pflegen die Japaner heute ein ganz anderes Verhältnis zu den Olympischen Spielen als wir Deutschen. Das spüre ich am Tag unserer Ankunft, als Tokio den Zuschlag für die Sommerspiele 2020 erhält, was die Japaner ausgiebig feiern – während in München die Bewerbung für die Winterspiele 2022 am Widerstand der Bevölkerung scheitert. So verschieden sind die Welten in Japan und Bayern.

Große Unterschiede bemerke ich auch, als ich das Leben der Japaner studiere. Erstaunt beobachte ich, dass die Menschen in Sapporo sich überall ordentlich anstellen – selbst an einer roten Ampel. Sie drängeln nicht bis an die Bordsteinkante vor. Aus den Lautsprechern, die an den Ampeln angebracht sind, kann ich während der Rot-Phasen zudem in gedämpfter Lautstärke Werbespots vernehmen. Gerade ich, dem es grundsätzlich schwerfällt, sich in eine Schlange einzureihen und geduldig zu warten, bin beeindruckt von diesem Sinn für Regeln und Ordnung.

Höchst zivilisiert verhalten sich auch die Zuschauer, die wir am Abend auf dem Weg zum Baseball-Dome beobachten. Wolf, der als Amerikaner Baseball liebt, hatte auf einem Plakat entdeckt, dass die Hokkaido Nippon Ham Fighters, eines der besten Baseballteams des Landes, ein Heimspiel bestreiten; und so machen wir uns zu dritt – gemeinsam mit Michael Brüning, den wir schon in Anchorage getroffen haben – auf den Weg ins Stadion. Überall stehen Polizisten, die den Menschen mit Leuchtstäben den Weg weisen; auch hier schiebt sich niemand vor. Selbst im Stadion verhalten sich die 40 000 Zuschauer gesittet. Schlachtengesänge wie in deutschen Fußballstadien? Grölende, gar betrunkene Fans? Fehlanzeige! Keiner der Besucher kommt auf die Idee, Abfall auf den Boden fallen zu lassen. Alles wird ordentlich in die vielen Mülltonnen geworfen. Neben uns sehe ich eine Frau, die ihre Schuhe ausgezogen hat und während des gesamten Spiels ihre Füße auf einer Zeitung auf dem Boden absetzt. Natürlich ist die Zeitung mehrfach sauber gefaltet.

Der Sinn der Japaner für Ordnung zeigt sich auch bei den vollautomatischen Toiletten in unserem Hotel. Die sind in jeder Hinsicht ein technisches Faszinosum: ausgestattet mit 13 Bedienknöpfen und einem Display am Spülkasten. Als ich den Toilettenraum betrete, hebt sich von selbst der Deckel; die Klobrille ist vorgewärmt. Und als ich die Toilette verlasse, springt automatisch die Spülung an und der Toilettendeckel senkt sich. Wie praktisch! Dazu gibt es diverse Knöpfe, um wie bei einem Bidet die einzelnen Partien des Gesäßes zu reinigen, »Front Cleansing« steht dort oder »Rear Cleansing«. Bunte Piktogramme erläutern, welche Körperregionen genau gemeint sind.

Nicht so einfach wie die Betriebsanleitung der Toilette verstehe ich die Japaner selbst. Denn außerhalb der Hotels spricht kaum jemand Englisch. Als ich versuche, einen Geldautomaten oder eine Bank zu finden, bei der ich mit meiner Mastercard Bargeld bekommen könnte, treffe ich auf viele freundliche Menschen, die sich immer wieder vor mir verbeugen und sich entschuldigen, weil sie mir nicht helfen können. Ich kann mich lediglich per Zeichensprache mit ihnen unterhalten, was insofern ungünstig ist, als dass überall nur Visa akzeptiert wird – und nicht die Mastercard. Erst nach einer Odyssee durch einige Banken und Supermärkte finde ich jemanden, der mir eine größere Menge Yen ausbezahlt.

Zwei Tage bleiben wir in Sapporo, und nach dem langen Flug über den Pazifik empfinde ich es als wohltuend, mal nicht in dem engen Flugzeug zu sitzen. Dann aber geht es weiter in den Süden. Unser nächstes Ziel heißt Tokio. Um 6.30 Uhr fahren wir zum Flughafen, gemeinsam mit den anderen Teams aus Deutschland, mit denen wir in den nächsten zwei Wochen unterwegs sein werden, ehe sich unsere Wege auf Papua-Neuguinea wieder trennen.

Unsere Flugroute führt nur gut 150 Kilometer an der Sperrzone von Fukushima vorbei, und auch Tokio, unser eigentliches Ziel an diesem Tag, liegt nur gut 220 Kilometer von dem zerborstenen Reaktor entfernt. Die Stadt hätte im Frühjahr 2011 beinahe evakuiert werden müssen, wenn der Wind gedreht hätte und die radioaktive Wolke nach Süden getrieben wäre. In den

Tagen zuvor habe ich mir manche Gedanken über Fukushima gemacht. Ein komisches Gefühl ist es, so nah an diesem verstrahlten Flecken Erde vorbeizufliegen. Denn wer weiß? Vielleicht hatte die Katastrophe ja doch nicht so glimpfliche Folgen, wie die japanischen Behörden uns glauben machen wollen.

In Deutschland habe ich in den Wochen zuvor nur noch wenig über den GAU gelesen. Aber all das, was ich gelesen habe, hat mich skeptisch gemacht: Ist die Gefahr wirklich gebannt? Oder drohen, wie nach Tschernobyl, gewaltige Spätfolgen? Mich hat es jedenfalls nicht beruhigt, dass das Reaktorunternehmen Tepco seit dem Atomunfall immer wieder behauptet hat, es habe in der Ruine von Fukushima alles im Griff – nur um später neue Probleme einzugestehen. Deshalb bin ich auch froh, dass wir nicht direkt nach Tokio fliegen, sondern Nagoya ansteuern, das 250 Kilometer weiter westlich liegt. Der Grund dafür ist kurios: Tokio, diese Metropole mit ihren 20 Millionen Einwohnern, verfügt über keinen einzigen Flughafen, der auf Sportmaschinen eingerichtet wäre. Zumindest führt der Umweg aber dazu, dass wir mit noch größerem Abstand an Fukushima vorbeifliegen...

Nagoya liegt unter Dunst und Smog, als wir uns mit »Maggie« nähern, der Flughafen ist aus der Luft nicht zu sehen – und so fliege ich zum ersten Mal in meinem Leben eine Landung nicht nach Sicht, sondern mithilfe der Instrumente. Mein Pilotenschein gibt das eigentlich nicht her, aber inzwischen verstehe ich »Maggie« bestens und habe durch Wolf, der sehr erfahren im Instrumentenflug ist, viel gelernt. Ein kleiner Nervenkitzel. Aber alles geht glatt. Ich bin erleichtert und auch ein wenig stolz, dass ich »Maggie« ohne Mühe runtergebracht habe.

In Nagoya wechseln wir auf die Schiene und fahren mit dem Zug nach Tokio. Aber mit was für einem Zug! Wir steigen in den Shinkansen, in den japanischen Superschnellzug, der mit einer Spitzengeschwindigkeit von über 400 Kilometern pro Stunde schneller ist als der deutsche ICE. Und der seinen Passagieren auch deutlich mehr Beinfreiheit und breitere Sitze bietet. Zwischendurch messe ich über das GPS-Tracking meines Handys die Geschwindigkeit: Wir rasen mit 280 Stundenkilometern durchs Land, doch weil der Schnellzug so ruhig und leise fährt, habe ich das Gefühl, dass es sehr viel weniger ist. Abends erreichen wir Tokio, und kaum dass wir aus dem Shinkansen ausgestiegen sind, kann ich durchs Fenster beobachten, wie der Zug für die nächste Fahrt präpariert wird: Bedienstete eilen durch die Gänge und drehen mit schnellen Handgriffen eine Sitzreihe nach der anderen um 180 Grad, sodass die Passagiere bei der nächsten Fahrt, die herausführt aus dem Kopfbahnhof, wieder nach vorn blicken können.

Und nun also Tokio! Was für eine Stadt! Was für eine gigantische Ansammlung von Menschen und Häusern! Noch größer als Los Angeles, noch gewaltiger als New York. Japans Hauptstadt gehört zu den Megacitys, zu den ganz großen Metropolen der Welt. Auch in Tokio ist unsere Devise, bloß nicht auf allzu eingetretenen Pfaden zu wandern. Wir wollen auch das normale Leben sehen. Die Viertel und Ecken, die nicht in jedem Reiseführer empfohlen werden. Was also besuchen wir an diesem Tag als Erstes? Na, was? Einen Waschsalon.

Denn jeder von uns hat nur eine Sporttasche mit Kleidung dabei. Bei mir sind das: zwei Paar Schuhe, zwei Hosen, eine Shorts, zwei Pullover, fünf T-Shirts, sieben Unterhosen, eine Jacke, Rasierer, Toilettenutensilien. Einmal pro Woche müssen wir deshalb waschen: In Dallas haben wir das bei Wolfs Eltern erledigt, in San Francisco bei Caroline, und nun – ausgerechnet in Tokio – besuche ich zum ersten Mal in meinem Leben einen Waschsalon. Selbst während meiner Studentenzeit war das nie nötig.

Wie aber finden wir in Tokio einen Waschsalon? Das Branchenbuch hilft nicht weiter – wir können die japanischen Schriftzeichen nicht lesen. Und auch im Hotel hat die freundliche Rezeptionistin nur eine grobe Ahnung, wo wir einen Waschsalon finden könnten. Sie sagt uns, dass wir nach einem kleinen Schild mit Münzen Ausschau halten sollen. Aber wo, bitte schön, gibt es das? Mit dicken Plastiktüten in der Hand ziehen wir »Langnasen« orientierungslos durch die Straßen. Die Suche ist schweißtreibend, die Temperaturen steigen an diesem Spätsommertag auf 35 Grad. Kein Wunder, denn Tokio liegt weit im Süden, auf der Höhe von Tunis. Den Japanern scheint die Hitze wenig auszumachen, mir aber schon: Ich schwitze kräftig und könnte problemlos dreimal am Tag duschen.

Wo aber ist der Waschsalon? Wer kann uns helfen? Nachdem wir ein Weile herumgeirrt sind, frage ich einen Mann, der mit einer Golfausrüstung vor seiner Garage steht und tatsächlich ein wenig Englisch spricht. Er erklärt uns den Weg, und als wir trotz seiner Anweisungen immer noch ziellos auf der Straße hin und her laufen, kommt er uns nach und führt uns zu einem unscheinbaren Haus, im dem wir alles vermutet hätten, bloß keinen Waschsalon. Wir steigen eine steile Stiege hinauf – und siehe da: Plötzlich stehen wir in einem hellen Raum voller Waschmaschinen.

Während unsere Wäsche schleudert, besuchen wir den nahe gelegenen Fischmarkt, einen trubeligen Markt, auf dem es nach Meer, Salz und Seegetier aller Art riecht. An einem der Stände frage ich eine junge Verkäuferin, was denn das für harte, unförmige Stücke seien, überzogen mit einer dunklen Schicht, die da in ihrer Auslage liegen. Die Verkäuferin, eine schlanke Frau mit einer blauen Leggings, über die sie eine hellblaue Shorts mit weißen Punkten gezogen hat, spricht erstaunlich gut Englisch und erklärt mir, dass es sich hierbei um vier Monate alten, gekochten Thunfisch handele, der an der Luft getrocknet worden sei. Sie erzählt mir, dass ihre Familie das Geschäft in der dritten Generation betreibe, seit 1936. Stolz zeigt sie einige vergilbte Schwarz-Weiß-Fotos vor, auf denen ihre Großeltern vor dem frisch eröffneten Laden zu sehen sind: Akkurat haben sie die Kisten mit der Ware auf einem großen Tisch zu Pyramiden aufgetürmt. Die Frau holt auch noch ein Foto hervor, das ihren Großvater in einer strahlend weißen Militäruniform vor Kampfbombern zeigt – ein Bild, das wohl aus dem Zweiten Weltkrieg stammt.

Mit einer Raspel schabt die Fischverkäuferin danach feine Scheiben von den getrockneten Fischen ab und wirft sie in eine kleine Porzellanschale mit heißem Wasser, die sie mir herüberreicht. Fertig ist die Fischsuppe! Ich probiere sie. Einfach köstlich! Und auch ohne Suppe, trocken aus der Hand, schmeckt mir der getrocknete Thunfisch hervorragend.

Wie schon in Sapporo sind wir auch in Tokio sehr viel mit öffentlichen Verkehrsmitteln unterwegs, da man auf diese Weise eine Stadt am besten kennenlernen kann und mehr von der Atmosphäre und den Menschen mitbekommt. Allerdings: Man kann in Tokio mit der Metro schnell an einem Ort landen, an den man eigentlich gar nicht will. Denn die Beschilderung ist selbst da, wo sie nicht in japanischen Schriftzeichen erfolgt, verwirrend. Zudem sind, wie ich auf unseren Wegen durch den Untergrund feststelle, die verschiedenen Schienennetze – also die Metro, die Nahverkehrszüge und der Shinkansen – auf komplizierte Weise miteinander verknüpft. Oft frage ich mich in den Bahnhöfen: Welche Rolltreppe nehmen wir? Und welchen Ausgang? Aber wir schaffen es schließlich am Abend doch noch ins Shibuya-Viertel, eine jener Gegenden von Tokio, die im Rest der Welt das Bild der Stadt prägen. Rund um den Bahnhof Shibuya finden sich dicht an dicht Kaufhäuser, Modegeschäfte und Elektronikläden. All dies wird überstrahlt von gewaltigen Leuchtreklamen, die vor allem für japanische Unternehmen werben, manche aber auch für westliche Konzerne wie Visa oder H&M. Vor allem Schüler und insbesondere Schülerinnen kaufen hier gern ein.

Vor dem Bahnhof befindet sich ein Ort, der zu den beliebtesten Treffpunkten in Japan gehört, um sich zu verabreden: die Statue des legendären »treuen Hundes« Hachiko. Als wir am Bahnhof den nach Hachiko benannten Ausgang nehmen, landen wir auf der wohl berühmtesten, weil verkehrsreichsten Fußgängerkreuzung der Welt. Die Regisseurin Sofia Coppola hat ihr mit ihrem Spielfilm »Lost in Translation« ein cineastisches Denkmal gesetzt. Wenn die Ampeln auf Grün schalten, dürfen die Menschen an dieser Kreuzung in alle Richtungen gleichzeitig gehen; auch diagonal führen Zebrastreifen auf die andere Seite hinüber. Angeblich passieren während einer Ampelphase bis zu 15 000 Menschen diese Kreuzung.

15 000 Menschen – ob das stimmt? Ich kann das nicht nachprüfen. Aber es sind in jedem Fall sehr, sehr viele, die sich über die Zebrastreifen schieben, vorbei an den kleinen, gelben Taxis, die im Stau stehen und es nicht mehr über die Kreuzung geschafft haben. Ein paar der eiligen Passanten werden sicher unterwegs sein zum »Love Hotel Hill«, einem beliebten Teil von Shibuya: Hier stehen viele der in Japan beliebten »Liebeshotels«, in denen Paare während des Tages ungestört ein paar Stunden verbringen können. Die Preise für einen ein- bis dreistündigen Aufenthalt liegen zwischen 3000 und 7000 Yen, umgerechnet also zwischen 20 und 50 Euro. Auch hier glitzern die Leuchtreklamen, ein paar leichte Mädchen stehen am Straßenrand, mit sehr kurzen, schwarzen Röcken und hochhackigen Schuhen mit Plateausohle. Sie warten auf Freier, die mit ihnen in eines der Hotels gehen.

Nach drei Tagen verlassen wir Tokio. Und ehrlich gesagt bin ich froh, dass wir keine Stunde länger bleiben. Es ist nicht die Stadt selbst, die uns forttreibt, sondern ein Taifun, also einer jener tropischen Wirbelstürme, die im nordwestlichen Pazifik immer wieder verheerende Verwüstungen anrichten. Es schüttet in Kübeln, als wir und die Piloten der anderen acht Maschinen in aller Frühe zum Bahnhof fahren, ein kräftiger Wind tobt, obwohl sich das Auge des Wirbelsturms noch einige Hundert Kilometer entfernt von Tokio befindet. Der Shinkansen, der uns nach Nagoya bringen soll, kann erst einmal nicht losfahren. Eine Stunde müssen wir warten, ehe der Schnellzug sich schließlich in Bewegung setzt. Der Regen trommelt auf das Dach unseres

Abteils und klatscht an die Scheiben, in Sturzbächen läuft das Wasser vor dem Fenster herunter, durch das ich auf fast menschenleere Straßen blicke, auf Gullys, die angesichts der Regenfluten überlaufen, auf dunkle, tief hängende Wolken.

Die japanischen Fernsehsender berichten derweil nonstop über diesen gewaltigen Sturm, der vom Pazifik aus in Richtung Nordwesten zieht. Er tobt mit Windgeschwindigkeiten von bis zu 160 Stundenkilometern. An der Pazifikküste türmen sich bis zu neun Meter hohe Wellen auf. Von überall werden Überschwemmungen gemeldet. Flüsse treten über ihre Ufer. Eine braune, dreckige Wassermasse schiebt sich durch Städte wie Kyoto oder Fukuchiyama. Häuser werden abgedeckt, Autos umgeworfen.

Als wir endlich Nagoya erreichen, ist uns der Taifun gefährlich nahe gekommen. Der Himmel hat sich noch mehr verdüstert. Wolf will zunächst nicht starten, ihm ist das zu riskant, weil der Wind so heftig weht. Er hat Angst um sein Flugzeug, was ich gut verstehen kann. Doch Jan Brill und die anderen Piloten wollen losfliegen. Klar, ihre Maschinen sind deutlich größer als unsere *Mooney*. Aber wollen wir wirklich allein zurückbleiben? Auch das wäre nicht ohne Risiko, denn der Taifun könnte »Maggie« umwerfen oder durch herumfliegende Teile beschädigen. Also dränge ich Wolf: »Lass uns starten. Die anderen fliegen auch.« Schließlich willigt er ein. Also: Schnell rein in die Maschine! Bloß keine Zeit verlieren! Bloß weg! Ich werde pitschnass, als ich über das Rollfeld zu »Maggie« laufe. Die großen Verkehrsmaschinen müssen am Boden bleiben, über 500 Linienflüge werden an diesem Tag gestrichen, während wir mit unserer kleinen *Mooney* im letzten Moment abheben. Schon irre!

Im Fernsehen heißt es, einen Taifun mit diesen Auswirkungen erlebe Japan nur alle paar Jahrzehnte. Und deshalb geben wir, als wir in der Luft sind, so viel Gas wie möglich. Die Wetterbehörde prophezeit »Regenfälle noch nie erlebten Ausmaßes«, allein in Tokio werden innerhalb von 24 Stunden 35 Zentimeter Niederschlag erwartet. In anderen Gegenden sollen sogar 60 Zentimeter Regen fallen – so viel wie in den meisten deutschen Städten im gesamten Jahr. 500 000 Menschen müssen im Laufe des Tages evakuiert werden. Auch von Toten wird berichtet, darunter ein Windsurfer, der trotz der Taifun-Warnung aufs Meer hinausgefahren ist.

Zweieinhalb Stunden fliegen wir durch dichte Wolken und heftigen Regen. Der Taifun schüttelt uns durch. Der Sturm ist nicht nur kräftig, sondern dreht blitzschnell: Mal weht es von vorn, mal von hinten, und zehn Sekunden später von der Seite. Man-yi macht uns richtig schwindelig. Man-yi – so lautet der Name des Taifuns.

Auch die Nachrichten aus dem zerstörten Atomkraftwerk in Fukushima machen mir wieder Angst. Die Behörden befürchten, dass Man-yi noch mehr radioaktives Wasser aus der Reaktorruine ins Meer spülen könnte. Die Arbeiter in Fukushima errichten deshalb einen zusätzlichen Schutzwall rund um jene Stahlbehälter, in denen das kontaminierte Wasser aus dem Reaktor gesammelt wird. Sie installieren zusätzliche Pumpen und beschweren die Kräne, die die Trümmer des Atomkraftwerks beiseiteräumen sollen, mit weiteren Gewichten, damit sie nicht umkippen. Am Ende nutzt dies alles nichts. Man-yi sorgt dafür, dass über 1100 Tonnen verstrahltes Wasser in den Pazifischen Ozean fließen – und das Meerwasser erneut verseucht wird.

Ich bin froh, als wir die Ausläufer des Taifuns hinter uns lassen, das Wetter sich beruhigt und die dunklen Wolken verschwinden. Dann reißt der Himmel auf, und ich sehe das helle, strahlende Licht der Sonne. Wir sind dem Unwetter entkommen.

Ausspannen am weißen Strand

Unsere Flucht vor dem Taifun führt uns nach Okinawa, ein paar Hundert Kilometer südwestlich von Tokio. An einen Ort, an dem man förmlich spüren kann, dass in Asien die Spätfolgen des Zweiten Weltkriegs noch immer nicht überwunden sind. Beim Landeanflug muss ich mit »Maggie« zahlreiche militärische Sperrgebiete umfliegen, ehe ich auf der langen Landebahn aufsetze, auf einem Airport, der mal ein reiner Militärflughafen gewesen ist und immer noch von Kampfjets genutzt wird. Bis 1945 gehörte er den Japanern, bis 1972 den Amerikanern, heute dient er als Basis für die Japan Air Self-Defense Force, die bescheidene Luftwaffe des Landes.

Eine knisternde, seltsame Stimmung liegt über dem Airport von Naha. Er ist umgeben von weit mehr Sicherheitszäunen als üblich, die zudem oben mit Unmengen von Stacheldraht bestückt sind. Überall laufen Sicherheitsleute herum, die uns ein wenig paranoid erscheinen. Wir dürfen uns auf dem Rollfeld nicht frei bewegen oder ohne Begleitung zurück zu »Maggie«. Zudem werden uns alle Messer abgenommen – als seien wir nicht friedliche Sportpiloten, sondern gefährliche Eindringlinge, die die Sicherheit des Landes gefährden könnten.

Die Inselgruppe Okinawa war im Zweiten Weltkrieg das letzte Bollwerk der Japaner: Hier wollten sie den Vormarsch der Amerikaner und Briten abwehren, hier wollten sie verhindern, dass die Alliierten weiter vorrücken und irgendwann auch die japanischen Kerninseln weiter nördlich besetzen.

Drei Monate tobte im Frühjahr 1945 die Schlacht um Okinawa, die Amerikaner und Briten setzten Hunderte von Flugzeugen und Landungsbooten ein. Mehrere Schlachtschiffe bombardierten mehrere Tage lang nonstop die Festungsanlagen auf Okinawa. Am 30. Juni 1945, mehr als eineinhalb Monate nach dem Kriegsende in Europa, hatten die Alliierten Okinawa endlich erobert. Anschließend überlegten sie, ob sie auch die japanischen Kerninseln besetzen sollten, um Japan vollends zu schlagen. Weil ihnen das nach der schwierigen Schlacht um Okinawa zu riskant war, warfen die Amerikaner am 6. und 9. August 1945 zwei Atombomben ab: erst auf Hiroshima, dann auf Nagasaki. Damit war der Zweite Weltkrieg auch in Südostasien beendet.

In Europa ist vielen dieses Kapitel des mörderischen Krieges kaum noch gegenwärtig. Doch als wir nach der geglückten Flucht vor dem Taifun auf dem Flughafen von Naha landen, der größten Stadt der Insel Okinawa, ist die Geschichte deutlich präsent. Auch sieben Jahrzehnte nach Ende des Zweiten Weltkriegs halten die USA die Insel im Prinzip noch besetzt, jedenfalls kann man den Eindruck gewinnen angesichts der 32 Militärbasen, die von amerikanischer Seite hier betrieben werden. Allein auf der größten, der Kadena Air Base, sind 18 000 Soldaten stationiert. Okinawa wird deswegen gelegentlich auch als »unbeweglicher Flugzeugträger« der Amerikaner im westlichen Pazifik bezeichnet.

Ein Blick auf die Karte zeigt die strategische Bedeutung: Japan und Korea sind nicht weit, ebenso Taiwan und China. Besser als hier kann man seine Kampfflugzeuge im Pazifik kaum platzieren. Und Spannungen gibt es genug: Mal streiten die Japaner und Chinesen um eine kleine, unbesiedelte Insel. Mal demonstriert Nordkorea seine Machtgelüste gegen Südkorea, testet Raketen oder provoziert einen Zwischenfall an der Grenze. Und mal sorgt der japanische Premierminister für Aufregung, weil er den Machtanspruch seines Landes in Südostasien betont – und das, obwohl Japan eigentlich, wie Deutschland, aus historischen Gründen eine gewisse Zurückhaltung gut anstünde.

Okinawa ist nur ein kurzer Zwischenstopp auf unserem Weg zu den Philippinen. Dort wollen wir drei Tage auf Boracay ausspannen, an weißen Stränden unter Palmen. Doch ehe wir unsere

Trauminsel erreichen, müssen wir erst diese Insel des Krieges mit ihrer bedrückenden Atmosphäre hinter uns bringen. Auch am nächsten Morgen, als wir in Richtung Philippinen starten wollen, sind die Sicherheitskontrollen aufwendig und die Zollbeamten extrem pingelig.

Wie groß die Spannungen in der Pazifikregion immer noch sind, bekommen wir zu spüren, als wir endlich den Motor anwerfen wollen. Denn wir und die anderen Crews erhalten zunächst keine Startgenehmigung, keine »clearance«, obwohl wir unseren Flug bereits am Abend zuvor ordnungsgemäß angemeldet haben. Aber warum? Der Controller hält uns vor, dass wir auf der von uns geplanten Route den Luftraum von Taiwan durchqueren würden. Das sei verboten! Wir schütteln den Kopf, denn unsere Route führt gar nicht über Taiwan, wir wollen stattdessen auf direktem Weg auf die Philippinen fliegen. Aber egal! Verhandeln ist zwecklos. Also ändern wir die Route und reichen über Funk einen neuen Flugplan ein. Nach einer Stunde bekommen wir endlich das Okay zum Start. Seltsam, denn diesmal führt unsere geplante Route tatsächlich durch den taiwanesischen Luftraum. Aber das merkt der Controller erst, als wir schon in der Luft sind. Er fragt uns über Funk, was denn unsere »permission number« sei, unsere Genehmigungsnummer, um Taiwan zu überfliegen. Wir schauen uns fragend an. Sind ein wenig genervt, auch ein wenig verunsichert. Natürlich haben wir diese Nummer nicht. Wie auch? Also schwenken wir absurderweise auf unsere ursprüngliche Route ein, und niemand meckert mehr. »Die werden uns schon nicht abschießen«, sage ich zu Wolf.

Als Erstes steuern wir an diesem Tag den Clark International Airport an, einen recht neuen Flughafen etwa 80 Kilometer nordwestlich der philippinischen Hauptstadt Manila, von wo wir und die anderen acht Crews mit ihren Maschinen offiziell in die Philippinen einreisen wollen. Hier befand sich bis 1991 der größte Luftwaffenstützpunkt der Amerikaner außerhalb der

USA. Dann wurde die Basis geschlossen, und die Regierung entschied, stattdessen einen riesigen internationalen Flughafen samt Sonderwirtschaftszone zu errichten: Clark International soll irgendwann einmal zu den bedeutendsten Flughäfen der Welt zählen. Das derzeitige Hauptterminal wurde im Jahr 2008 eingeweiht, weitere Terminals sind im Bau – und ganz offensichtlich finanzieren die Philippinos den neuen Airport zum Teil auch über die Zoll-, Lande- und Tankgebühren. 2300 Dollar stehen am Ende auf unserer Rechnung, darunter irrwitzige Posten wie eine »Quarantäne-Gebühr«. Was das denn sein soll? Wir wissen es nicht. Aber es hilft alles nichts – zahlen müssen wir trotzdem.

Hohe Kumuluswolken, gewaltige Wolkengebilde, türmen sich vor uns auf, als wir von Manila aus weiter gen Südosten fliegen. Immer wieder durchqueren wir Regengebiete. Vor den Fenstern von »Maggie« ziehen Wolkenschwaden vorbei, und unter uns sehen wir überschwemmte Straßen und Felder. Der heftige Wind und der stete Regen geben uns eine kleine Ahnung davon, was sich hier nur sechs Wochen später, im November 2013, ereignen wird: Der Taifun Haiyan fegt über die Inseln der Philippinen hinweg und hinterlässt eine Schneise der Verwüstung. Er wird Städte dem Erdboden gleichmachen, mehr als 10 000 Menschen werden sterben, Hunderttausende ihr Zuhause verlieren – am Ende wird es einer der schwersten Wirbelstürme gewesen sein, die seit Beginn der verlässlichen Wetteraufzeichnungen jemals beobachtet wurden; noch viel gewalttätiger und brutaler als Man-yi.

Nachdem wir die Regengebiete hinter uns gelassen haben, erreichen wir mit den letzten Sonnenstrahlen den Tugdan Airport, den einzigen Flughafen der Provinz Romblon. Er liegt auf Tablas Island, einer Insel, die bekannt ist für ihre schönen Strände und Wasserfälle – und für einige Vogelarten, die nur hier leben: der Tablas-Fächerschwanz oder der Tablas-Bülbül. Die Landebahn auf Tablas Island misst gerade mal 800 Meter und ist in der einen Hälfte durchsetzt von Schlaglöchern. Wolf setzt »Maggie« sicher auf, aber wir werden kräftig durchgeschüttelt. Instinktiv denke ich in dem Augenblick an den Schaden am Propeller, der beinahe unsere Weltreise verhindert hätte. Hoffentlich passiert uns das auf dieser holprigen Piste nicht wieder! Aber alles geht gut. Ich bin froh, dass Wolf eine so gute Landung hinlegt.

Für die Anwohner ist unsere Ankunft und die der anderen Weltumrunder-Maschinen ein Erlebnis: Erstmals seit drei Monaten findet hier wieder eine Landung statt – und dann sind es gleich neun Flugzeuge auf einen Schlag. Sie umringen Wolf und mich, als wir aus unserer Maschine steigen. Wir sind die Letzten; die anderen deutschen Piloten waren mit ihren teils deutlich größeren Maschinen mal wieder erheblich schneller. Eigentlich wollen wir am Abend noch weiter nach Boracay, das ein wenig südlich von Romblon liegt. In einem abenteuerlich anmutenden Fahrzeug, einer seltsamen Mischung aus Lastwagen und Bus, rumpeln wir zum Schiffsanleger. Das Gefährt ist bunt bemalt, teils selbst zusammengeschweißt, mit breiten, viel zu alten Reifen, weit geschwungenen Kotflügeln und offenen Fenstern. »Monster« steht in gelben Buchstaben auf der Seite des Gefährts. Irgendwie passend.

Doch wir sind, ebenso wie zwei andere Crews, zu spät: Leider hat das letzte Schiff, das an diesem Tag von Romblon nach Boracay fährt, eine Viertelstunde zuvor abgelegt. Als Notunterkunft bieten die Menschen, die uns neugierig beobachten, eine gemauerte Hütte mit offenen Fenstern an. Nun ja, denke ich: Das ist nicht ganz das, was wir suchen. Also trinken wir erst einmal ein Bier am Strand. Und zum Glück finden wir noch eine Alternative: Die Ehefrau von Arnim Stief, einem der anderen Weltumflieger, eine Philippinin, organisiert eine Übernachtung in einer kleinen Hotelanlage an der südwestlichen Küste von Tablas Island, die von einem ausgewanderten Deutschen geführt wird. Die Fahrt dorthin lässt uns noch mal schwitzen, denn das Thermometer zeigt, obwohl es bereits dunkel ist, immer noch

30 Grad, die Luftfeuchtigkeit liegt bei 90 Prozent. Wir fahren vorbei an frei herumlaufenden Schweinen und Kühen, an Palmenwäldern und Hütten aus Stroh. Wir sind, kein Zweifel, in einer anderen Welt angekommen: Japan – das war ein hoch zivilisiertes Land. Die Philippinen – das ist in gewisser Hinsicht immer noch ein Entwicklungsgebiet.

Am nächsten Morgen fahren wir endlich nach Boracay. Gemeinsam mit den andern beiden Crews, die es tags zuvor nicht auf die Insel geschafft haben, lassen wir uns in einem Speedboat übersetzen, das seinem Namen alle Ehre macht. So traumhaft die Insel auch sein mag, so fürchterlich ist die Anreise: Wir jagen im Höllentempo über das Wasser. Das offene Schnellboot klatscht in gleichmäßigen Abständen immer wieder heftig auf die Wellen, was meinen Magen arg strapaziert. Mir ist schnell klar, warum wir unser gesamtes Gepäck vor der Abfahrt in Plastiktüten einpacken mussten: Die Gischt schlägt hoch, alles, wirklich alles wird während der Überfahrt nass. Wolf und die anderen fluchen, sie triefen vor Wasser. Auch ich bin völlig durchtränkt, von den Haaren bis zu den Füßen, und klammere mich mit meinen Händen an der Bootsbank fest, damit es mich nicht über Bord schmeißt. 70 Minuten dauert die Fahrt. 70 Minuten, die die Hölle sind – dann wanke ich erleichtert auf den Steg. Willkommen auf Boracay! Als Erstes gönnen wir uns ein Frühstück in der feinen Hotelanlage, in der die anderen Crews übernachten, einem edlen Resort samt Privatstrand; dann ziehen wir weiter.

Nun beginnt für Wolf und mich jener Teil der Reise, auf den ich mich seit Wochen gefreut habe: Ausspannen! Pause machen! Nichts tun! Nach den Strapazen und Aufregungen der ersten vier Wochen können wir die Pause durchaus gebrauchen. Boracay lockt vor allem mit einem herrlichen Puderzuckersand, den Kokospalmen, dem kristallklaren Wasser und dem azurblauen Himmel. Im Jahr 2012 wurde Boracay vom amerikanischen Reisemagazin »Travel Leisure« als »The World's Best

Island«, als beste Insel der Welt, ausgezeichnet, noch vor Bali, Galapagos und Maui. Die philippinische Insel, schrieb der Chefredakteur des Magazins, sei zwar »für die meisten Reisenden unbekannt, aber es ist genau das, was unsere Leser wollen. Und hier findet man auch noch sehr gute Unterkünfte für weniger als 50 Dollar pro Nacht«.

Auch wir finden eine solche günstige Unterkunft. Unser Hotel liegt ein gutes Stück abseits vom Strand, an der Hauptstraße des wichtigsten Städtchens von Boracay, fernab der Postkartenidylle. Der Blick hinaus aus dem Fenster geht auf eine quirlige Gasse und in Innenhöfe, in denen allerlei Unrat herumliegt. Ständig rasen knatternde Mopeds vorbei, es stinkt nach Abgasen. Wir haben das Zimmer, so wie die meisten anderen Hotels auf unserer Reise, über das Internet gefunden. Meist buchen wir unsere Unterkunft ein, zwei Tage vorher über eines der großen Buchungsportale, über *booking.com* oder *priceline.com*. Weil alles andere auf unserer Erdumrundung genug Geld kostet, versuchen wir wenigstens hier zu sparen. Und landen, so wie jetzt, auch mal in einer Absteige.

Leider entpuppt sich auch das Wetter auf Boracay als nicht so toll, wie Wolf und ich es uns erhofft haben. Es regnet viel. Und so erleben wir die Trauminsel bisweilen in einem trüben Grau. Zudem laufen wir auf unserer ersten Erkundungstour auch noch auf die falsche, weniger schöne Seite der Insel und landen in einer recht einfachen Bar. Direkt neben uns laufen Abwasserrohre ins Meer, während aus den Lautsprechern Schmuselieder erschallen: der Titelsong aus »Titanic«, Chris de Burgh, Kenny G – Musik, die weder Wolf noch ich mögen. Auch das Essen in der Bar ist widerlich. Man serviert uns eine Pizza, belegt mit Analogkäse. »Ich habe noch nie eine so schlechte Pizza gegessen«, stelle ich anschließend fest. Wolf mag nicht widersprechen.

Soll das also die Trauminsel sein? Wir fragen den Barmann, ob das hier wirklich der schönste Strand der Welt sei. Nein, nein, sagt er. Der White Beach sei auf der anderen Seite der Insel. Also marschieren wir zurück. Doch auch die Schönheit des White Beach können wir anfangs nur erahnen. Zum Strand hin haben die Besitzer der Restaurants und Imbissstuben, die es hier zu Dutzenden gibt, gewaltige Schutzwände aus dicken Folien oder Plexiglas errichtet. Sie sollen die Menschen auf der Strandpromenade vor dem Sand schützen, den der Wind vom Meer herübertreibt, und sie sollen zugleich den Blick aufs Meer ermöglichen, auf die Wellen mit ihren weißen Schaumkronen. Aber die Folien und Scheiben verschandeln auch den Strand.

Wenn es dunkel wird, beginnt hier das Nachtleben von Boracay. Vor drei, vier Jahrzehnten, so ist zu lesen, war der White Beach ein idyllischer, unentdeckter Ort. Und heute? Haben sich die Geschäftemacher breitgemacht und versuchen, aus den Besuchern so viel wie möglich herauszuholen. So kann man an den Stränden all das machen, was man sich auf einer tropischen Trauminsel vorstellen kann: Man kann an den großen Korallenriffen tauchen und die Fische beobachten, man kann mit dem Kite surfen oder auch windsurfen, man kann segeln, per Jet-Ski über die Wellen jagen oder Wakeboarden.

Später, als der Wind die Wolken auseinandertreibt und ab und zu die Sonne hervorkommt, entfaltet sich allmählich die Schönheit des Strandes. Schlanke Boote mit blauen und weißen Segeln und schmalen Auslegern liegen auf dem Sand, bereit zur Fahrt über die kabbeligen Wellen. In diesen Momenten wird der White Beach schließlich seinem Namen gerecht, im gleißenden Sonnenlicht erstrahlt der Sand in hellem Weiß.

Auch sonst erleben wir, dass der großartige Ruf von Boracay und die Wirklichkeit nicht immer zusammenpassen. Wenn wir uns nur ein paar Schritte von den Stränden wegbewegen, kommen wir in Ecken, in denen Schutt herumliegt und ärmliche Hütten an ungeteerten Straßen stehen. Die Fassade auf Boracay, der Strand, ist wunderschön – doch nur zwei, drei Straßen weiter ist vom vielen Geld, das der Tourismus auf die Insel bringt, nur wenig angekommen. Wir sehen einfache Häuser und eine Menge Dreck.

Zwei Tage bleiben wir auf Boracay und verbringen eine unaufgeregte Zeit: Mal spaziere ich über den Strand, mal machen wir eine Tour über die Insel. Und, ja, wir schlafen auch viel. Ausspannen, Relaxen – so sollte es schließlich sein. Dann bringt uns das Boot zurück nach Tablas Island. Zurück zu »Maggie«. Diesmal sind wir nicht auf einem Speedboat unterwegs, sondern auf einem Banca-Boot, wie es sie auf den Philippinen zu Hunderttausenden gibt: ein schmales Boot mit Auslegern links und rechts. Diesmal werden wir nicht nass, denn das Banca-Boot ist nicht einmal halb so schnell wie das Speedboat; es liegt stabil im Wasser und verfügt zudem über ein Dach. Einzig die Hühnersuppe, die die Besatzung auf dem heißen Motor im Heck kocht, irritiert uns ein wenig.

Wir ahnen bei der Überfahrt noch nicht, dass die eigentlichen Probleme an diesem Tag an anderer Stelle auf uns warten: nicht auf dem Wasser, sondern in der Luft.

Mit der Notbatterie auf die Gewürzinseln

So ein Mist! Unser Propeller steht still! Er zuckt einmal kurz, als wir »Maggie« auf dem Flugplatz von Iloilo starten wollen. Und das war's dann schon. Wir schimpfen, wir fluchen – aber es nützt nichts. Dabei wollten wir auf Iloilo nur kurz landen und schnell die Ausreiseformalitäten erledigen, bevor wir die Philippinen dann verlassen hätten. Ein Zwischenstopp auf dem Weg nach Indonesien, von einem Inselstaat in den nächsten – so hatten wir es uns gedacht. Pustekuchen!

Schon der Papierkram zieht sich weitaus länger hin als erwartet. Wie einfach es doch ist, in Europa von Land zu Land zu reisen, denke ich mir während der Warterei. Ohne Grenzbäume, ohne Kontrollen. In Südostasien dagegen bildet eine Grenze wirklich eine Grenze. Griesgrämige Zollbeamte prüfen Dokumente, stellen Fragen, setzen ihre Stempel, schicken uns zum nächsten Beamten. Dort die gleiche Prozedur. Wieder Fragen, wieder Stempel. Nervig. Ich bin froh, als die philippinischen Grenzbeamten uns endlich ziehen lassen.

Doch zu allem Überfluss steht auch noch der Motor still!

Wir begreifen schnell, warum »Maggie« nicht anspringen mag: Die Batterie ist kaputt. So etwas kann immer passieren. Aber natürlich passiert es meist dann, wenn man es als Pilot am wenigsten gebrauchen kann. Denn wo bekommen wir nun eine neue Batterie her? Wir haben zwar etliche Ersatzteile mit dabei: Zündkerzen, Keilriemen, Filter. Aber keine zweite Batterie. Und Zubehör für so winzige Maschinen wie unsere *Mooney* gibt es hier nirgends, da in Südostasien kaum kleine Sportflugzeuge geflogen werden. Während wir nach Lösungen suchen, heben nacheinander alle anderen Crews aus Deutschland mit ihren

Ganz allein stehe ich auf der Landebahn von Attu und bete, dass beim Flug über den Pazifik alles gut gehen wird.

Magischer Moment: Über dem Crater Lake in Oregon geht die Sonne unter. Solche Ausblicke erleben wir auf unserem Flug immer wieder.

Los geht's: Als wir in Straubing zu unserer Erdumrundung starten, ahnen wir noch nicht, was alles auf uns zukommen wird.

Bei heftigem Sturm landen wir in Wick in Schottland. Andrew, ein kauziger Mechaniker, wechselt gemeinsam mit Wolf das Öl.

Unser Zuhause für 80 Tage: Wolf und ich sitzen Schulter an Schulter in der engen Kabine von »Maggie«.

Von Schottland fliegen wir nach Island – und von dort über den Atlantik nach Grönland, wo sich unter uns die Fjorde ausbreiten.

»Maggie« in der Arktis: Wir landen in Iqaluit ganz im Norden von Kanada, wo der Hafen nur wenige Wochen im Jahr frei von Eis ist.

Tanken in Bangor, Maine. Die Landebahn ist hier lang genug für ein Space Shuttle.

Wolf steuert »Maggie« einmal rund um die Freiheitsstatue. Danach fliegen wir dicht am neuen World Trade Center vorbei.

Ausgerechnet an seinem Geburtstag darf Wolf über New York fliegen. Was für ein Geschenk!

Der Bryce Canyon in Utah sieht aus wie eine Tropfsteinhöhle ohne Dach. Ganz allein stehe ich auf dem Grat.

Ein Kojote mitten auf der Landebahn – keine ungewöhnliche Begegnung auf dem Flughafen unweit des Grand Canyon.

Die Stadt der Lichter: Am Abend landen wir in Las Vegas, dieser eigenwilligen pulsierenden Stadt.

Unterwegs in Hollywood und San Francisco: Der Mann neben Marilyn Monroe ist echt, die Frau leider nicht.

Mit einer *Cessna Caravan* fliege ich zum Lake Clark, nordöstlich von Anchorage in Alaska.

Der Lake Clark ist voll von Sedimenten – deshalb ist sein Wasser nicht klar; und er ist voll von Lachs – deshalb lieben ihn die Bären.

Wir nutzen die Zeit in Anchorage für einige Ausflüge in die Umgebung, zu Gletschern und ins Gebirge.

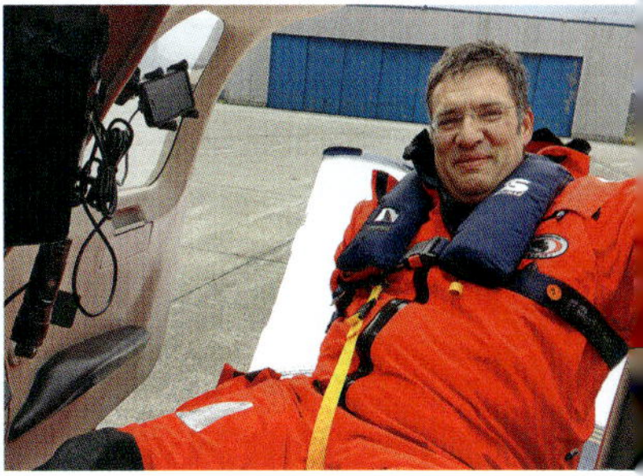

Nach fast eineinhalb Wochen in Alaska heißt es für uns Tanken und Einsteigen. Die Spritfässer haben wir schon von Deutschland aus bestellt.

Wolf hat sich den Überlebensanzug angezogen, ehe wir zum Flug über die Aleuten starten.

Eine Landebahn, sonst nichts: In Adak hatte das US-Militär einst eine riesige Basis, die nun verlassen ist.

Zelt, Isomatte, Essen: Was man so braucht für eine Nacht auf Attu, einer menschenleeren Insel mitten im Pazifik.

Noch lachen wir: Von Attu, dem westlichsten Punkt der USA, starten wir zum gefährlichsten Flug unseres Lebens – über den nördlichen Pazifik nach Japan.

Nach über elf Stunden landen wir in Sapporo in Japan und tanken »Maggie« nach dem Flug über den Pazifik erst mal auf.

Die Megacity: In Tokio streifen wir abseits der ausgetretenen Pfade durch die Stadt – und landen schließlich in einem netten Restaurant.

In Asien tragen Wolf und ich unsere Fliegerhemden. Das macht bei den Flughafenangestellten – und auch sonst – mehr Eindruck.

Erst Regen, dann Traumstrand: Auf den Philippinen fliegen wir durch schlechtes Wetter. Und spannen danach ein paar Tage auf Boracay aus.

»Maggie« zickt. Auf dem Weg nach Indonesien geht die Batterie kaputt. Wir müssen das Flugzeug mit einer Ersatzbatterie und Starthilfekabel starten.

Auf den Gewürzinseln: ein neugieriger Junge am Hafen von Banda Neira – und Wolf und ich beim Abendessen auf Ternate.

Nicht bloß eine Landebahn: Die Menschen auf Banda Neira nutzen ihren Flughafen auch für Feste und Märkte.

Vulkane begleiten uns entlang des Pazifiks – wie hier direkt neben der Landebahn auf Banda Neira.

Auf Papua-Neuguinea geht uns der Sprit aus. Als wir nach langer Suche noch etwas auftreiben können, sind wir erleichtert.

Zu Besuch bei den Huli: Die Ureinwohner leben im Zentrum von Papua-Neuguinea.

Auf nach Australien! Wir kreuzen das Great Barrier Reef – und damit die Route, die einst der Weltumsegler James Cook eingeschlagen hatte.

Mit dem Schiff durch die Bucht von Sydney: links die berühmte Oper und rechts die Harbour Bridge.

Wolf und ich posieren in der australischen Wüste vor »Maggie«. Von den endlosen Weiten des Outback können wir nicht genug bekommen.

Wir kreisen einmal um Ayers Rock – ein Anblick, der den meisten Australien-Reisenden verwehrt bleibt.

So sieht es aus, wenn wir die Landebahn – wie hier in Broome an der Nordküste Australiens – ins Visier nehmen.

Den Affen im Nacken: Auf Bali, dieser wunderschönen Insel mit ihren Traumstränden, muss ich mich dem frechen Tierchen beugen.

Vom Marina-Bay-Hotel in Singapur blicken wir auf einen futuristischen Park und die Schiffe im Singapore River.

Snickers, Kekse, Cola: Unser Essen an Bord von »Maggie« ist nicht immer gesund, aber praktisch.

Mit dem Rad im Matsch: In Mandalay in Myanmar erkunden wir mit dem Mountainbike die Stadt und das Hinterland.

Mandalay fasziniert mich mit seinen Tempeln, bunten Märkten und stets freundlichen Menschen.

Der Anflug auf Paro, mitten im Königreich Bhutan im Himalaja gelegen, gilt als der gefährlichste der Welt.

Der Bildschirm signalisiert, dass die Berge vor uns höher sind, als wir fliegen. Doch wir finden unseren Weg nach Bhutan.

Buntes Indien: In Udaipur streifen wir durch die Gassen und schlendern über die duftenden Märkte.

Auf dem Weg von der Ukraine nach Deutschland erleben wir ein letztes Mal das magische Spiel der Wolken.

Nach elfeinhalb Wochen landen Wolf und ich wieder daheim in Straubing.
Den Rumpf von »Maggie« zieren nun zwanzig Flaggen.

Heike und Marie empfangen uns am Flughafen – ein wunderschöner
Moment, den ich nach dieser langen Reise niemals vergessen werde.

Maschinen ab. Denn so war es ja vereinbart: Wenn einer liegen bleibt, kann er nicht auf die Hilfe der anderen setzen. Wir müssen das Problem selbst beheben.

Was also macht man, wenn der Anlasser nicht funktioniert, weil die Batterie leer ist? Ganz einfach: das Gleiche wie beim Auto. Wir besorgen uns Starthilfe! Ein Handling-Agent, der sich seinen Einsatz teuer bezahlen lässt, schleppt auf unsere Bitte hin eine externe Batterie herbei und stellt sie neben »Maggie« aufs Rollfeld. Wir verbinden die Batterie per Starthilfekabel mit unserer Batterie – und hoffen inständig, dass wir den Motor damit wieder in Gang bekommen. Und siehe da: »Maggie« springt problemlos an.

»Noch mal gut gegangen«, sage ich zu Wolf, als wir in der Luft sind.

»Ja«, antwortet der. »Aber so kommen wir nicht zurück nach Deutschland. Wer weiß, ob wir überall Starthilfe bekommen. Wir brauchen unbedingt eine neue Batterie.«

»In Manado werden wir hoffentlich eine finden«, sage ich, um uns beide zu beruhigen. Denn ohne eine neue Batterie müssten wir unsere Weltreise abbrechen. Spätestens in Papua-Neuguinea, wo wir in einer Woche mitten im Dschungel landen wollen, wären wir verloren.

Manado, eine Stadt mit 600 000 Einwohnern, liegt auf der indonesischen Insel Sulawesi, und als wir dort gegen 16.15 Uhr – nach einem langen Flug über das Meer – auf der Landebahn aufsetzen, geht bereits die Sonne unter. Das Abendlicht taucht die vielen kleinen Vulkaninseln, die wir aus dem Cockpitfenster sehen können, in ein herrliches Licht. Der Anflug ist atemberaubend. Und man merkt: Wir nähern uns dem Äquator, die Tage werden kürzer.

Manado war einmal eine sehr reiche Stadt. Sie wurde 1623 gegründet und durch die Niederländer geprägt, die mit ihrer Ostindien-Kompanie herkamen. Zeitweise galt die Region sogar als zwölfte Provinz der Niederlande, später wurde sie Teil der Kolonie Niederländisch-Indien. Nach dem Zweiten Weltkrieg endete jedoch die Herrschaft der Kolonialherren aus Europa: Im September 1945 erklärten die Indonesier ihre Unabhängigkeit; im Dezember 1949 erkannten die Niederländer diese auch an.

Uns interessiert in Manado allerdings weniger die spannende Geschichte, sondern etwas Profanes: Wo finden wir eine Batterie für »Maggie«? Auch ein letzter Versuch, nach der Landung auf dem Flughafen von Manado die Maschine noch einmal zu starten, hat nicht funktioniert. Wir durchforsten am Abend das lokale Telefonbuch nach Flugzeug-Zulieferern, aber wir finden keinen einzigen. Mit einem unguten Gefühl und leicht benebelt, nach etlichen Bieren, die wir zusammen mit den anderen Crews getrunken haben, gehen wir ins Bett.

Aber in der Nacht kommt mir eine Idee. Am nächsten Morgen, als wir in aller Frühe aufstehen, sage ich zu Wolf: »Lass uns schauen, ob wir nicht irgendwo eine Lkw-Batterie auftreiben können. Die haben auch 24 Volt, so wie eine Flugzeugbatterie.« Wolf findet die Idee genauso gut wie ich – schließlich bekommt man Lkw-Batterien, anders als Flugzeugbatterien, überall auf der Welt. Also setzen wir uns nach dem Frühstück in ein Taxi und klappern etliche Autozubehör-Händler ab, die wir aus dem Branchenbuch herausgesucht haben. Der erste Händler: kann nicht helfen. Der zweite: kann ebenfalls nicht helfen. Der dritte: wieder nichts.

Am Ende landen wir bei einem freundlichen Toyota-Händler, der uns zunächst einen Kaffee serviert und dann ein paar Süßigkeiten in einer Pappschachtel. Er erklärt uns, dass er zwar keine 24-Volt-Batterie auf Lager habe, aber er könne einen Mitarbeiter losschicken, um 12-Volt-Batterien zu beschaffen. Da wir im Physikunterricht aufgepasst haben, wissen wir: Wenn man zwei Batterien in Serie schaltet, addiert sich die Spannung: 12 Volt plus 12 Volt – macht 24 Volt! Nach einer halben Stunde kommt der Mitarbeiter zurück, mit den versprochenen Batterien – unsere Rettung!

Glücklich verlassen wir den Laden, erwerben etwas weiter in einem Autozubehörladen noch Starthilfekabel und fahren zurück zum Flughafen. Dort erwartet uns das nächste Problem. Das Fass mit Flugbenzin, das wir Wochen zuvor bestellt haben, ist nicht da. Tja, sagt der Handling-Agent, er könne uns dennoch ein wenig Sprit beschaffen. Nicht ein Fass voll, sondern nur 100 Liter, die er etwa eine halbe Stunde entfernt von hier herumstehen habe. Doch er verlangt einen astronomischen Preis: zehn Dollar pro Liter – fünfmal so viel wie üblich. Wir sind geschockt. Aber was sollen wir machen? Auf unseren nächsten drei Stationen, in Ternate, Banda Neira und Biak, werden wir definitiv kein Flugbenzin bekommen. Also öffnen wir widerwillig unser Portemonnaie und legen 1000 Dollar in bar auf den Tisch.

Dabei wissen wir noch immer nicht, ob wir »Maggie« überhaupt starten können. Wir verbinden die beiden schweren 12-Volt-Batterien per Kabel und basteln uns eine 24-Volt-Batterie. Doch wohin damit? Gegen die handliche 24-Volt-Flugzeugbatterie im Motor von »Maggie« können wir dieses Ungetüm natürlich nicht tauschen. Also packe ich es in einen Plastiksack und stelle es direkt hinter unsere Sitze. Durch das Seitenfenster neben dem Pilotensitz ziehe ich das Starthilfekabel nach außen, und von dort zieht es Wolf über die Tragflächen weiter bis zur defekten Hauptbatterie, die sich hinter einer Klappe im Heck der *Mooney* befindet.

Wolf verbindet die Batterie-Pole, legt Plus an Plus, Minus an Minus – wie beim Auto! Fertig! Ich sitze am Steuer und rufe: »Clear prop!« – Weg vom Propeller! Der Warnruf ist bei jedem Start des Motors obligatorisch, er soll verhindern, dass jemand sich dem Propeller nähert und zerfetzt wird. Dann drücke ich auf den Knopf, der dafür sorgt, dass Benzin in den Motor eingespritzt wird. Anschließend drehe ich den Zündschlüssel nach rechts. Und – der Motor springt an!

»Oh Mann, das Ding läuft«, rufe ich und recke den Daumen in die Luft, während Wolf schon dabei ist, die Starthilfekabel wieder zu entfernen.

»Ja, cool. Wir haben es geschafft.« Auch er strahlt übers ganze Gesicht.

Unser anfänglicher Ärger über die kaputte Batterie schlägt nun in Übermut um: »So kommen wir bis nach Australien«, sage ich. »Ja, mindestens!«, antwortet Wolf lachend.

Ich gehe nun, so wie es einer von uns vor jedem Flug macht, die Checkliste durch. Ist die Drehzahl hoch genug? Funktionieren alle Instrumente? Sind alle Fenster geschlossen? Punkt für Punkt hake ich ab. Dann steigt auch Wolf in die Maschine. Es kann losgehen! So werden wir es in den nächsten Tagen ein paarmal machen müssen – eine richtige Ersatzbatterie bekommen wir dann erst in Australien. Ganz geheuer ist uns die Sache allerdings nicht, und deshalb steigen wir auch nicht sehr hoch mit »Maggie«, denn oberhalb von 8000 Fuß bestünde unter Umständen die Gefahr, dass die Lkw-Batterien, die ja nicht fürs Fliegen gemacht sind, heiß werden und zu kochen anfangen.

Nach einer Stunde erreichen wir Ternate, eine abgelegene, kreisrunde Insel, die zu den Molukken gehört und im Jahr 1521 von den ersten Europäern entdeckt wurde, von den Männern des Weltumseglers Ferdinand Magellan. Ternate zählt wie Banda Neira, unser darauffolgendes Ziel, zu den sogenannten Gewürzinseln. Nur hier und praktisch nirgends sonst auf der Welt wuchsen bis Ende des 18. Jahrhunderts zwei Gewürze, denen teils magische Kräfte nachgesagt wurden: auf Ternate die Gewürznelke – und auf Banda Neira und den Banda-Inseln die Muskatnuss.

Die Gewinnspannen beim Handel mit diesen beiden Gewürzen waren horrend, sie betrugen teils mehrere Zehntausend Prozent, was auch daran lag, dass der Muskatnuss heilende Kräfte im Kampf gegen die Pest nachgesagt wurden. Briten, Spanier, Portugiesen und Niederländer bekriegten sich deswegen immer wieder. Die Niederländer gaben Ende des 17. Jahrhunderts sogar eine von ihnen besetzte Insel namens Manhattan her, um sie gegen das Inselchen Run westlich von Banda Neira zu tauschen, die einzige Insel mit dem Muskatnussbaum, die damals nicht in ihrem Besitz war. Sie tauschten also – jedenfalls aus heutiger Sicht – New York gegen das zeitweilige Monopol auf den Handel mit der Muskatnuss.

Doch was ist von dieser Ära geblieben? Was ist aus den Gewürzinseln geworden? Welche Spuren aus der blutigen Kolonialzeit sind heute noch zu finden?

Wir begeben uns zunächst auf Ternate, der Heimat der Gewürznelke, auf die Spurensuche. Beherrscht wird diese etwa 13 Kilometer lange und 11 Kilometer breite Insel von einem mächtigen Vulkan – dem Gamalama. Schon aus einer Entfernung von 80 oder 90 Kilometern können wir den Bergkegel erkennen. 4300 Meter hoch erhebt er sich vom Meeresgrund; der größte Teil befindet sich unter Wasser, immerhin gut 1700 Meter ragen über die Oberfläche. Der Gamalama ist von einem dichten Wald überzogen, in dem vor allem Muskatnussbäume wachsen. Eine weiße Wolke umschlingt seine Spitze, als wir uns Ternate nähern. Rund um die Vulkaninsel scharen sich im kristallklaren Wasser weitere, kleine Inseln, die allesamt unbewohnt sind. Auch einige Korallenriffe kann ich aus der Luft ausmachen.

Der Flughafen liegt auf der uns abgewandten Seite, eine kurze Piste direkt am Meer, und so umrunden wir zunächst den mächtigen Vulkan. Die anderen acht Maschinen aus Deutschland sind längst gelandet, wir sind nach der Malaise mit der Batterie mal wieder die Letzten. Die Menschen auf Ternate sind über die Ankunft von so vielen Flugzeugen ziemlich erstaunt. Denn anders als zu den Hochzeiten des Gewürzhandels kommen nur noch wenige ausländische Besucher auf ihre Insel. Umso aufgeregter sind sie, als gleich neun Maschinen angeflogen kommen, eine nach der anderen.

Neugierig schauen die Menschen uns zu, als wir »Maggie« entladen, ebenso neugierig blicken sie Wolf und mich an, als wir später durch die Ortschaft streifen. Mit einem Lächeln treten sie uns entgegen. Jeder, wirklich jeder, ruft uns ein fröhliches »Hello!« zu. Ständig fragen die Menschen uns, wo wir denn herkommen und was wir hier machen. Einige sprechen sogar ein paar Brocken Deutsch.

Selten habe ich mich so willkommen gefühlt wie auf dieser indonesischen Insel, auf der wir uns mit großer Leichtigkeit bewegen: Entweder steige ich auf den Sozius-Sitz von einem der vielen Mopeds, mit denen die Menschen auf Ternate unterwegs sind und auf denen sie für umgerechnet einen Dollar auch Gäste durch die Stadt fahren. Oder wir springen in einen der kleinen, blauen Vans, die als öffentliche Kleinstbusse dienen. Die aufgemotzten Wagen rollen auf überbreiten Reifen und mit Sportfelgen durch die Straßen. Sie sind ausgestattet mit vielen Extra-Scheinwerfern auf der Stoßstange, und im Innern baumelt überall kitschiger Schmuck herunter. Mit einem Bus fahren wir von unserem Hotel, das etwas oberhalb liegt, runter zum Strand. Entlang der Uferpromenade reiht sich ein Verkaufsstand an den nächsten, lauter kleine, blaue Wagen auf zwei Rädern, die die Händler von Hand wegschieben oder hinter ihr Moped hängen können. Davor stehen kleine Tische mit Plastikschemeln. Es duftet nach Fisch und Fleisch, nach gebratenem Gemüse und asiatischen Köstlichkeiten aller Art, nach Süßspeisen und Kaffee. Ein paar Schritte weiter erblicken wir dreirädrige Fahrräder, die als Verkaufsstände in Reih und Glied entlang der Straße stehen. In den großen Kisten zwischen den beiden Vorrädern ihres Dreirads bieten die Händler Obst, Getränke und Mandeln feil. Und wer es in der Hierarchie der Händler noch nicht so weit geschafft hat, wer sich also weder das Dreirad noch den Verkaufswagen leisten kann, der baut entlang der Uferstraße einfach einen Tisch auf, mit ein paar Dutzend Getränkeflaschen darauf.

An einem der Fischstände ordern wir ein Abendessen. Ich suche mir aus dem Fang des Tages ein Prachtexemplar aus und vertraue darauf, dass ich die richtige Wahl getroffen habe. Auf hygienische Standards, wie wir sie aus dem Westen kennen, darf ich bei der Zubereitung nicht hoffen. Der gebratene Fisch, der auf meinem Teller landet, sieht nicht allzu appetitlich aus, ein wenig schwarz, ein wenig zerfetzt. Aber er schmeckt hervorragend. Wir ziehen weiter zum nächsten Stand und genehmigen uns ein paar Drinks. Und weiter zum nächsten Stand, wo wir zum Dessert gebratene Bananen mit Schokoladensoße und Erdnusssplittern essen.

Auf zwei Mofas, die wir uns herbeiwinken, lassen wir uns danach zurück zum Hotel fahren. Wir brausen vorbei an den flachen, meist bunten Häusern, die die Insel beherrschen. Sie sind in allen nur erdenklichen Farben angestrichen: in leuchtendem Grün oder Orange, in Gelb oder Blau. Nur die rostigen Wellblechdächer passen nicht so recht dazu. Die Insel beherbergt zudem noch etliche Bauten aus der Kolonialzeit. So haben die Portugiesen einst entlang der Küste mächtige Festungsanlagen errichtet, um Ternate vor allem gegen die Niederländer zu verteidigen, die sich auf der nur zehn Kilometer entfernten Vulkaninsel Tidore eingenistet hatten.

In leuchtendem Gelb, mit einem grünen, ausladenden Dach, erhebt sich vor uns der Palast des Sultans, ein eher bescheidenes Gebäude, das aber immer noch seinem ursprünglichen Zweck dient. Der Sultan wohnt in einem Teil des Gebäudes, besitzt aber keine politische Macht mehr – ganz anders als der Sultan im 16. Jahrhundert. Der damalige Herrscher von Ternate ließ sich erst mit den Portugiesen ein, später kamen die Spanier, die ihn und seine Familie nach Manila verschleppten und töteten. Die Menschen auf Ternate holten sich daraufhin Hilfe bei den Niederländern, die nach und nach Ternate unter ihre Herrschaft brachten und ein weltweites Monopol für den Anbau von Gewürznelken durchsetzten. Sie ließen die Anbaugebiete auf fast allen anderen Inseln zerstören, nur auf Ternate und Tidore durften die Bäume wachsen; wer sie irgendwo anders hin schaffte, der wurde mit dem Tode bestraft.

Knapp zwei Tage verweilen wir auf Ternate – zwei Tage, die uns wegen ihrer Intensität viel länger vorkommen: wegen der vielen optischen Eindrücke, der farbenfrohe Gebäude und der unterschiedlichen Gerüche. Dann reisen wir weiter zur nächsten Gewürzinsel, nach Banda Neira. Eine Maschine nach der anderen startet von dem kleinen Flughafen, steigt hinauf in den klaren Himmel und entschwindet. Auch in der Luft gilt: Jeder ist auf sich allein gestellt, jeder fliegt so schnell er kann. »Kolonne« fliegen, wie man mit dem Auto Kolonne fährt – das funktioniert mit so unterschiedlichen Flugzeugen nicht.

Auf dem Flug nach Banda Neira überqueren wir den Äquator, allerdings verpassen wir diesen magischen Moment, weil wir nicht auf unsere Instrumente sehen. Ich ärgere mich darüber, aber wir werden ja zum Glück in ein paar Wochen den Äquator noch ein zweites Mal queren, dann in Süd-Nord-Richtung.

Banda Neira, rund 660 Kilometer südlich von Ternate gelegen, ist genauso schön, ebenso eindrucksvoll. Die Insel besitzt zudem einen bisweilen morbiden Charme. Die Luftfeuchtigkeit ist das ganze Jahr über so hoch, dass die Häuser schnell altern und zerfallen. Wohin ich auch blicke: Überall bröckelt der Putz, überall löst sich die bunte Farbe von den Wänden, mit der die Menschen auf Banda Neira ihre Häuser angestrichen haben.

Auch unser Hotel, in dem wir zwei Nächte bleiben, wirkt wie aus der Zeit gefallen: Es wurde im Kolonialstil gebaut, mit vielen Säulen, Bögen und Zierrat. Und zunächst glaube ich auch, es sei bereits in der Kolonialzeit errichtet worden. Tatsächlich ist das »Maulana Hotel« jedoch sehr viel jünger. Vor zwei, drei Jahrzehnten muss es ein prächtiges Hotel gewesen sein, prominente Gäste wie Lady Diana, Mick Jagger oder Jacques Cousteau sollen hier übernachtet und die Einsamkeit von Banda Neira genossen haben; heute sind Teile des Hotels baufällig und nicht mehr bewohnbar. Mir gefällt diese leicht verkommene Atmosphäre. Das Badezimmer mag winzig sein, das Schlafzimmer bescheiden eingerichtet, nur mit Bett und Ventilator – aber es hat was. Und der Blick aus unserem Hotelzimmer geht zudem hinaus auf einen mächtigen Vulkan: den Banda Api auf der nahen Nachbarinsel.

Zuletzt ist der Banda Api im Jahr 1988 ausgebrochen, die Erde ist immer noch aktiv, und was das heißt, erleben Wolf und ich in der Nacht. Wir liegen längst in den Betten und schlafen, als plötzlich alles um uns herum wackelt und zittert: das Bett, der Ventilator, die Lampen, die Wände. Die Erde bebt! Das Beben dürfte eine Stärke von 3,5 bis 4 gehabt haben. Nichts geht zu Bruch, der Vulkan bleibt ruhig. Aber solch ein Aufbäumen, solch ein Rumoren der Erde zu erleben ist dennoch eigentümlich.

Daheim in Deutschland kenne ich so etwas nicht. Erdbeben? Erlebe ich nur im Fernsehen. Und Vulkane? Gibt es bei uns nicht mehr. Alle erloschen. Auf unserer Reise erlebe ich nun immer wieder, dass die Erde in Bewegung ist, dass es in ihr brodelt und kocht und die Kräfte im Erdinneren immer wieder nach außen drängen. Wir sind in den vergangenen Wochen an Dutzenden von Vulkanen vorbeigeflogen, in den USA, in Kanada, in Alaska, auf den Philippinen, und einige von ihnen schleudern noch immer alle paar Jahre ihr Magma in die Luft. Sie zeigen, was für eine ungeheure Energie im Innern der Erde wohnt, in ihrem heißen Kern mit sagenhaften 6000 Grad. Wenn ein Vulkan ausbricht, bekommen wir von diesen Kräften ein wenig zu spüren. Und auch dann, wenn wie auf Banda Neira die Erde bebt.

Im Hotel treffen wir am ersten Abend auch die anderen Crews und speisen mit ihnen an einer langen Tafel. Es gibt, na klar, indonesische Gerichte; die Stimmung ist ausgelassen. Auf dem Tisch stehen scharfe Gewürze, auch Sambal Oelek, eine rote Paste, die vor allem aus sehr scharfem Pfeffer besteht und mit der man in Indonesien gern das Essen verfeinert. Uli Busche, einer der anderen Piloten, meint: »Du schaffst es niemals, einen ganzen Löffel davon auf einmal zu essen!« Ich entgegne: »Selbstverständlich schaffe ich das. Um was wollen wir wetten?« Uli bietet eine Runde Bier für alle. Ich schlage ein, tauche den Löffel in die rote Paste, schiebe ihn in meinen Mund. Hui! Das ist verdammt scharf. Aber es gelingt mir, das Zeug hinunterzuschlucken. Gewonnen! Und die anderen, die alle auf Ulis Kosten ein Bier bekommen, freuen sich mit.

Am ersten Tag auf der Insel fahren wir zunächst mit einem Schiff auf das Meer hinaus zum Tauchen. Getaucht habe ich das letzte Mal vor etwa 20 Jahren, aber ich kann es zum Glück immer noch. Mit einer Sauerstoffflasche auf dem Rücken gleite ich einige Meter hinab im kristallklaren Wasser und sehe eine phantastische Fischwelt: bunt, schillernd, vielfältig. Ich sehe Korallen. Und genieße das warme Wasser. Dann schippern wir mit dem Tauchschiff hinüber zur Vulkaninsel Banda Api, ein nahezu rundes Eiland, das im Wesentlichen aus dem Vulkankegel besteht. Entlang der Küste gibt es einige kleinere Siedlungen. In einer präsentieren uns die Fischer am Hafen stolz einen riesigen, rund 100 Kilogramm schweren Blauen Marlin, einen mächtigen Speerfisch. Bis zu dreieinhalb Meter lang kann ein Blauer Marlin werden und selbst Fische von einer Länge bis zu einem Meter verspeisen. Oder soll ich besser sagen: verschlucken? Die Fischer zerlegen den Blauen Marlin fein säuberlich und servieren ihn den Gästen im nah gelegenen Restaurant.

Am nächsten Tag steige ich auf ein Moped und mache – locker in Flip-Flops und Shorts – eine Rundfahrt über die Insel. Banda Neira ist zwar klein, dennoch dauert die Tour recht lange: Immer wieder halte ich an, um die üppige, eindrucksvolle Vegetation zu fotografieren, all die Palmen und tropischen Pflanzen, deren Namen ich nicht kenne. Genauso eindrucksvoll sind die ehemaligen Kolonialbauten, die in der schwül-feuchten tropischen Luft zusehends zerfallen. Etwas wetterfester ist das große Fort, das die Niederländer einst errichtet haben: Fort Belgica mit seinen mächtigen Mauern und Wehrtürmen.

Von den Kriegen der Kolonialzeit, als die Europäer um die Gewürzinseln rangen, zeugen auch die alten Kanonenrohre, die an vielen Stellen im Gras liegen. Als im 16. Jahrhundert die Europäer nach Banda Neira kamen, erst die Portugiesen, später auch Niederländer und Engländer, entstand schnell ein florierender Handel. Die Niederländer versuchten mit aller Macht, auch für die Muskatnuss ein Monopol zu errichten. Sie schlossen Verträge mit den Einheimischen, den sogenannten »Reichen Männern«, den »Orang Kaya«. Als das nicht funktionierte, besetzten sie 1620 die Banda-Inseln, töteten den Großteil der Bevölkerung und brachten den Handel mit der Muskatnuss unter ihre Kontrolle. Ihr Monopol hielt bis ins späte 18. Jahrhundert, ehe es den Franzosen gelang, einige Exemplare des Muskatnussbaums nach Afrika zu verschiffen – und auch dort die Nuss anzubauen. Während ich mit dem Motorrad über die Insel düse, fährt Wolf mit dem Boot auf eine der Nachbarinseln von Banda Neira und erwirbt dort einige Muskatnüsse, die wir anschließend um die halbe Welt schmuggeln. Sie tauchen in keinem Dokument auf, das wir beim Zoll ausfüllen müssen, wir geben sie nirgends an, obwohl wir eigentlich dazu verpflichtet wären, sondern lassen sie einfach in einer der vielen Taschen an Bord verschwinden.

Vom Wohlstand, den der Handel mit der Muskatnuss Banda Neira gebracht hat, ist der Insel wenig geblieben. Die Muskatnuss bildet zwar nach wie vor die wichtigste Einnahmequelle, aber die meisten Menschen auf Banda Neira leben in ärmlichen Verhältnissen. Sie hausen in einfachen Häusern, haben nicht viel zum Leben – und lachen trotzdem unentwegt. Materieller Reichtum scheint für sie nicht entscheidend zu sein. Und auch auf mich übt die Insel trotz der unverkennbaren Armut, trotz des Mülls, der im Hafen schwimmt, eine starke Anziehungskraft aus.

Diese Kraft geht vor allem von den Menschen aus, denen wir begegnen: von den schlanken Kindern mit ihren dunklen Haaren und der glänzenden, braunen Haut, die fröhlich um uns herumhüpfen, wo auch immer wir uns bewegen; von den geschäftstüchtigen Obst- und Gemüsehändlern, die uns ihre Produkte mit großem Vergnügen anpreisen; oder von einer Schulklasse, die auf uns zukommt, weil die Kinder ihr Englisch üben wollen. »Hello, Mister!«, sagen die Kinder. Sie stellen sich vor, nennen ihre Namen, stellen unentwegt Fragen.

Die Menschen sind offener und freundlicher als an jedem anderen Ort der Welt, den ich je besucht habe. Mit einer geradezu entwaffnenden Herzlichkeit kommen sie auf uns zu – so wie zuvor auf Ternate. Über allem liegt eine unbeschreibliche Leichtigkeit, eine entspannte Offenheit, wie wir sie aus Deutschland nicht kennen. »Ah, Germany!«, sagen die Menschen begeistert, wenn sie erfahren, woher wir – die großen, weißen Männer – kommen. Ob sie eine Vorstellung davon haben, wo dieses Germany liegt, weiß ich nicht. Aber jeder grüßt uns, viele wollen mit uns ein Foto machen. Und zugleich lassen sich die Inselbewohner auch von uns gern fotografieren – egal, ob wir auf dem Fischmarkt unterwegs sind oder spielende Kinder ablichten, die auf ein paar Hifi-Boxen hocken.

Mit dem Moped fahre ich am letzten Abend auch über den Flughafen, auf dem wir vor zwei Tagen gelandet sind. Die Start- und Landebahn steht jedermann offen, es gibt keinen Zaun, keine Absperrung. Im weichen Licht der Abendsonne rolle ich über die Piste. Die Menschen gehen auf der Landebahn spazieren, fahren mit ihren Mopeds fröhlich hin und her, halten Märkte ab oder feiern spontan ein Fest. In Deutschland wäre so etwas selbst auf einem winzigen Flugplatz, auf dem nur wenige Maschinen landen, undenkbar. Es wäre zu riskant, zu gefährlich.

Hier dagegen, in der Heimat der Muskatnuss, schert das niemanden. Fröhlich schaue ich dem Treiben auf der Landebahn zu, lache zurück, sobald ich angelacht werde. Und die Menschen hier lachen mich sehr oft an. Was für eine entspannte Welt!

Ohne Sprit in Papua-Neuguinea

Sprit? Woher bekommen wir Sprit? In Biak, dem letzten Ort, den wir in Indonesien besuchen, gibt es kein Flugbenzin. Kein Avgas. Bloß Ärger! Die Grenzbeamten lassen sich alle Zeit der Welt, sie hocken in einem kleinen Zimmer am Rande des Vorfelds, das vollgestopft ist mit Sofas, Sesseln und niedrigen Tischen. Draußen ist es verdammt heiß, über 35 Grad, und auch hier drinnen ist es kaum kühler. Die Ventilatoren kommen nur schwer an gegen die Hitze, die von außen hineindrückt. Ein halbes Dutzend Crews drängen sich in dem engen Raum, doch die drei Grenzbeamten erwecken den Eindruck, als gehöre Schnelligkeit nicht zur ihren Fähigkeiten. In aller Ruhe fertigen sie ein Flugzeug nach dem anderen ab.

Schließlich sind auch wir dran. Einer der Beamten will unsere Maschine inspizieren. Geht mit uns raus aufs Rollfeld. Und hätte uns am liebsten dazu gebracht, unser Flugzeug zu desinfizieren. Quarantäne-Vorschriften, sagt er. Die anderen, die vor uns dran waren, mussten dazu einen kleinen Topf mit einer chemischen Substanz in ihre Maschinen stellen und diese anzünden, um Viren und Getier an Bord zu töten. Aus dem Topf rauchte und stank es bestialisch. Ob es hilft? Wer weiß. Die Maschinen jedenfalls waren danach kaum noch zu benutzen.

Wir wollen das vermeiden, deshalb zeige ich dem Zollbeamten unser Antibrumm-Mückenspray, das wir aus Deutschland mitgebracht haben. »Poison! You know, it's poison«, rufe ich und schüttele die Flasche. Das beeindruckt den Mann, er gibt Ruhe und zieht davon.

Nur ein hilfreicher Tankwart, der die *Mooney* befüllen könnte, ist nicht in Sicht. Also müssen wir mit einem nur noch schwach befüllten Tank starten. Unsere letzte Hoffnung heißt nun:

Vanimo. Eine Stadt zwei Flugstunden östlich, jenseits der Grenze, nicht mehr in Indonesien also, sondern in Papua-Neuguinea. Bis dahin kommen wir noch, aber nicht weiter. Den letzten Sprit, gerade mal 100 Liter, haben wir vor fünf Tagen in Manado bekommen. Nun ist unser Tank fast leer.

Ob es in Vanimo klappt?

Doch dort erwarten uns noch ganz andere Probleme. Als wir uns dem Flughafen von Vanimo nähern, ist die Sicht zwar klar und der Himmel ist frei von Wolken, doch der Controller des Flughafens meldet sich nicht. Per Funk bittet Wolf um eine Landegenehmigung. Keine Antwort. Noch einmal: »November-Two-Three-One-Whiskey-Golf for landing in Vanimo.« Wieder keine Antwort. Es rauscht, es knackt. Aber niemand spricht. Dann hören wir plötzlich eine vertraute Stimme: Hans Brüning meldet sich, der Pilot der *King Air*. Er ist bereits gelandet und sagt, er habe die Rolle des Controllers in Vanimo übernommen. Warum, verrät er uns nicht. Aber wir vertrauen ihm, schließlich hat Hans einige Jahre am Frankfurter Flughafen als Lotse gearbeitet. Er kennt sich aus und ist eigentlich jemand, der sich durch nichts aus der Ruhe bringen lässt. Meist hat er einen lockeren Spruch auf den Lippen. Aber nun wirkt er ein wenig aufgeregt, und ich frage mich, woran das wohl liegt.

Wir landen als vierte der neun Maschinen in Vanimo. Hans steht neben der Landebahn. Als wir »Maggie« neben den drei anderen Flugzeugen parken, sehe ich, dass diese umringt sind von bewaffneten Männern – die Crews sitzen noch drinnen in ihren Maschinen. Niemand ist ausgestiegen – nur Hans. Er ruft uns über sein Handfunkgerät zu: »Wir haben hier einen Riesenärger! Bleibt in eurer Maschine sitzen! Und macht auf keinen Fall Fotos!« Okay, okay!

Die Uniformierten in den blauen Hemden umringen auch unsere Maschine. Jungs mit grimmigen Gesichtern starren uns skeptisch an. Über Funk hören wir nun doch jemanden vom Flughafen. Er geht scharf dazwischen, als wir uns auf Deutsch mit den anderen Crews unterhalten: »Sagen Sie Ihren Leuten, dass sie Englisch reden sollen«, raunzt er Hans an.

Eine Maschine nach der anderen landet. Immer mehr Polizisten und Soldaten tauchen auf. Sie kontrollieren unsere Papiere und untersuchen die Flugzeuge. »Keine Fotos! Machen Sie keine Fotos!«, schreit der Flughafen-Mann, als einige von uns die Kameras zücken. Also weg damit! Etliche der Polizisten und Soldaten wirken auf mich, als wären sie nicht ganz bei Sinnen: Sie haben rote Zähne, kauen unentwegt auf Betelnüssen herum – und sind davon regelrecht »stoned«. Noch unheimlicher finde ich, dass wir von ein paar Hundert Menschen misstrauisch beäugt werden, die sich hinter dem hohen Maschendrahtzaun des Flughafens angesammelt haben. Skeptisch glotzen sie uns an. Niemand lächelt, niemand kommt freundlich auf uns zu. Was für ein Unterschied zu Banda Neira, dieser freundlichen Insel in Indonesien!

Man hält uns fest. Eine Stunde. Zwei Stunden. Wir hocken in unserer kleinen Maschine, es ist heiß, und wir können nichts dagegen tun, denn »Maggie« verfügt über keine Klimaanlage. Nichts passiert, außer dass wir angeglotzt werden, von Bewaffneten umringt. Die Stimmung ist angespannt, einige von uns überlegen, das deutsche Konsulat anzurufen und um Hilfe zu bitten. Warum dürfen wir nicht weg von unseren Maschinen, obwohl es in der Sonne brüllend heiß ist? Erst allmählich wird klar, was das Problem ist: Wir seien, schimpft der Flughafen-Manager, nicht offiziell angemeldet. Niemand wisse von uns. Er stößt deswegen allerlei Verwünschungen aus.

Dabei hatten wir und die anderen Piloten unsere Landung vor ein paar Wochen ordnungsgemäß in der Luftfahrtbehörde von Papua-Neuguinea angemeldet. Offenbar hat die Behörde die Papiere aber nicht an den Flughafen weitergeleitet. Als sich plötzlich neun Maschinen nacheinander dem Flughafen nähern, ist der sichtlich überforderte Flughafen-Manager offenbar in Panik geraten: Er und die Uniformierten halten uns allen Ernstes für Terroristen, die in einer Art Großangriff Vanimo attackieren wollen.

Es bedarf einer Engelsgeduld, die Männer von unseren friedlichen Absichten zu überzeugen. Und es bedarf auch einer gewissen Chuzpe. Trotz aller Warnungen sage ich zu Wolf: »Mach mal die Tür auf, damit frische Luft reinkommt.« Er zögert und sagt: »Wir sollten die Jungs da draußen ernst nehmen.« Doch ich ertrage die Hitze im Flugzeug nicht mehr. Und vor allem: Ich muss mal pinkeln. Also macht Wolf Platz und ich steige aus unserer Maschine aus. Hans ruft mir noch zu: »Geh nicht weg vom Flugzeug!« Doch ich lasse mich davon nicht beirren und funke zurück: »Ich passe schon auf.« Und zu Wolf sage ich: »Die werden mich doch nicht erschießen.«

Aber wie überzeuge ich die Bewaffneten von meinen friedlichen Absichten? Sie verstehen kein Englisch. Per Handzeichen erkläre ich ihnen, dass ich etwas zu Trinken kaufen und austreten will. Sie verstehen es irgendwie. Dann marschiere ich, eskortiert von ein paar Uniformierten, übers Rollfeld zur Toilette. Und hole mir nebenan am Kiosk zwei Dosen Cola, eine für Wolf, eine für mich. Keiner schreitet ein – vielleicht auch deshalb, weil ich die Soldaten und Polizisten alle um einen Kopf überrage. Außerdem scheint es sie zu überzeugen, dass ich nicht ausbüxe und der Frau im Flughafenkiosk auch noch ein großzügiges Trinkgeld gebe.

Schließlich, nach zwei Stunden der Warterei, beginnt sich die Spannung zu lösen. Die Uniformierten schauen sich unsere Dokumente etwas genauer an. Ein paar Anrufe werden getätigt. Erst nach Deutschland, dann innerhalb von Papua-Neuguinea. Ja, da sei wohl etwas schiefgelaufen, heißt es. Sorry! Wir dürfen einreisen. Ich bin erleichtert, die anderen sind es auch. Doch vorher müssen wir noch bezahlen, und zwar richtig viel. Soldaten, Militärs, Zoll: Alle halten mehr oder weniger offen die Hand auf. Fordern Bakschisch. Und wir zahlen. Verhandeln ist zwecklos.

Auch ein junger Mann namens Patrick taucht auf. Er wirkt recht freundlich und blickt nicht so finster drein wie die anderen, die ihre Betelnüsse kauen. Patrick sagt mir, er handle mit Treibstoff. Hat er Flugbenzin im Angebot? Leider nein, sagt er. Zwei Fässer gebe es auf dem Flughafen. Aber die seien leer. Wir könnten uns ja am Abend noch mal im Hotel treffen. Mal sehen, was er bis dahin organisieren könne, sagt Patrick.

Unser Hotel, das »Vanimo Beach Hotel«, nun ja, es ist eher eine bessere Jugendherberge. Die Zimmer sind schlicht, die Toiletten heruntergekommen, und überall findet man Kakerlaken. Bewacht wird das Hotel von Sicherheitsleuten, die mit den wenigen Zähnen, die sie noch haben, ebenfalls die Betelnuss kauen. Auch als wir nach diesem aufreibenden Tag noch ein wenig im Meer baden wollen, werden wir von den mit Pistolen ausgerüsteten Sicherheitsleuten an den Strand begleitet und beim Baden bewacht. Ein seltsames Gefühl! Richtig entspannen kann ich mich nicht.

Am Abend taucht Patrick, unser Freund vom Flughafen, im Hotel auf. Aber leider, sagt er, habe er kein Flugbenzin auftreiben können. Er habe ein paar Leute angerufen, keiner könne uns mit Benzin versorgen. Auf die Schnelle sei nichts zu machen. In ein paar Tagen – ja, vielleicht. Im Schlepptau von Patrick kommen noch ein paar andere Menschen ins Hotel, die wir vom Flughafen kennen und die erneut allerlei Forderungen stellen: Der Flughafen-Manager sagt, wir müssten weitere Landegebühren bezahlen. Verhandeln? Zwecklos. Der Mensch, der für die Quarantäne zuständig ist, verlangt 35 Dollar von jeder Crew. Verhandeln? Keine Chance. Und dann taucht auch der Mann vom Zoll wieder auf und sagt, er müsse noch mal unsere Pässe sehen. Wir reagieren deswegen allmählich verärgert und wollen uns erst wieder beruhigen, als klar wird, dass zumindest der Mann vom Zoll keine weiteren Geldbeträge verlangt.

Die entscheidende Frage bleibt jedoch: Woher bekommen wir Sprit? Müssen wir noch länger in dieser abweisenden Stadt bleiben, bis sich jemand erbarmt und das Flugbenzin herbeischafft? Vanimo liegt im äußersten Nordwesten von Papua-Neuguinea, nicht sehr weit von der Grenze nach Indonesien. Bekommen wir dort vielleicht Sprit?

Am nächsten Morgen fahren wir früh zum Flughafen. Patrick ist schon da. Er tut geheimnisvoll und sagt, dass er jemanden kenne, der uns vielleicht helfen könne: jemanden mit Verbindungen. Einen Schmuggler. Dieser Schmuggler, ein Indonesier, könne uns das Flugbenzin über die Grenze schaffen. Aber damit der Mann tätig werde, müssten wir ihn besuchen.

Also steigt Wolf in den Wagen von Patrick. Auf dem Beifahrersitz liegt ein Baseballschläger. Hmm, nicht gerade vertrauenerweckend. Patrick bringt ihn zu dem Schmuggler, der in einer entlegenen Straße von Vanimo auf einem Hügel wohnt. Das Haus des Schmugglers ist vollgestopft mit Elektronik. Aber Flugbenzin? Nein, das könne er auf die Schnelle nicht besorgen, sagt er. Es werde ein paar Tage dauern und – klar! – es sei nicht billig. Schließlich müsse jeder entlang der Lieferkette bezahlt werden, sagt der Schmuggler.

Dann eben nicht, sagt Wolf. Wieder nichts. Wieder kein Sprit!

Wir sind ratlos, fast verzweifelt. Überall werden Phantasiepreise aufgerufen, ohne dass wir dafür schnell Sprit bekämen. Jeder versucht, mit uns das große Geschäft zu machen und möglichst viele Dollars zu verdienen. In den Augen der Menschen in Vanimo sind wir unermesslich reich, wir sind also dankbare Opfer, die man ausnehmen kann. Am Ende bleibt uns deshalb nur noch eine Möglichkeit: Wir müssen den Sprit anderswo besorgen, in einer anderen Stadt, und dazu müssen Wolf und ich uns erstmals auf dieser Reise trennen – ein Schritt, der uns sehr schwerfällt.

Unser Plan geht so: Einer von uns fliegt mit Hans Brüning und seiner *King Air* aufs Geratewohl nach Tari, einem Städtchen mitten im Urwald von Papua-Neuguinea. Vielleicht bekommen wir dort Sprit, vielleicht auch anderswo. Der andere bleibt derweil in Vanimo zurück und versucht via Handy, irgendwo Avgas für uns aufzutreiben.

Aber wer bleibt zurück auf diesem trostlosen Platz? Wer muss dort allein ausharren, umringt von Bewaffneten, beglotzt von den Menschen hinterm Flughafenzaun?

»Flieg du! Ich bleib hier«, sagt Wolf.

»Willst du das wirklich?«, frage ich zurück.

»Ja, kein Problem!« Wolf will sich das antun, er ist ein harter Hund. Doch als ich mich von ihm verabschiede, habe ich ein schlechtes Gefühl.

»Pass gut auf dich auf«, sage ich.

Dann breitet sich Galgenhumor aus. »Mehr als umkommen kann ich nicht«, erwidert Wolf.

Und ich entgegne: »Okay. Falls du stirbst, überführe ich deinen Leichnam.«

Schließlich steige ich in die achtsitzige *King Air* von Hans. Dieses Geschäftsflugzeug bietet allen nur erdenklichen Luxus: Der Passagierraum hinter dem Cockpit lässt sich komplett verdunkeln, damit man in den schweren Ledersesseln gut schlafen kann, sie ist mit einem dicken Teppichboden ausgelegt, verfügt über Kühlschrank, Kaffeemaschine und Toilette. Alles, was unsere *Mooney* nicht hat. Ich lasse mich in einem der Ledersessel nieder, neige die Lehne nach hinten, lege meine Füße hoch und plaudere mit der Frau von Hans, während Hans und sein Sohn die *King Air* nach Tari fliegen.

Mit im Gepäck habe ich die »Big Bertha«, unseren Zusatztank, den ich hoffentlich irgendwo befüllen kann; außerdem eine Menge Bares. Direkt hinter uns startet Jan Brill mit seiner *Cheyenne*, er wird mich – falls wir in Tari Sprit auftreiben können – später zurück nach Vanimo fliegen. Während ich mit Hans in der Luft bin, telefoniert Wolf unentwegt. Unsere große Hoffnung sind die Missionsflieger von »Mission Aviation Fellowship«. Auf Papua-Neuguinea sind die christlichen Piloten seit über sechs Jahrzehnten im Einsatz. Sie sorgen dafür, dass Missionare reisen können, versorgen abgelegene Ortschaften, transportieren Saatgut oder bringen Ernten aus entlegenen Dörfern zu Märkten in größeren Städten. Auch um die medizinische Versorgung der Menschen in den Urwalddörfern kümmern sich die Piloten.

Doch die Missionsflieger sind an diesem Morgen gar nicht so leicht zu erreichen. Denn zwischen 8 und 9 Uhr treffen sie sich, wie jeden Tag, zum Beten. Immer wieder bekommt Wolf nur den Anrufbeantworter zu hören: »Please call again later!« – Bitte später noch mal versuchen. Als ich gerade in Tari gelandet bin, erreicht Wolf schließlich einen der Missionare. Ja, sie haben Flugbenzin für uns. Ein Fass. Wolf ruft mich sofort an: »Da gibt es einen, der hat was. Der sitzt in einer Hütte am Rande des Flughafens.«

Aber wo ist in Tari die Hütte? Wo ist der Mann, der was hat? Während Jan und Hans ihre Maschinen parken und entladen, stoße ich auf dem Flugplatz zunächst auf Michael, einen Australier, der für eine amerikanische Ölfirma arbeitet. Ein rothaariger Typ, der mit einem Toyota-Pick-up unterwegs ist. Erst vor zwei Wochen, erzählt Michael, sei er in Deutschland gewesen, bei seinem Bruder in Ulm. Gemeinsam hätten sie auf dem Oktoberfest gefeiert. Really great! Und er weiß auch, wo die Missionsflieger ihren Sprit bunkern. Er fährt mich ans andere Ende des Flughafens, dort stapeln sich – ich mag meinen Augen kaum trauen – Fässer zuhauf. Flugbenzin! In rauen Mengen! Ich nutze die Gelegenheit und kaufe dem Mann, der über den Sprit herrscht, nicht bloß ein Fass ab, sondern zwei. Nun haben wir genug, um bis nach Australien zu kommen.

Michael bringt mich mit den beiden verbeulten, rostigen Fässern wieder zurück ans andere Ende des Flughafens. Dort beginnt die eigentliche Arbeit. Denn die Fässer sind zu groß, um sie in die zweimotorige *Cheyenne* von Jan zu bugsieren, der mich zurück nach Vanimo fliegen wird. Also muss ich den Sprit umpumpen. Eine halbe Stunde drücke ich die Handpumpe auf und nieder, bis mir die Gelenke schmerzen. Ein Fass Flugbenzin fließt so in die »Big Bertha«, die wir im Passagierraum der *Cheyenne* verstaut haben: Jan hält sie fest, während ich pumpe und pumpe und pumpe. Das zweite Fass deponiere ich hinter einem Sicherheitszaun, hinter dem auch die Baumaschinen von Michaels Ölfirma stehen. Ein paar Sicherheitsleute passen darauf auf. Später, wenn »Maggie« es nach Tari geschafft hat, will ich es abholen und ihre Tanks damit bis oben füllen.

Dann fliege ich gemeinsam mit Jan und der heiß ersehnten Ware zurück nach Vanimo. Jan ist ein verdammt erfahrener Pilot, viel erfahrener als Wolf und ich. Er hat als Fluglehrer in den USA gearbeitet und einige Tausend Flugstunden hinter sich. Ich sitze neben ihm im Cockpit der *Cheyenne*, und es ist faszinierend, Jan beim Fliegen zuzusehen. Er erklärt mir die Technik seiner sechssitzigen Maschine, die nicht von einem einfachen Kolbenmotor, sondern von Propellerturbinen angetrieben wird, und ich nutze die Gelegenheit, um ihn nach allerlei Tricks und Kniffen zu fragen.

Wolf ist heilfroh, als Jan und ich in Vanimo landen. Er hat den ganzen Tag allein warten müssen, beobachtet wieder von ein paar Hundert Neugierigen hinter dem Sicherheitszaun. Eine Maschine nach der anderen ist am Morgen weggeflogen; eine deutsche Crew nach der anderen ist nun ebenfalls nach Tari aufgebrochen; nur er blieb zurück. Wolf erzählt, dass er sich wie auf der sinkenden »Titanic« gefühlt habe, nachdem auch das letzte Rettungsboot abgelegt hat. Doch dann kommt mit der *Cheyenne*, die unser Avgas transportiert, die Rettung. Wir beide sind Jan in dem Augenblick unendlich dankbar, dass er für uns den Kurier gespielt hat. Klar, seine Benzinkosten für die Extratour übernehmen wir. Macht für drei Fässer Kerosin noch einmal 2100 Dollar.

Ehe wir mit der *Mooney* von Vanimo starten können, müssen wir unseren Sprit umfüllen: raus aus dem Zusatztank, rein in Kanister – und aus den Kanistern per Trichter rein in die Tragflächentanks von »Maggie«. Eine schweißtreibende Arbeit. Die

Sonne brennt, das Rollfeld glüht. Wir sind danach völlig ver-
schwitzt und stinken wie die Tiger, aber all unsere Sorgen sind
gelöst: Wir können weiterreisen!

Den Weg nach Tari kenne ich nun, weshalb wir es recht schnell
über die Hügel schaffen. Dann jedoch fliegen wir über den dichten Urwald, in dem es ohnehin kaum markante Punkte gibt, um
sich zu orientieren, und hinzu kommt, dass Wolken aufgezogen
sind. Der nachmittägliche Regen im Urwald. Tari ist unter einer
Wolkendecke verschwunden. Was also tun? Wenn wir die Landebahn nicht mit eigenen Augen sehen können, müssen wir
umkehren. Denn ein Anflug nur mit Instrumenten ist hier nicht
möglich, dafür fehlt dem Flughafen die Ausstattung.

Doch dann tut sich, als wir genau über dem Flugplatz sind, ein
Loch in der Wolkendecke auf. Jan, der eine Viertelstunde vor uns
gelandet ist, hatte es kurz zuvor vom Boden aus ausgemacht und
uns per Funk darauf hingewiesen, und so steuern wir mit der
Mooney im Sturzflug durch die Wolkenöffnung auf die Schotterpiste zu. Kurz vor Beginn des nachmittäglichen Regens setzen
wir auf der Bahn auf und parken »Maggie« im streng bewachten
Eck des Flughafens, wo auch die anderen Maschinen stehen.
20 Dollar pro Tag verlangt jeder der Sicherheitsleute dafür, dass
sie die neun deutschen Maschinen bewachen. Aber das ist es
wert: Denn ohne den Schutz könnte es, wie Michael mir erzählt
hat, durchaus sein, dass die Flugzeuge von den Ureinwohnern,
den Huli, mit Pfeil und Bogen beschossen werden.

Die Huli sind auch der Grund, warum Wolf, ich und die acht
anderen deutschen Crews mitten hinein in den Urwald geflogen
sind. Etwa 150 000 dieser Ureinwohner gibt es noch, sie leben
nach den gleichen Riten und Traditionen wie vor 1000 Jahren
und fallen vor allem durch ihre bunte Kriegsbemalung im Gesicht auf. Ein Volk aus einer anderen Zeit. Und so beginnen drei
Tage in einer Welt, die auf mich unglaublich fremd und verstö-
rend wirkt.

Unter Huli-Kriegern

Schon die Fahrt hinauf zu unserem Hotel zeigt mir, dass wir in einer anderen Welt angekommen sind, in einer Welt, die weiter weg ist von allem, was ich kenne, als jede andere Station auf unserer Reise. Im strömenden Nachmittagsregen rumpelt der Kleinbus über die Schotterpiste, Wolf, Jan und ich sind die einzigen Passagiere. Am Straßenrand sehe ich links und rechts die Einheimischen. Sie reden, arbeiten oder hängen herum. Einige blicken recht freundlich drein, die meisten mustern uns finster. Aus Indonesien war ich es gewohnt, dass die Menschen ständig lachen und winken und uns mit strahlenden Augen anschauen. In Tari dagegen grüßt niemand. Ich frage mich unwillkürlich: Schauen die immer so? Wolf beruhigt mich. »Ich glaube nicht, dass die Huli besonders unfreundlich sind«, sagt er. »Die haben einfach andere Umgangsformen als wir und sind es nicht gewohnt, fremde Menschen freundlich zu grüßen.«

Ja. So wird es wohl es sein.

Ich hatte gedacht, ich sei vorbereitet auf den Besuch in Tari, auf die Reise mitten hinein in den Urwald. Mein Vater hat diese Gegend vor 25 Jahren besucht, als er selbst um die Welt gereist ist, nicht im Kleinflugzeug, sondern in einer organisierten Gruppenreise. Er hat mir die vielen Fotos von damals gezeigt, die Dias, die er mittlerweile auf sein iPad hat übertragen lassen. Er hat mir erzählt von den Huli. Von den Kriegern mit ihren Speeren und Macheten. Von der Fahrt über entlegene Schotterpisten. Und natürlich hat er in mir den Wunsch geweckt, einmal selbst um die Welt zu reisen.

Aber auf eine Erfahrung wie die, die uns in Tari nun bevorsteht, konnte ich mich nicht vorbereiten. Denn plötzlich rumst es, der Kleinbus wackelt, und ich bekomme erst im letzten

Augenblick mit, woran das liegt: Einer der Huli am Straßenrand haut mit seiner Machete auf das Blech. Er lässt das Buschmesser nicht weit von jenem Fenster auf der linken Seite des Busses niedersausen, durch das ich noch kurz zuvor meinen Kopf an die Luft gestreckt habe, um ein paar Fotos zu machen. Puh, das war knapp! Unser Fahrer, der alles mitbekommen hat, fährt weiter, als sei eine solche Attacke ganz normal. Wolf und Jan sitzen auf der rechten Seite des Busses, sie haben von dem Angriff mit der Machete gar nichts bemerkt, sind aber, als ich ihnen davon erzähle, genauso geschockt wie ich.

Nach etwa einer halben Stunde kommen wir an unserem Ziel an: der »Ambua Lodge«. Die Hotelanlage liegt hoch auf einem Berganhang und besteht aus einer Ansammlung von etwa 20 runden Hütten, die innen nach westlichem Standard eingerichtet sind. Es gibt kein anderes Hotel weit und breit. Als ich aus dem Bus aussteige, sehe ich, was der wütende Huli mit seiner plötzlichen Attacke angerichtet hat: Die Machete hat im Metall eine Kerbe hinterlassen. Bei mir hinterlässt der Angriff ein deutlich mulmiges Gefühl.

Ich frage mich, noch ehe unser viertägiger Aufenthalt im Tal von Tari richtig angefangen hat: War es wirklich eine gute Idee, hierher zu fahren? Oder sollten wir diese Menschen, die so lange unberührt von der westlichen Zivilisation gelebt haben, nicht besser in Ruhe lassen?

Erst vor acht Jahrzehnten, im Jahr 1935, erfuhr man in Europa von der Existenz der Huli, nämlich als zwei Briten, Jack Hides und James O'Malley, auf das Volk im Urwald trafen. Die meisten Huli leben bis heute in ihren ursprünglichen Dörfern, in Hütten aus Holz, Lehm und Stroh. Sie pflegen ihre alten Sitten und Riten, den Neuerungen des modernen Lebens zum Trotz. Einige wenige haben ein Handy, aber sie nutzen untereinander meist kein Geld im klassischen Sinne, sondern zahlen mit Schweinen. Sie tragen keine Jeans, keine T-Shirts, sondern malen ihre Gesichter an. Ihre Kriegsbemalung ist – wie ich beim Angriff mit der Machete erlebt habe – keineswegs nur Folklore. Ich hätte es wissen können, denn auf der Webseite von »Trans Niugini Tours«, dem Betreiber der »Ambua Lodge« steht eine unmissverständliche Warnung: Im Tal von Tari herrsche eine »regelrechte Front-Atmosphäre«. Man solle, weil es hier so gefährlich ist, nur in einer Gruppe und nur mit einem erfahrenen Führer unterwegs sein.

Am nächsten Tag heuern wir und ein paar andere Piloten, darunter Michael Brüning sowie Petra und Michael Decius, die mit einer *Piper Jetprop* unterwegs sind, einen dieser Führer an. Um 6 Uhr, noch vor Sonnenaufgang, starten wir zu acht oder neunt mit einem klapprigen, weißen Kleinbus zu einer Tour in den Urwald. Ich hoffe, einige der seltenen Paradiesvögel beobachten zu können. Und die Natur tut zu dieser frühen Stunde auch alles, um uns zu bezaubern: Morgentau liegt auf den Bäumen und den Spinnennetzen, die sich zwischen den Ästen spannen. Nebel wallt über die dicht bewaldeten Hänge. Eine majestätische Landschaft breitet sich vor uns aus, ein Meer aus Baumkronen, die überragt werden von noch mächtigeren, teils abgestorbenen Bäumen. Die Äste sind überwuchert mit Moos. Eine dichte, undurchdringliche Vegetation. Ein paar Wolken liegen über den Bergen, die im Morgenlicht golden leuchten.

Nur die Paradiesvögel, derentwegen wir so früh aufgestanden sind, bekommen wir nicht zu Gesicht. Wir können ihre Rufe hören, bleiben stehen, spitzen unsere Ohren, aber wir können sie einfach nicht sehen. Sie haben sich versteckt in den Bäumen, sind untergetaucht in diesem grünen Meer, als wollten auch sie uns sagen, dass wir uns die beschwerliche Reise hierher besser hätten sparen sollen.

Immer wieder hält der Kleinbus, wir steigen aus und gehen ein paar Schritte in den Urwald, um nach den Paradiesvögeln Ausschau zu halten. Auf der einzigen Straße durch den Busch, einer unbefestigten, kurvigen Piste, rauschen derweil immer wieder große Lkw ans uns vorbei, lange Trucks amerikanischer

Bauart, wie wir sie im Südwesten der USA gesehen haben, auf den schier endlosen Highways von Arizona und Nevada. Die Scheiben der Fahrerkabinen sind durch Gitter geschützt und die Stoßstangen extra breit, damit Tiere, die vor die Kühlerhaube springen, keinen Schaden anrichten. Die Laster rasen in einem höllischen Tempo an uns vorbei. Die Fahrer, so erzählt unser Führer, haben einen im wahrsten Sinne des Wortes mörderischen Job: Sie sitzen oft drei, vier Tage am Stück hinter dem Lenkrad, fahren im Auftrag von Öl- und Gasfirmen Material von der Küste ins Landesinnere und halten sich mithilfe von Drogen wach. Manche nicken trotzdem hinter dem Steuer ein, wie uns mehrere Lkw-Wracks am Straßenrand zeigen. Einer der demolierten Sattelschlepper ist offenkundig erst vor ein paar Tagen umgekippt, die Ladung wurde noch nicht weggeräumt.

Am späten Vormittag, nach einer kurzen Pause im Hotel, starten wir mit dem klapprigen, weißen Kleinbus zu unserer zweiten Tour, nun sind wir zu elft oder zwölft, und der Führer fährt mit uns hinein in die ursprüngliche Welt der Huli. Wir besuchen Dörfer, in denen die Menschen in einfachsten Verhältnissen leben. Vor allem am Nachmittag sieht es wüst aus, denn jeden Tag etwa zur gleichen Zeit fängt es im Urwald kräftig an zu regnen; dann verwandelt sich der Untergrund in Schlamm. Unser Führer, selbst ein Huli, erzählt uns, dass die Ureinwohner im Wesentlichen von der Jagd und vom Ackerbau leben. Die Jagd sei die Sache der Männer, der Ackerbau jene der Frauen. Die Huli betreiben dabei eine klassische Wechselfelder-Wirtschaft: Wenn ein Stück Ackerland nicht mehr genug Ertrag bringt, ziehen sie weiter – und roden eine neue Fläche. Ihre Felder bearbeiten die Huli-Frauen mit den Händen und einfachsten Werkzeugen.

An unserem ersten Stopp führt eine Gruppe von acht Huli-Männern Kriegstänze für uns auf. Die Krieger mit ihren muskulösen, nackten und vom Schweiß glänzenden Oberkörpern bewegen sich in einem eigentümlichen Rhythmus, der so gar nichts mit westlichen Tänzen gemein hat. Sie singen, sie klopfen auf ihre Trommeln, sie sehen wild aus: Ihre Gesichter haben die Huli-Krieger mit gelber Farbe geschminkt, rund um den Mund auch mit Rot. Ihre Nase ziert ein weiß-rot gemusterter Streifen, durch die Nasenflügel haben sie sich lange, dünne Holzstäbe gesteckt, die bis über ihre Ohren hinausragen. Auf dem Kopf tragen sie eine kunstvoll aufgetürmte Haarpracht, die sie mit goldenen Bändern und bunten Federgestecken verziert haben; beim Anführer der Gruppe reicht die längste Feder mehr als einen Meter hoch in den Himmel. Um die Hüften haben die acht Krieger sich einen Lendenschurz aus Stoff und Federn, Blättern und Gräsern gewunden, die Oberarme umspannen schmale, gemusterte Bänder, in denen Gräser und Blätter stecken.

Mir fallen vor allem die extrem breiten Füße der Huli auf. Keiner von ihnen trägt Schuhe, alle laufen barfuß, auch die andern Hulis, die wir gesehen haben, und so hat dieses Volk im Laufe der Jahrhunderte anscheinend besonders kräftige Füße entwickelt. Doch so sehr mich diese Menschen in ihrer Ursprünglichkeit faszinieren, so sehr muss ich – auch wenn dies nun politisch unkorrekt klingen mag – bei unserem Besuch die Nase rümpfen. Weil die Huli sich nur selten waschen, stinken sie sehr stark nach Schweiß und anderen Gerüchen. Einen so strengen Körpergeruch habe ich noch nie erlebt.

Von den Tänzern geht es weiter zu einer kleinen Lichtung, die ein wenig abseits der Schotterpiste liegt. Wir laufen über einen schmalen Pfad hinein ins Dickicht. Plötzlich landen wir in einer seltsamen Welt. Ein Schamane steht vor uns und mit ihm ein Haufen wilder Kerle, die hier, unter seiner Führung, zu echten Männern reifen sollen. Der Prozess des Mannwerdens ist, nun ja, eine recht feuchte Angelegenheit: Die jungen Kerle zeigen uns, wie sie ihr Haar, mit dem Einsatz von viel Spucke und zur Begleitung von rituellen Gesängen festigen und es zu den mächtigen Frisuren auftürmen, die wir schon bei den Kriegern gesehen haben. Einer der Männer führt uns vor, wie er mit der gewaltigen Haarpracht schläft: Damit die Frisur nicht zerstört wird, legt er seinen Nacken nicht auf ein bequemes Kopfkissen, sondern auf eine harte, leicht erhöhte Holzstange.

Eineinhalb Jahre, so erzählt uns der Führer, leben die jungen Männer mit dem Schamanen, sie schneiden sich in dieser Zeit nicht die Haare, haben keinerlei Kontakt zu ihren Familien – und schon gar nicht zu Frauen. Zum Mannwerden gehört es, dass der Schamane ihnen allerlei benebelnde Substanzen verabreicht, darunter so manches Zeugs zum Rauchen. Der Führer erzählt uns auch, dass schon die Kinder zu Kriegern erzogen werden. Mit sieben oder acht Jahren werden die Jungen von den Vätern mit auf die Jagd genommen und im Umgang mit Waffen geschult. Der Führer berichtet uns, dass sich die Hulis immer wieder gegenseitig umbringen, weil sie Streit haben, weil sie Rache fordern oder weil verschiedene Clans gegeneinander Krieg führen.

Die Mädchen dagegen, so erfahren wir, bleiben bis zu ihrem 18. Geburtstag bei den Frauen. Dann werden sie verheiratet – im Tausch gegen 30 Schweine. Wird die Ehe geschieden, versucht der Mann meist, die Schweine von der Familie seiner ehemaligen Frau zurückzubekommen. Üblich ist zudem die Polygamie, erlaubt ist sie aber nur den Männern.

Daheim in den Dörfern haben trotzdem die Frauen das Sagen, wie wir auf unserer dritten Station, beim Besuch eines Huli-Dorfs, erfahren. Der Führer vermittelt uns dort das Familien- und Dorfleben, er erklärt uns, dass Männer und Frauen in unterschiedlichen Hütten wohnen. Während die Männer auf der Jagd sind, kümmern sich die Frauen um die Kinder, um den Haushalt, ums Essen. Sie sitzen vor den Hütten, weben Seile, machen aus Stroh Kleider und trocknen Palmblätter, mit denen sich die Huli beim Schlafen zudecken.

Später führen uns einige Männer die Kunst des Bogenschießens vor, und mitten in der Vorführung bricht eine der Holzstangen durch, auf denen einige aus unserer Gruppe Platz genommen haben. Sofort springt eine der Frauen, eine kraftvolle Matrone, auf und beschimpft ihren Mann lauthals, dass er eine so zweitklassige Konstruktion gebaut hat. Sie tobt. Sie wütet und zürnt. Sie hört gar nicht auf. Klare Sache, wer hier das Kommando führt.

Nach dieser dritten Station zieht es die meisten von uns zurück ins Hotel. Auch Wolf und ich haben genug gesehen. Haben genug von dieser uns so fremden Welt erkundet. Meine Eindrücke sind zwiespältig. Natürlich fand ich es eindrucksvoll, mitten im Urwald zu stehen, natürlich ist es eine faszinierende Sache, ein Volk von Ureinwohnern zu besuchen, das noch so lebt wir vor Hunderten von Jahren. Aber irgendwie war es auch ein bisschen unheimlich, mich in einer Welt zu bewegen, in der die Männer alle mit großen Macheten unterwegs sind – und manchmal, wie wir erlebt haben, damit auch zuschlagen.

Am Tag danach klingelt um 5 Uhr früh unser Wecker. Wolf und ich wollen nach Australien, während der Rest der Gruppe eine andere Route einschlägt und sich in Richtung der Fidschi-Inseln verabschiedet. Um 6 Uhr fahren wir zum Flughafen, wo »Maggie« die letzten Tage, gut bewacht, verbracht hat. Als Wolf und ich die Maschine startklar machen, sind wir wieder umringt von einigen Menschen, die uns aus nächster Nähe beobachten. Sie sagen nichts, sie lächeln nicht, sie machen nichts. Sie starren Wolf und mich einfach nur an. Ein seltsames Gefühl.

Dann heben wir ab. Und weil Wolf und ich schleunigst wegwollen aus Papua-Neuguinea, sparen wir uns die offizielle Ausreise. Wir streichen einfach die Landung in Daru, auf einem Flughafen an der Küste, wo wir die Zoll- und Grenzformalitäten hätten erledigen müssen, und starten durch nach Australien – wohl wissend, dass es in Papua-Neuguinea keinen Militärjet gibt, der uns einholen und zurückbeordern kann. Klar, das ist illegal, aber wir haben keine Lust auf ein ähnliches Theater wie bei der Einreise in Vanimo, auf endlose Formalitäten und weitere Schmiergeldforderungen.

Ich bin froh, dass wir Papua-Neuguinea hinter uns lassen. Denn dieses Land war die bisher schwierigste Station unserer Weltreise. Eine Station, die uns vieles abverlangt hat und bei der wir auf Menschen gestoßen sind, die uns manchmal freundlich, meist aber ablehnend oder feindselig gegenüberstanden. Vielleicht hätten wir wirklich nicht hierher reisen sollen. Den Huli zuliebe. Aber auch uns zuliebe.

Auf den Spuren von James Cook

Als James Cook, der große Entdecker, 1770 erstmals um die Welt segelte, gab es noch kein Handy, kein GPS, kein iPhone – ja, es gab noch nicht einmal eine richtige Weltkarte. Jedenfalls keine, auf der die Welt so abgebildet gewesen wäre, wie wir sie heute kennen. Australien war damals noch ein weitgehend unbekannter Kontinent: geheimnisvoll und mystisch.

James Cook war der Sohn eines englischen Tagelöhners, erst Lehrling in einem Gemischtwarenladen, später Unteroffizier der Royal Navy, zudem ein herausragender Kartograf. Und genau dieser James Cook ist Wolf und mir auf unserer Weltreise immer wieder ganz nahe. Denn Cooks drei große Reisen führten kreuz und quer über den Pazifik. Über einen Ozean also, den man damals noch gar nicht richtig kannte. Auch wir sind mit »Maggie« nun seit vier Wochen in pazifischen Gefilden unterwegs, und mehrmals haben wir die Wege gekreuzt, die Cook zurückgelegt hat. So sind wir mit unserer *Mooney* über die Aleuteninsel Unalaska hinweggeflogen, an der sein Schiff, die »HMS Resolution«, beinahe zerschellt wäre, als Cook eine direkte Verbindung zwischen dem nördlichen Pazifik und dem Atlantik suchte – einer Suche, die im Packeis des Polarmeers endete.

Und nun, auf dem Weg von Papua-Neuguina nach Australien, kreuzen wir erneut Cooks Weg. Auf seiner ersten Reise fand er mit der »HMS Endeavour« einen Weg durch die Korallenriffe des Great Barrier Reef, die sogenannte Cook-Passage, außerdem entdeckte er die Torres-Straße, die Meerenge zwischen Papua-Neuguinea und Australien. Eine phantastische Meereslandschaft, die Wolf und ich unter uns hinwegziehen sehen. Tiefblau, geradezu magisch leuchtet das Wasser. Immer wieder tauchen Inseln inmitten des Meeres auf. Manche haben seltsame Formen, erinnern an einen Wassertropfen oder an ein Eurozeichen. Sie sind bedeckt von dichten Wäldern, dazwischen manchmal ein paar Häuser, und umgeben von hellen Sandstränden.

Wo auch immer wir in den nächsten Tagen mit unserem Flugzeug unterwegs sind: Stets taucht die Erinnerung an Cook auf, immer wieder passieren wir Orte, deren Namen an die Entdeckungsreise des britischen Seefahrers erinnern. So fliegen Wolf und ich auf unserem Weg nach Cairns vorbei an Cape Tribulation, am Kap des Trübsals, einer kleinen Halbinsel, die Cook so nannte, weil er dort in der Nähe mit seiner »HMS Endeavour« am 10. Juni 1770 auf Grund gelaufen war. Wir fliegen auch vorbei an dem Korallenriff, welches das Schiff von Cook rammte und das heute den Namen Endeavour Reef trägt.

Ich kann, als unter uns das Endeavour Reef vorbeizieht, gut nachvollziehen, warum der britische Seefahrer hier auf Grund gelaufen ist. Der Abstand zwischen den Riffen ist oft minimal. Aus der Luft kann ich die Korallen als hellblaue, manchmal grünliche Tropfen im tiefen Blau des Pazifiks erkennen; zur Meerseite hin brechen sich die Wellen an den Riffen, weiße Schaumkronen ziehen sich an ihnen entlang. Aber von einem Schiff aus, das entlang der Küste kreuzt, unterschätzt man die Ausläufer eines Riffs vermutlich schnell.

Ein paar Seemeilen weiter nördlich fliegen wir mit »Maggie« auch über jene geschützte Bucht hinweg, in die sich Cook und seine Mannschaft mit dem havarierten Schiff retteten und in der sie es innerhalb von sieben Wochen reparierten. Der Ort, der später an dieser Bucht gegründet wurde, heißt Cooktown, ein Städtchen, das – wie könnte es anders sein – am Endeavour River liegt. Wir sehen es aus der Luft. Hier trafen Cook und seine Mannschaft als erste Europäer auf jene seltsamen Tiere, die ihnen wie große Hasen erschienen und die die Einheimischen »gangurru« nannten.

Nach gut fünf Stunden Flug landen wir mit »Maggie« in Cairns. Und sind verdammt froh, nach den aufregenden Tagen in Papua-Neuguinea nun australischen Boden unter den Füßen zu haben. Wolf und ich sind inzwischen wieder allein unterwegs, ohne die anderen Piloten, dafür wird Caroline jedoch zu uns stoßen und uns in den nächsten zwei Wochen durch Australien begleiten.

Die Einreise verläuft völlig unkompliziert. Anders als vor vier Tagen in Vanimo werden Wolf und ich nicht von einem Rudel grimmiger Männer für Terroristen gehalten, sondern legen stattdessen unser elektronisches Visum vor, das wir bereits vor der Abreise aus Deutschland im Internet beantragt haben – und schon werden wir vom freundlichen Einwanderungsbeamten durchgewunken. Welcome in Australia!

Die Freundlichkeit der Australier hat allerdings ihren Preis. Und das ist wörtlich zu nehmen. Denn dieses Land ist verdammt teuer. Das merken wir schon, als wir »Maggie« am Flughafen zur Wartung abgeben. Vier Wochen nach dem gründlichen Check in Anchorage muss die *Mooney* mal wieder richtig überprüft werden, außerdem wollen wir die beiden Autobatterien, mit denen wir seit bald zwei Wochen unser Flugzeug anlassen, durch eine richtige Flugzeugbatterie ersetzen. Doch schon für die Hilfe bei der Einreise stellt uns die örtliche Handling-Firma eine saftige Rechnung mit allerlei blumigen Posten aus: 350 australische Dollar fallen als »Arrival Movement Fee« an, 250 Dollar als »International Processing Fee« und weitere 150 Dollar als »International Terminal Fee«. Hmm. Was ist das denn? Auch die Rechnung der Flugzeugwerkstatt, die wir ein paar Tage später erhalten, hat es in sich. Aber da haben wir uns längst an die hohen Preise in Australien gewöhnt: 15 Dollar für einen Snack? Völlig normal. 30 Dollar für ein Sixpack Bier? Absolut üblich.

Wolf freut sich natürlich, dass er Caroline in Cairns wiedersieht. Sie ist aus San Francisco in den australischen Norden gekommen. Und ich freue mich auch, denn Caroline ist, wie gesagt, eine sehr angenehme Reisebegleiterin. Sie nimmt die Dinge auch mal selbst in die Hand, um uns zu helfen. Sie kundschaftet aus, was wir auf den Stationen unserer Weltreise unternehmen können, etwa eine Tauchtour am Great Barrier Reef, sie überlegt, wo wir essen gehen können, oder kauft im Supermarkt groß für uns alle ein.

Mich allerdings packt das Heimweh – nicht zuletzt deswegen, weil ich das Glück von Wolf und Caroline sehen kann. Nach sechs Wochen vermisse ich meine Frau und meine Tochter nun mehr denn je. Das Heimweh ist so groß, dass ich mich zeitweise sogar mit dem Gedanken trage, für ein paar Tage zurück nach Deutschland zu fliegen – nur um die beiden wieder in die Arme schließen zu können. Mir ist in dem Augenblick egal, ob meine Reise um die Welt nach den Statuten der »Earthrounders« noch als offizielle Erdumrundung gilt und in die Annalen aufgenommen wird oder nicht. Aber als ich Heike davon am Telefon erzähle, redet sie mir das sofort aus: »Nein, du wolltest diese Reise unbedingt machen. Und deshalb mach sie jetzt auch!« Und sie fügt hinzu, es sei doch ein wahres Glück, dass ich dieses Projekt überhaupt verwirklichen könne. Recht hat sie, und so verschwindet auch das Heimweh allmählich.

Cairns liegt zwar nahe dem Great Barrier Reef, ist aber ansonsten recht langweilig: eine Mischung aus vielen modernen Häusern und reichlich Grün dazwischen. Wir bleiben trotzdem fünf Nächte, weil zum einen die Reparatur und Wartung von »Maggie« viel Zeit beansprucht und wir es zum anderen auch mal genießen, dass ein paar Tage ohne größere Aufregungen vergehen. Einfach nur Alltag. Und das heißt: Rein in den Waschsalon – und unsere Sachen waschen. Ran an den Computer – um Mails zu schreiben.

Denn auch wenn wir uns eigentlich aus dem Alltag ausklinken wollen, auch wenn wir ganz weit weg sind von München und Berlin: Jeder von uns hat daheim eine Firma, die trotz unserer Erdumrundung weiterläuft. Und um die müssen wir uns zumindest gelegentlich auch von unterwegs kümmern. Ich habe es so organisiert, dass mein Unternehmen in Pullach, das in einem alten Kraftwerksgebäude direkt an der Isar untergebracht ist, meistens ohne mich weiterlaufen kann. Aber ab und zu muss ich halt doch ran, muss einem wichtigen Kunden seine Fragen per Mail beantworten oder mich um einen besonders wichtigen Auftrag kümmern. Zum Glück sind diese Dinge aber relativ schnell erledigt.

Eines allerdings gibt es doch, was Cairns besonders macht – und auch Wolf, Caroline und mich fasziniert: die Flughunde, die »flying foxes«, wie sie die Australier nennen. Zu Tausenden hängen die Tiere, die etwas größer sind als Fledermäuse, an einigen Mangobäumen mitten im Stadtzentrum von Cairns, an der Abbott Street. Wir können sie schon von Weitem sehen, wie sie kopfüber an den Ästen baumeln, einer neben dem anderen, und schlafen. Manche verdecken die Augen mit ihren Flügeln, um das gleißende Sonnenlicht abzuhalten. Doch als sich die Dunkelheit allmählich über die Stadt senkt, erwachen die Flughunde zum Leben. Gebannt verfolge ich, wie die Tiere über uns hinwegschwirren. Wie sie sich mit schnellem Flügelschlag davonbewegen. Sie schwingen sich mit ihren schwarzen, federlosen Flügeln in die Luft und gleiten über uns durch den Nacht- und Abendhimmel. Sie verbreiten dabei einen ungeheuren Lärm, wie ein riesiger Schwarm kreischender Vögel. Man hört sie schon von Weitem, und das nervt viele Menschen in Cairns; sie wollen die Flughunde aus dem Stadtzentrum vertreiben.

Andere Einwohner der Stadt dagegen kümmern sich mit großer Liebe um die »flying foxes«. Auf den Schildern am Straßenrand lesen wir von den »bat hotlines«, von den Notfallnummern, die man anrufen soll, falls ein Tier mal in Not ist. Und kaum dass Wolf, Caroline und ich diese Schilder passiert haben, plumpst neben uns ein Flughunde-Baby herunter und landet mit einem Knall auf der Motorhaube eines Autos. Mit Müh und Not kann sich der kleine Flughund an einer Kante zwischen der Motorhaube und dem Scheinwerfer festkrallen, mit dem Ende seines Flügels, an dem ein spitzer Haken ist.

Possierlich sieht er aus mit seinem Köpfchen, den großen Kulleraugen, der kleinen, gestreckten Nase und den geknickten Öhrchen. Fell, Augen, Flügel, Finger – alles ist schwarz; nur die Nackenhaare sind hell, bei den älteren Tieren werden sie leuchtend orange. Schon bald kann sich der kleine Flughund nicht mehr am Auto festhalten, rutscht herunter und landet im Rinnstein. Dort bleibt er liegen, offenbar unfähig sich aufzurichten oder davonzufliegen.

Was also tun? Wir rufen die »bat hotline« an, und während wir auf die Helfer warten, kümmern wir uns zu dritt so gut es geht um den kleinen Flughund. Ich lege ein großes Laubblatt aus den Mangobäumen als Decke über das Tier, damit es nicht auskühlt. »Boomer the Baby-Bat«, wie Wolf den Flughund nennt, drückt die Decke mit seinen schwarzen Fingern fest an sich.

Nach etwa 20 Minuten kommen die Helfer der Hotline. Sie befreien »Boomer« vom Ungeziefer, das sich in seinem Fell festgebissen hat, und reichen ihm einen Finger, an dem er lutschen kann. Auch eine Frau mit einem auffälligen Akzent ist mit dabei. Eine Deutsche, wie sich schnell herausstellt: Gaby Schierenbeck, eine freundliche Frau Ende 50 mit wallenden weißen Haaren. Sie stammt aus Bremen und lebt seit 25 Jahren ein wenig außerhalb von Cairns.

Gaby Schierenbeck gehört zu jenen Tierschützern und Aktivisten, die sich seit Jahren mit viel Einsatz um die Flughunde kümmern. Sie erzählt uns, dass nicht nur ein großer Teil der Einwohner, sondern auch der Bürgermeister der Stadt die Flughunde verjagen will. In ein paar Monaten sollen die Mangobäume so sehr gestutzt werden, dass die Flughunde darin keinen Platz mehr finden. 50 000 Dollar will sich die Stadt Cairns die Aktion kosten lassen, generalstabsmäßig soll die Vertreibung geplant werden. Um die Gemüter zu beruhigen, hat der Bürgermeister angekündigt, keine »Rambo-Methoden« anzuwenden so wie in einer Stadt in Queensland: Dort wurden die Flughunde mit »paint balls«, also Farbkugeln, beschossen und durch den

Lärm von Hubschraubern, Rasenmähern und Feuerwerkskörpern verschreckt.

Doch die Tierschützer in Cairns haben auch für die sanfte Form der Vertreibung kein Verständnis, und auch ich frage mich: Wie kann man nur so brutal gegen Tiere vorgehen, die zwar Lärm machen, aber ansonsten niemanden stören? Die Flughunde hätten es ohnehin schwer, erzählt Gaby. Ihr Lebensraum werde immer mehr eingegrenzt. Und deshalb kämen sie in die Städte. In Cairns, klagt sie, habe man leider nicht begriffen, dass die »flying foxes« eine echte Touristenattraktion seien und viele Menschen auch deswegen in die Stadt kämen.

Die Tierschützer sammeln derweil Unterschriften für den Erhalt der Kolonie, sie vernetzen sich auf Facebook, organisieren Demonstrationen und holen sich die Unterstützung von Hollywoodstars wie Glenn Close, die einst zwei Filme in der Nähe von Cairns gedreht hat. Die Tierschützer betreiben auch zwei kleine Flughunde-Kliniken, in denen sie kranke Flughunde pflegen und junge Tiere aufziehen, ehe sie diese wieder in die Natur entlassen.

Gaby erzählt uns, dass sie in Kuranda lebt, einer alternativen Künstlerkolonie ein paar Kilometer außerhalb von Cairns, auf gut 300 Metern Höhe mitten im Regenwald gelegen, umgeben von mächtigen Bäumen. Man kann auf einer kurvigen Straße mit dem Bus nach Kuranda gelangen – oder eine 7,5 Kilometer lange Seilbahn nehmen, die am westlichen Stadtrand von Cairns beginnt und über das prachtvolle grüne Dach des Regenwalds hinwegführt.

Was Gaby über das Örtchen erzählt, macht mich neugierig, und deshalb mache ich mich am nächsten Tag auf den Weg dorthin. Wolf und Caroline sind diesmal nicht mit dabei, sie wollen einfach nur ein bisschen faulenzen, während mich wie stets der Tatendrang packt. Außerdem bin ich froh, auch mal ein wenig Zeit für mich allein zu haben. Ein bisschen Privatsphäre, so wie zuletzt in San Francisco.

Die Fahrt mit der Seilbahn, der »Skyrail Rainforest Cableway«, ist großartig. In einer kleinen, grünen Gondel fahre ich über die Baumwipfel hinweg, über ein grünes Meer aus Koniferen, Palmen und Farnen, über den ältesten tropischen Regenwald der Erde, der sich auf 500 Kilometern entlang der Küste von Queensland erstreckt. Hier wachsen seltene Orchideen und andere bedrohte Pflanzen, hier leben seltene Schmetterlingsarten und Reptilien, und natürlich fällt hier verdammt viel Regen – in manchen Jahren gibt es bis zu drei Meter Niederschlag. Die Gondelfahrt führt mich in einer sanften Steigung vorbei an den Barron Falls, einem mächtigen Wasserfall, der zu dieser Zeit fast ausgetrocknet ist, sich aber bei Regen in ein tosendes Ungeheuer verwandelt.

Kuranda ist so hübsch, wie es Gaby Schierenbeck beschrieben hat: Auf rot gepflasterten Wegen laufe ich durch ein sauberes Städtchen, in dem selbst die Straßenschilder künstlerisch gestaltet sind. Eine stählerne Heuschrecke weist zum Beispiel den Weg zum »Post Office«. In den Läden und Galerien gibt es Kunstwerke aller Art zu kaufen, Gemälde, Skulpturen, Handgeschnitztes, aber auch Nippes. Gegründet wurde das kleine Städtchen zum Ende des 19. Jahrhunderts: Zuerst wurde in Kuranda Kaffee angebaut, dann kamen die ersten Besucher, anfangs vor allem Paare auf Hochzeitsreise. Später ließen sich Hippies nieder, irgendwann kamen auch die Künstler und schufen ein putziges Städtchen mit Läden und Cafés. Der Regenwald drängt mit Macht in dieses Städtchen hinein, es wogt ein steter Kampf zwischen dem Menschen und der wild wuchernden Natur. Manche Gärten sind so dicht mit Pflanzen bewachsen, dass ich die Häuser dahinter kaum sehen kann. Bananenpalmen wachsen empor, und auf dem Boden kreucht und fleucht es. Neugierig beobachten mich die Echsen. Auch eine Python könnte auftauchen. Nur ein paar Monate, bevor ich das Örtchen besuche, hat eine Familie morgens eine fast vier Meter lange Python in ihrem Küchenregal vorgefunden ...

Nach diesem Ausflug in die Wildnis fahren Wolf, Caroline und ich am nächsten Tag aufs Meer hinaus. Wir haben viel gelesen über die Schönheit des Great Barrier Reef, viel gehört von diesem angeblich einmaligen Tauchrevier, und deshalb wollen wir es nun selbst erkunden. Caroline hat die Tauchfahrt für uns ausgekundschaftet. Tauchfahrten sind hier eine Mischung aus Party und Naturerfahrung. Vom Hafen in Cairns aus sticht unser Boot in See. Aus den Boxen schallt Musik über das Deck, wir trinken kühle Drinks, essen Snacks. Es wird gefeiert. Und schließlich springen wir auch ins Wasser.

Vielleicht liegt es an den hohen Erwartungen, die wir hatten, vielleicht auch an dem Party-Drumherum – aber so richtig gefesselt bin ich nicht von diesem Tauchrevier. Dutzende von Tauchschiffen fahren jeden Morgen von Cairns hinaus zum Great Barrier Reef. Es gibt Touren für erfahrene Taucher, Touren auf Englisch und Chinesisch, Touren für Schwimmer und für Nichtschwimmer, die dann mit Schwimmweste und Schnorchelmaske durchs Wasser treiben. Ein Massengeschäft, über das ich mir vorher nicht allzu viele Gedanken gemacht habe. Doch als ich im Neoprenanzug, mit einer Sauerstoffflasche auf dem Rücken durch das Wasser gleite, dem Führer hinterher, der die Gäste aus aller Welt Tag für Tag entlang der gleichen Unterwasserroute führt, wird mir bewusst, wie sehr der Tauchtourismus diese einzigartige Gegend belastet. Die Zahl der Fische, die ich im Wasser sehe, hält sich in Grenzen, und dann wird mir nach dem zweiten Tauchgang auch noch richtig übel. Kaum zu glauben: Im Flugzeug werde ich seit Wochen immer mal wieder durchgeschüttelt, und es hat mir nichts ausgemacht – aber nun werde ich auf dem Tauchboot tatsächlich seekrank.

Am Abend hat sich das flaue Gefühl in meinem Magen zum Glück wieder verzogen, und so laufen Wolf, Caroline und ich fröhlich über die Uferpromenade von Cairns und lassen uns mit dem, was wir in einem Supermarkt erworben haben, an einer der Grillstationen am Ufer nieder, die hier für jedermann zur freien Benutzung bereitstehen. Schon bald kommen wir ins Gespräch mit einem irren Typen: Ein Kerl wie aus dem Kinofilm »Crocodile Dundee« – mit sonnengegerbter Haut, einem schlabbrigen T-Shirt und einem breitkrempigen Lederhut. Und tatsächlich: Der Kerl ist ein Krokodiljäger. Gemeinsam grillen wir unser Fleisch.

Nach fünf Tagen verlassen wir schließlich Cairns – uns zieht es nach der langen Pause allmählich weiter. Wolf und ich haben die Route durch Australien vor dem Abflug aus Deutschland nur grob festgelegt, wollen uns treiben lassen. Und so steuern wir Airlie Beach an. Der Küstenort ist einer der wichtigsten Ausgangspunkte, um zu den Whitsunday Islands zu gelangen, zu den Pfingstsonntagsinseln, einer Gruppe von 74 Inseln vor der Küste, die über wunderschöne Buchten und Sandstrände verfügen. Auch sie haben ihren Namen von James Cook erhalten. Der Seefahrer passierte die Inseln am 4. Juni 1770, an einem Pfingstsonntag – so bekamen sie ihren Namen.

Airlie Beach ist ein überschaubares Städtchen mit knapp 3000 Einwohnern und ein beliebtes Ziel für Rucksacktouristen; sein tropisches Klima macht es sehr angenehm. Weniger angenehm ist, dass sich im Meer viele Würfelquallen tummeln. Eine Berührung mit ihnen ist lebensgefährlich – deshalb darf man in Airlie Beach nur mit einem Neoprenanzug ins Wasser gehen. Wir verzichten auf dieses Vergnügen und gönnen uns stattdessen erstmals in Australien ein richtiges Busch-Essen. Während Wolf und Caroline etwas Vegetarisches bestellen, esse ich einen Grill-Mix aus Känguru und Krokodilfleisch. Das Kängurufleisch ist dunkel und zart, es schmeckt wie Wild; das Krokodilfleisch wiederum ist sehr hell, eine Mischung aus Huhn und Fisch. Dazu trinke ich, na klar, wie überall auf unserer Reise wieder ein lokales Bier. Nach sieben Wochen unterwegs ist es das ungefähr 80. Bier in meiner Sammlung.

Und es ist zugleich ein Prosit auf James Cook!

Coole Bars, lässige Australier

Eigentlich haben Wolf, Caroline und ich uns auf einen beschaulichen Flug nach Sydney eingestellt. Eigentlich wollen wir, nachdem wir in den Tagen zuvor entlang der Küste unterwegs waren, in Ruhe das Landesinnere von Australien erkunden. Doch daraus wird nichts. Stattdessen zerlegt es beinahe unser Flugzeug.

Wir ahnen noch nichts davon, als wir am Morgen in Stanthorpe starten, einem Städtchen, das südwestlich von Brisbane liegt. Gut 5000 Menschen leben hier, und sie verdienen ihr Geld vor allem mit der Landwirtschaft, nicht zuletzt mit dem Weinbau. Rund 50 Weingüter gibt es im Granitgürtel, wie die Gegend um Stanthorpe heißt, und es sind auch ein paar gute darunter.

Rund um Stanthorpe ist, ich muss es so sagen, der Hund begraben. Und so werden wir, die beiden verrückten Deutschen, die einmal um die Welt fliegen und ausgerechnet hier landen, ein wenig herumgereicht. Eine Reporterin der örtlichen Zeitung, der »Border Post«, kommt im Hotel vorbei und führt ein Interview mit uns. Am nächsten Tag steht eine riesige Schlagzeile im Blatt: »Round the World Trip Reaches Stanthorpe«.

Als wir am Abend abheben und eine letzte Runde über die Weinberge drehen, scheint noch die Sonne. Doch bald verfinstert sich der Himmel, ein gewaltiges Unwetter baut sich vor uns auf. Und obwohl wir noch ein Stück von den dunklen Wolkentürmen entfernt sind und klare Sicht haben, geraten auch wir bereits in Turbulenzen.

Es gibt für uns kein Entrinnen vor dieser Front: Wir müssen da durch, wenn wir nach Sydney wollen. Also, hinein! Was wir dann erleben, ist heftig. Von den Seiten weht es mit 60 Knoten, von vorn mit 40 Knoten. »Strong headwinds«, heißt das im Englisch der Flieger. Oder auf Deutsch: starker Wind vor der Nase! Ich steuere die *Mooney*, und es bereitet mir alles andere als ein Vergnügen, durch diese dicke Suppe zu manövrieren. Ich umfliege ein Gewitter mit zuckenden Blitzen und grollendem Donner, mit starkem Regen und kräftigen, brutalen Winden. Ich kenne solche Situationen, Wolf natürlich auch. Aber was ist mit Caroline? Sie hat ein so schwieriges Wetter in einer Sportmaschine noch nicht erlebt. Ich blicke ein wenig besorgt nach hinten, aber sie bleibt extrem cool. Wenn sie Angst haben sollte, lässt sie sich das jedenfalls nicht anmerken.

Dann aber passiert es: Inmitten der Turbulenzen bekommen wir einen sehr heftigen Schlag von unten, »Maggie« springt einige Meter nach oben. Ich kann sie kaum halten. Uns wirft es, obwohl wir angeschnallt sind, aus den Sitzen, Wolf, Caroline und ich schlagen mit den Köpfen unter die Kabinendecke, eines unserer iPhones fliegt aus der Halterung und rutscht durch die Kabine. Wir alle bekommen einen Riesenschreck. Wolf dreht sich gleich zu seiner Freundin um und fragt: »Everything okay?« Ja, alles okay. Caroline wurde durchgeschüttelt, so wie wir. Aber sie lacht.

Als wir uns wieder sortiert haben und ich auf unser Cockpit schaue, sehe ich das Malheur. Der heftige Schlag, ausgelöst durch die enormen Turbulenzen, hatte Folgen: Einer der beiden Bildschirme funktioniert nicht mehr richtig – und zwar ausgerechnet jener Bildschirm, über den wir unsere Flugroute und die Funkfrequenzen eingeben.

»Shit, was ist mit dem GPS los?«, rufe ich.

Aber auch Wolf kann auf dem Bildschirm nur noch schemenhaft etwas erkennen. So ein Mist!

Unserer guten Laune kann die Situation allerdings nichts anhaben. »Sind denn die Flügel noch dran?«, frage ich im Scherz.

»Ja, alles dran«, antwortet Wolf lachend. Und dann, nach einer kurzen Pause, fügt er, ganz der Pragmatiker, hinzu: »Gut, dass uns das hier in Australien passiert – und nicht in Papua-Neuguinea. Vielleicht können wir die *Mooney* ja irgendwo reparieren lassen.«

Zum Glück funktioniert auch noch der zweite GPS-Bildschirm, außerdem haben wir ein weiteres, tragbares GPS-Gerät und zwei iPads an Bord, die uns bei der Navigation helfen – moderne Technik, die es vor ein paar Jahren noch nicht gegeben hat, die jetzt aber das Fliegen deutlich erleichtert.

Nach dem anstrengenden Flug landen wir in Bankstown, einer Stadt 20 Kilometer südwestlich von Sydney. Die Ursprünge des dortigen Airports gehen, wie bei so vielen Flughäfen im Pazifischen Raum, auf das Militär zurück: Im Zweiten Weltkrieg war Bankstown ein wichtiger Stützpunkt für die US-Air-Force unter Führung von General Douglas McArthur, später auch für die Briten. Doch nach der Landung interessiert uns vor allem eines: Was machen wir mit dem kaputten GPS-Bildschirm? Können wir damit weiterfliegen? Oder droht uns nach dem Malheur mit der Batterie, das wir ja zum Glück lösen konnten, nun doch eine längere Zwangspause?

Wir hocken uns in ein Café in der Nähe des Flughafens und überlegen hin und her. Am liebsten würden die australischen Flugzeugmechaniker, mit denen wir gesprochen haben, gleich das komplette Gerät austauschen. Aber das würde schon daheim etliche Tausend Dollar kosten – und im teuren Australien gleich noch ein paar Tausend Dollar mehr. Zudem müssten wir den neuen Bildschirm erst einmal beschaffen. Das wird einige Tage dauern, möglicherweise auch länger, da wir das Teil direkt beim Hersteller in den USA bestellen müssten.

Was also tun? Wir denken noch einmal in Ruhe nach, diskutieren hin und her und kommen allmählich zu der Erkenntnis, dass bei dem heftigen Schlag vermutlich nicht der Bildschirm selbst Schaden genommen hat, sondern es sich eher um ein mechanisches Problem handelt, vielleicht bloß um einen Wackelkontakt. Also kehren wir zum Flugzeug zurück, drehen an den Knöpfen, mit denen man den Bildschirm einstellt: Helligkeit,

Farben, Kontrast. Und siehe da: Als wir den Kontrastregler voll aufdrehen, können wir wieder etwas erkennen. Das Bild ist immer noch nicht perfekt, aber damit können wir weiterfliegen, ohne dass es gleich ein Blindflug wird. »Mensch, ist ja doch gar nicht so schlimm«, sage ich. Und Wolf meint lachend: »Ja, vielleicht waren wir etwas zu panisch.«

Erleichtert setzen wir uns in den Nahverkehrszug, der uns von Bankstown ins Zentrum von Sydney bringt. Sydney – das spüre ich sehr schnell – ist eine außergewöhnliche, weltoffene Stadt, in der sich vieles mischt: eine Architektur, wie ich sie zum Teil in amerikanischen Großstädten und zum Teil in Großbritannien gesehen habe, glitzernde, atemberaubende Hochhäuser und direkt daneben verschnörkelte Backsteinbauten aus der Kolonialzeit; dazwischen hübsche Cafés und ausgefallene Restaurants, wie ich sie aus den Szenevierteln in Berlin kenne. Über all dem liegt eine unglaubliche Leichtigkeit, eine große Beschwingtheit, die mich an unseren Besuch in San Francisco erinnert. Die Sonne scheint, das Wasser in der Bucht glitzert, Hektik ist hier ein Fremdwort.

Deshalb entschließen wir uns spontan, mehrere Tage zu bleiben. Wir steigen in einem der schönsten Hotels der Stadt ab, dem »The Grace«, einem mächtigen Art-déco-Gebäude aus den späten 1920er-Jahren, dessen Architekten sich von den eleganten Hochhäusern in Chicago inspirieren ließen. Ein Haus mit Geschichte: Errichtet wurde es von zwei australischen Kaufhaus-Magnaten, den Grace-Brüdern. Die unteren Etagen dienten zunächst als Kaufhaus, die Etagen darüber als Zentrale der Kaufhauskette. Während des Zweiten Weltkriegs nutzte General McArthur das Gebäude als Hauptquartier der US-Armee. Nach dem Krieg erwarb das Commonwealth das Haus, in den 1990er-Jahren wurde es aufwendig restauriert und zum Hotel umgebaut. Die ursprüngliche Inneneinrichtung mit Marmorfußböden, weiten Gängen und ausgefallenen Lampen wurde sorgfältig rekonstruiert.

Und weil Sydney eine so entspannte Stadt ist, in der die Menschen sich Zeit lassen, schauen wir sie uns auch entspannt an: Wolf, Caroline und ich steigen am nächsten Tag aufs Rad. Ein Freund von Wolf, der einst für ihn in Berlin als Fahrrad-Guide gearbeitet hat, ist vor Jahren nach Sydney gezogen und hat hier sein eigenes Fahrradtour-Unternehmen gegründet. Wir leihen uns drei Räder aus und radeln stundenlang durch die Stadt: vorbei an der weltberühmten Oper mit ihren spitzen, geschwungenen Giebeln, über die gewaltige Harbour Bridge, durch einen Tunnel, in dem eine entscheidende Szene aus dem Film »Matrix« spielt, und vorbei an einem luxuriösen Apartmentgebäude, dessen Penthouse-Wohnung einst Tom Cruise und Nicole Kidman gehörte, als die beiden noch verheiratet waren.

Natürlich sind wir pflichtgemäß mit Fahrradhelm unterwegs. Wer den Helm nicht trägt, dem droht eine üppige Strafe von 200 australischen Dollar. Auch sonst sind die Australier schnell mit Verboten und Strafen zur Hand, wie ich unterwegs mit Blick auf die vielen Warnschilder feststelle: Wer im Hafen badet, muss mit einer Geldbuße von bis zu 35 000 Dollar rechnen. Ganz schön happig! Wer auf der Fähre ohne Ticket erwischt wird, muss 550 australische Dollar zahlen, das Rauchen im Lift kostet 100 Dollar. Wir finden sogar Schilder, die das Rauchen auf dem Bürgersteig verbieten.

Am Tag drauf fahren Wolf, Caroline und ich mit einer Fähre nach Manly Beach raus, dem vielleicht schönsten Strand von Sydney, einem Paradies für Wellenreiter. Der Ort wirbt damit, dass er nur fünf Meilen von Sydney entfernt liege – gefühlt aber 1000 Meilen. Am Manly Beach ist das Leben noch eine Spur entspannter als in der Stadt, wir liegen mit vielen lässigen Australiern gemütlich am Strand, gönnen uns ein paar Drinks und lauschen der Livemusik, die von einigen Jazzbands dargeboten wird. Abends geht es mit der Fähre zurück, vorbei an den weißen Giebeln der Oper und unter der Harbour Bridge hindurch.

Sydneys Charme ist auch deshalb so groß, weil die Stadt am Wasser liegt. Und in den Tagen, in denen wir in der Stadt sind, ist hier besonders viel los. Der Zufall will es, dass just während unseres Besuchs in der Stadt eine Flottenparade abgehalten wird, mit der Australien den 100. Geburtstag seiner Royal Australian Navy feiert. 40 Kriegsschiffe aus 18 Nationen füllen den Hafen, die meisten von ihnen sind mit einer Vielzahl von Signalflaggen geschmückt, auf einem japanischen Schiff stehen die Soldaten entlang der Deckkante in Reih und Glied, einer neben dem anderen. Dazu gesellen sich 16 alte Segelkreuzer, majestätische Zwei- und Dreimaster. Immer wieder donnern auch Kampfjets und Hubschrauber im Formationsflug über uns hinweg.

Auf einem der Kriegsschiffe ist Prinz Harry unterwegs. Ich kann ihn aus der Ferne nicht sehen, aber irgendwo da auf dem Deck muss er sein. Er nimmt die Parade ab, denn Australien zählt, ebenso wie Kanada, Neuseeland oder Jamaika, zu jenen 16 Ländern des ehemaligen Britischen Empires, in denen die Queen immer noch offizielles Staatsoberhaupt ist. Zudem stammten die ersten Kriegsschiffe, die von der noch jungen, wenige Jahre zuvor gegründeten Nation 1913 in Dienst genommen wurden, aus Großbritannien.

Allerdings haben die Australier ein durchaus gespaltenes Verhältnis zum Vereinigten Königreich. Nachdem James Cook den Osten des Kontinents im Jahr 1770 für die britische Krone in Besitz genommen hatte, diente Australien erst einmal als Sträflingskolonie. Mehr als 130 000 Strafgefangene verschifften die Briten bis 1858 dorthin, die ersten kamen im Januar 1788 an, nach einer mehrmonatigen Fahrt auf elf Schiffen. Die Soldaten, die die Gefangenen begleiteten, sollten die erste Strafkolonie eigentlich in der Botany Bay errichten, genau dort, wo Cook einst an Land gegangen war. Doch sie entschieden sich für eine andere Bucht, für jene Bucht, an der heute Sydney liegt und die sie nach dem damaligen britischen Innenminister Lord Sydney benannten – die Sydney Cove.

Am nächsten Tag, zum Höhepunkt der Flottenparade, versammeln sich Hunderttausende von Menschen am Hafen und der Bucht. Auch wir lassen uns zum Picknick in der Nähe der Harbour Bridge nieder und verfolgen das abendliche Spektakel: die beleuchteten Schiffe, das gewaltige Feuerwerk und die beeindruckende Multi-Media-Show, die auf das Dach der Oper projiziert wird und die Geschichte der australischen Navy erzählt. Danach drängen die Besucher in die Stadt hinein, doch obwohl es eng ist in den Straßen und sich um uns herum die Menschenmassen ballen, bleiben alle gelassen. Ich empfinde die Stimmung als überaus lässig, vor den vielen Bars bilden sich riesige Trauben von Gästen. Es wird zusammen gelacht, getrunken, gefeiert. Und wir feiern mit.

Am liebsten wäre ich noch länger in Sydney geblieben, die Stadt ist definitiv einer jener Orte auf unserer Reise, an die ich später noch einmal zurückkehren will, am liebsten natürlich mit Heike und Marie. Doch wir wollen weiter nach Melbourne. Die nächste Stadt im australischen Südosten, die nächste entspannte Metropole. Wieder sitze ich am Steuer von »Maggie«, damit Wolf sich besser um Caroline kümmern kann, die hinter ihm sitzt, und wieder kämpfen wir mit starken »headwinds«, mit viel Wind vor der Nase! Die Spritanzeige signalisiert mir, dass das Flugbenzin nur so durchrauscht, weil »Maggie« alles geben muss. Es weht so stark, dass wir zum Teil nur noch mit einer Geschwindigkeit von 100 oder 110 Knoten unterwegs sind statt der üblichen 150 Knoten. Am Ende brauchen wir nicht bloß zweieinhalb Stunden bis nach Melbourne, sondern dreieinhalb. Einen derart heftigen Gegenwind habe ich als Pilot zuvor noch nie erlebt.

Am Abend geht's in Melbourne in eine Kneipe in der Nähe der Wohnung von Wolfs Freundin Susan, die wir gleich nach unserer Ankunft getroffen haben. Und was erwartet mich da? Ein großes Plakat, das auf ein lokales »Beerfest« mit Spaten und Hofbräu hinweist. Ja, auch hier unten, am anderen Ende der

Welt, wird das Oktoberfest gefeiert – wenn auch ein wenig anders als in München. Als typisch bayerische Spezialität wird zum Beispiel ein Wiener Schnitzel mit Käsescheibe in der Semmel serviert. Nun ja. Ich verzichte auf diese Form des bayerisch-australischen Brauchtums und gönne mir stattdessen wie schon auf den anderen Stationen ein lokales Bier. Genauer gesagt: drei verschiedene Sorten. Denn auch in Melbourne gibt es einige sehr gute Mini-Brauereien.

Noch weitaus besser gefällt mir der Kneipenausflug am nächsten Abend. Wir sind zu fünft unterwegs: Wolf, Caroline und ich, dazu zwei Freunde von Wolf, die in Melbourne leben. Zum einen Susan, die für Wolf einst das Büro von »Fat Tire Bike-Tours« in Berlin geschmissen hat und deren Eltern aus Deutschland stammen und in Perth an der Westküste dieses riesigen Landes leben. Und zum anderen Freddy, ein Lebenskünstler mit rotem Haarschopf und rotem Bart, der ebenfalls als Fahrrad-Guide für Wolf gearbeitet hat und den es wie Susan irgendwann zurück in seine Heimat zog. Ich kann Freddy gut verstehen, denn Melbourne ist ähnlich wie Sydney eine lässige, entspannte Stadt: eine Metropole zwischen schön und wild, zwischen hübsch und aufregend, mit einem altertümlichen Bahnhof, hochmodernen Hochhäusern, einem eindrucksvollen Kunstmuseum und einem wirklich ausgeprägten Nachtleben.

Mit Susan und Freddy ziehen wir nach Einbruch der Dunkelheit durch die Stadt, lassen uns treiben durch die Cafés, Kneipen, Restaurants und Bars. Wir essen erst bei einem sehr guten Inder, dann besuchen wir eine Non-Profit-Kneipe, deren Erlös in die Entwicklungshilfe fließt: Wer ein Bier aus Äthiopien trinkt, der fördert damit zum Beispiel ein Schulprojekt in dem Land. Zum Schluss landen wir in einer Gasse, in die wir ohne Susan und Freddy bestimmt nicht gegangen wären. So schmal, so unscheinbar ist die Tattersalls Lane. Auf ein paar Dutzenden Metern klemmt sie sich zwischen zwei Häuserblocks im Stadtzentrum, direkt am Rand von Chinatown.

Auf eines der Grundstücke, in eine Baulücke hinein, haben ein paar verrückte Jungs eine ausgefallene Bar gesetzt, die »Section 8 Container Bar«. Der Name sagt fast alles. Section 8 – so heißt die Baulücke, und ein aufgeschnittener Container – das ist die Bar. Davor haben die Jungs ein einfaches Dach gespannt. Wände gibt es keine. Wir hocken halb im Freien, nicht auf Stühlen, nicht an Tischen, sondern auf Holzpaletten, die zu Bänken und Tischen aufgestapelt wurden. Heizstrahler sorgen dafür, dass es uns am Ende des australischen Winters in der Nacht nicht allzu kalt wird.

In der Open-Air-Bar herrscht eine coole Atmosphäre, die Gäste sind, wie auch anderswo in Melbourne, total relaxed. Ein junges Publikum, das feiern will; auch die Discjockeys aus den Clubs der Stadt kommen gern her. Man fühle sich in der »Section 8 Container Bar«, »als ob man irgendwo in Südostasien ist – oder zumindest auf einer spontanen Schrottplatzparty«, so heißt es in einem der Melbourner Kneipenführer im Internet. Auf einer anderen Ausgeh-Seite lese ich: »This is really hipster heaven«. Und genauso fühle ich mich: im Himmel der Hipster.

Nach ein paar Drinks auf den Holzpaletten ziehen wir mit Susan und Freddy ein Haus weiter und steigen eine schmale Stiege hinauf zu einer anderen, flippigen Bar namens »Ferdydurke«. Auf dem Weg nach oben starren mich allerlei Gesichter an, die ein Künstler auf den Putz gemalt hat. Wir landen in einer Bar, die mich ein wenig an ein Loft in New York erinnert. Auf der Getränkekarte gleitet mein Blick über eine elend lange Liste von Drinks. Wir sitzen draußen auf einer Art Dachterrasse. Ein wirklich abgefahrener Laden, und wir bleiben bis in die frühen Morgenstunden…

Zwei Nächte im Erdloch

Wahnsinn, denke ich, als ich aus dem Seitenfenster von »Maggie« blicke, wie riesig Australien ist. Ein Land der unendlichen Weite, voll unberührter Gegenden, in denen, fernab der Städte entlang der Küste, kein Mensch wohnt. Nur Sand. Roter Sand. So weit mein Auge reicht.

Auf der Weltkarte in meinem Diercke-Weltatlas, den ich in der Schule hatte, befand sich diese riesige Landmasse immer unten rechts: weit weg von München, aber verlockend. Später, als ich den Führerschein hatte, war es mein Lebenstraum, Australien mit dem Motorrad zu durchqueren. Ich wollte auf einer röhrenden Maschine über die Highways rollen. Wollte auf glühendem Asphalt das Outback durchqueren. Ich wollte dieses Gefühl der Freiheit genießen, von dem jeder berichtet, der mit einer schweren Maschine durch Australien getourt ist. Ein Teenager-Traum, der bei mir auch mit meinen fast 50 Jahren immer noch sehr frisch ist.

Stattdessen überfliege ich Australien nun mit dem Flugzeug, was auch ein ziemlich guter Weg ist, um die Größe dieses Kontinents zu erfassen. Nach eineinhalb Wochen, die uns durch Cairns, Sydney und Melbourne geführt haben, führt unsere Route nun in drei Etappen auf geradem Weg gen Norden, einmal über das Outback hinweg. Ich sitze die ganze Zeit am Steuer von »Maggie«, und das vermittelt mir, wenn auch nicht auf einem Motorrad, jenes Gefühl der Freiheit, von dem ich immer geträumt habe.

Auf unserer ersten Etappe fliegen wir aus dem grünen Küstengürtel rund um Melbourne ins staubtrockene, sandige Landesinnere; der siebenstündige Flug führt aus dem kühlen Süden mitten hinein in die flimmernde Hitze. Anfangs erblicke ich unter uns noch saftige Wiesen und Felder, aus denen immer wieder das Gelb des Rapses hervorleuchtet. Nach ein, zwei Stunden wird die Landschaft trockener, karger. Die Farben wechseln, vom dunklen Braun hin zum Rotbraun. Inmitten dieser Ödnis taucht hinter einer Bergkette plötzlich ein gewaltiger, silbrig schimmernder See auf: der Lake Torrens, der zweitgrößte Salzsee Australiens. Wir haben ihn vorher auf einer Karte auf unserem GPS-Bildschirm gesehen, seine Umrisse, seinen Namen. Wir hatten erwartet, auf einen richtigen See zu treffen. Und dann: nichts als Salz, eine rund 200 Kilometer lange, im Durchschnitt 30 Kilometer breite, weiße Kruste. Nur ein einziges Mal in den letzten 100 Jahren war der Lake Torrens für kurze Zeit mit Wasser gefüllt.

Als wir mit »Maggie« über den Salzsee hinwegfliegen, werden mir die Dimensionen des Landes so richtig bewusst: Auf der Karte macht der Lake Torrens nur einen winzigen Punkt aus. Fast vernachlässigbar. Dabei ist er dreimal so lang wie der Bodensee!

Noch seltsamer als der See mutet Coober Pedy an, dieses Nest im Nirgendwo, ein gottverlassenes Kaff, in dem Wolf, Caroline und ich die nächsten zwei Tage verbringen. Die Luft flirrt, die Sonne brennt, und der Flugplatz ist menschenleer. Niemand empfängt uns per Funk, kein anderes Flugzeug steht dort. Deshalb fliege ich zur Sicherheit eine Runde über die Landebahn hinweg. Alles in Ordnung da unten? Der Runway, so stellen Wolf und ich erleichtert fest, besteht nicht bloß aus Schotter, wie wir es in unseren Unterlagen gelesen haben, sondern aus Asphalt. Auf dem Chip, den wir auf unser GPS-Gerät geladen haben, ist die gesamte Welt gespeichert: jeder Winkel der Erde, jeder Flughafen. Aber wie sich hier zeigt, stimmt eben nicht jede Angabe.

Auch nach der Landung auf der Piste von Coober Pedy bleiben wir allein. Die Sonne steht schon tief am Horizont. Ich schwitze, kaum dass wir die Tür von »Maggie« öffnen und die knapp

30 Grad warme Luft in die enge Kabine strömt. Man merkt: Wir sind nun mitten in der Wüste.

Auch der kräftige Wind sorgt kaum für Erfrischung, ihm gelingt es nicht einmal, die lästigen Schmeißfliegen zu vertreiben, die uns überall umschwirren. Sie surren um meinen Kopf, lassen sich auf meinen Armen, meinen Haaren, meinen Ohren, meiner Kleidung nieder.

»Die nerven unglaublich«, schimpfe ich.

»Absolut«, antwortet Wolf, »einfach grauenhaft.«

Ich schlage immer wieder um mich, genauso wie Wolf und Caroline, doch die kleinen Fliegen lassen sich nicht vertreiben. Ich komme mir vor wie eine Kuh im Stall.

Weil es so heftig weht, binden Wolf und ich »Maggie« besonders gut fest. Dazu ziehen wir erst Gurte durch die Ösen in den Tragflächen und auf dem Rollfeld und spannen sie dann, so gut es geht. Danach schieben wir Gummikeile unter die drei Reifen, damit die *Mooney* sicher stehen bleibt, falls der Wind in den nächsten Tagen noch kräftiger werden sollte. Denn ein richtiger Sturm würde unser kleines Flugzeug problemlos durch die Luft wirbeln. »Maggie« wäre, wenn wir sie nicht sichern würden, im schlimmsten Fall nur noch ein Haufen Schrott.

Anschließend fahren wir zu unserer Unterkunft, dem »Desert Cave Hotel«, einem Gebäude, wie ich es noch nie gesehen habe. Wobei der Begriff »Gebäude« die Sache nicht richtig trifft. Denn tatsächlich befindet sich das »Desert Cave Hotel« größtenteils unter der Erde: Es besteht aus verwinkelten Stollen und schmalen Tunnels, durch die wir von einem Gewölbe zum nächsten kommen, von einem Hotelzimmer zum anderen. Die Wände sind aus grauem, unbehandeltem Stein. Auf seiner Website wirbt das Hotel damit, dass die meisten Gäste sagen, sie hätten noch niemals in ihrem Leben so gut geschlafen wie hier unter der Erde. Und, ja: Es stimmt – ich schlafe in diesem Loch wie ein Bär. Kein Traum stört meinen Schlaf, kein Geräusch. Stattdessen umgeben mich eine angenehme Kühle und eine tiefe Stille.

Auch viele Häuser und die Kirche in Coober Pedy befinden sich unter der Erde. Denn das Thermometer steigt hier im Sommer auf weit über 40 Grad, manchmal sogar auf über 50 Grad. Zugleich fehlt es in dieser unwirtlichen Gegend an Bäumen, die Schatten spenden könnten. Und deshalb graben die Menschen in Coober Pedy eben seit Jahrzehnten Stollen in den kühlen Untergrund, schaffen sich dort Wohn- und Schlafzimmer, Küchen und alles, was man sonst in einer Wohnung braucht. So entkommen sie der Hitze.

»Dugouts« heißen diese bewohnten Erdlöcher. Im örtlichen Supermarkt sehen wir an der Pinnwand ein paar Anzeigen, auf denen unterirdische Häuser zum Verkauf angeboten werden – ein paar Hunderttausend Dollar muss man hinlegen. Natürlich sehen wir in Coober Pedy auch normale Häuser, aber die »dugouts« sind, wie wir lernen, besonders beliebt.

Nach der ersten Nacht im Erdloch begeben Wolf, Caroline und ich uns am nächsten Tag auf eine Entdeckungstour durch diesen seltsamen Ort und seine eigenwillige Umgebung. Es ist brüllend heiß, über 40 Grad, nahezu unerträglich, und es fällt uns schwer, uns in der gleißenden Sonne zu bewegen. Die Landschaft, die wir zu sehen bekommen, ist allerdings grandios: aberwitzige Felsformationen aus braunem, rotem und orangem Gestein; dazwischen unwirtliches Wüstengebiet, über dem die Hitze flimmert.

Der braune Wüstenboden ist übersät mit Hunderttausenden von kleinen und großen Löchern, und neben diesen Löchern erheben sich kleine und manchmal auch größere Hügel aus hellem Sand und Gestein. Nicht die Natur, sondern der Mensch ist dafür verantwortlich. Die Glücksritter aus der ganzen Welt kommen seit Jahrzehnten her, um im australischen Outback, 700 Meilen nordwestlich von Melbourne, die Erde aufzugraben und nach Opalen zu suchen. Dreiviertel der blauen Edelsteine, die Jahr für Jahr auf der Welt abgebaut werden, stammen aus Coober Pedy, das sich deshalb stolz »Welthauptstadt der Opale« nennt.

Graben darf jeder, der Lust dazu hat – und deshalb sieht es hier so aus. Für gerade mal 66 Dollar könnte auch ich mir bei den örtlichen Behörden eine Lizenz zum Buddeln besorgen und mir einen Claim abstecken. Auf dass ich reich werde! Ich bezweifele nur, dass mir das gelingen würde. Denn die Minen, die wir in Coober Pedy sehen, sind meist sehr klein. Sie bestehen oft nur aus einem Loch auf einem 50 Quadratmeter großen Claim, in dem jemand buddelt und sich in den Untergrund vorarbeitet: manchmal nur mit einer Schaufel, einem Bohrer und einer Spitzhacke ausgerüstet; manchmal auch mit etwas größerem Gerät. Auf der Pinwand im Supermarkt sehe ich eine Kleinanzeige, in der »Opal Mining Equipment« zum Verkauf angeboten wird: eine Bohrmaschine, eine Tunnelmaschine, ein Förderband.

Während die Opaljäger sich also immer weiter in die Erde hineingraben, wächst neben ihnen ein Haufen mit Abraum an, mit Sand und Steinen. Und weil der Abraum nicht mehr in die Löcher zurückgeschüttet werden darf, ist rund um Coober Pedy diese bizarre Landschaft entstanden. Insofern verwundert es wenig, dass die Aborigines dem Ort einen treffenden Namen gaben: Coober Pedy leitet sich ab von »kupa pili«, und das bedeutet in der Sprache der Aborigines »weißer Mann im Loch«.

Doch das schnelle Geld macht längst nicht jeder. Tatsächlich ist das Geschäft der Minenarbeiter ziemlich hart. Echte Knochenarbeit. Manche graben, wie der Eigentümer des Restaurants, in dem Wolf, Caroline und ich am Abend speisen, jahrelang vergeblich vor sich hin. Der Mann, ein Grieche, hat sich inzwischen aufs Backen von Pizza verlegt. Seiner Schwägerin, eine Argentinierin, ist es besser ergangen. Sie arbeitet in einer der größten Minen von Coober Pedy, aber nicht als Minenarbeiterin: Sie leitet den kleinen Shop, in dem alle jene, die nicht selbst buddeln wollen, einen Opal erstehen können. Ich komme gleich mehrmals her, in die Verkaufsräume, die sich in einem Stollen der Mine befinden, weil ich für Heike und Marie ein Mitbringsel von unserer Reise suche. Ich kann mich nicht entscheiden zwischen all den glänzenden Steinen. Manche sind eingefasst in Silber, verarbeitet zu einer Kette oder zu Ohrringen. Ich kaufe schließlich zwei ganz schlichte Opale, durch die ein Lederband gezogen ist: einen kleinen für Marie, einen großen für Heike.

Ich fühle mich in Coober Pedy, diesem Kaff inmitten eines Meeres aus Felsen und Abertausenden von Erdhügelchen, fast wie auf dem Mond, fast wie auf einem anderen Stern, und mich wundert es daher auch nicht, dass hier zahlreiche Science-Fiction-Spielfilme gedreht worden sind, darunter berühmte Streifen wie »Mad Max«. Wir stoßen auch auf ein ausgedientes Raumschiff, das im Jahr 2000 als Kulisse für den Spielfilm »Planet der Finsternis« gedient hat.

Beinahe ebenso futuristisch muten die Solarautos an, die uns auf der Hauptstraße von Coober Pedy entgegenkommen: Die Wagen sind flach wie eine Flunder und von vorn bis hinten mit Solarzellen bedeckt. In der Mitte erhebt sich eine kleine Kanzel, durch die der Fahrer nach draußen blicken kann. Die Solarautos nehmen an der »World Solar Challenge« teil, einem Rennen, das auf 3000 Kilometern quer durch Australien führt. Die rund drei Dutzend Wagen kommen aus aller Welt, aus den Niederlanden, Japan, Südkorea oder den USA, und ein ganzes Team von Technikern kümmert sich bei dem Zwischenstopp um jeden der Wagen – ganz ähnlich wie bei einem Formel-1-Rennen.

Danach besuchen wir den eigentümlichsten Golfplatz, den ich jemals gesehen habe: Auf der 9-Loch-Anlage existiert kein einziger Flecken Rasen, sondern bloß Sand, Steine und Geröll. Gleichwohl warnen Schilder: »Keep off grass«. Um einen ordentlichen Abschlag hinzubekommen, schleppen die Spieler ein Stückchen Grün für ihre Schläge mit, das sie auf dem steinigen Untergrund platzieren. Neun Mitglieder hat der Golfclub von Coober Pedy. Aber auch wenn ich sehr gern Golf spiele – hier in dieser unglaublichen Hitze reizt es mich nun wirklich nicht, einen Schläger in die Hand zu nehmen.

Zum Abschluss unserer Erkundungstour fahren Wolf, Caroline und ich noch hinaus zum »Dingo Fence«, einem 5600 Kilometer langen Weidezaun, der quer durch Australien verläuft. Der fast zwei Meter hohe Zaun besteht aus dichtem Maschendraht und ist der längste Zaun der Erde: Er soll die Dingos, eine vor Jahrtausenden verwilderte Haushunde-Rasse, davon abhalten, sich auf den fruchtbaren Weideflächen im Südosten Australiens auszubreiten und dort Schafe zu reißen. Die Gemeinden entlang des Zauns halten ihn in Schuss, flicken Löcher und spannen neuen Maschendraht, wenn der alte kaputt ist. Ein irres Bauwerk, wie ich es noch nie gesehen habe. Man kann es sich kaum vorstellen: Gäbe es diesen Zaun in Europa, würde er von Spitzbergen bis nach Gibraltar reichen – und noch 800 Kilometer darüber hinaus. Wir stehen davor und staunen, machen ein paar Fotos, aber sie vermögen nicht die unglaubliche Dimension dieses Zauns einzufangen.

Nach der Besichtigung fahren wir zurück nach Coober Pedy, diesem Nest, das mal 4500 Einwohner hatte, jetzt aber nur noch 1700. Aber wer weiß? Vielleicht erlebt der Ort ja demnächst seinen nächsten Boom, und nach den Minenarbeitern, die Opal schürfen, rücken dann womöglich die Ölarbeiter an. Denn rund um Coober Pedy wurde ein gewaltiges Ölfeld entdeckt, gefüllt mit einer gigantischen Menge an Schieferöl. Noch schwanken die Angaben über die Größe des Funds, sie liegen zwischen 3,5 Milliarden und 233 Milliarden Barrels. Noch ist auch unklar, ob sich das Fracking, also das Herauspressen der Reserven aus den Gesteins- und Schieferschichten, wirklich überall lohnt. Aber sollten die Zahlen tatsächlich stimmen, wäre Australien plötzlich einer der bedeutendsten Ölproduzenten der Welt. Denn 233 Milliarden Barrels – das entspräche beinahe den gesamten Ölreserven von Saudi-Arabien.

Auch in der zweiten Nacht im Erdloch komme ich bestens zur Ruhe. Welch ein wohliges Gefühl! Wenn es danach ginge, wo ich am besten schlafe auf der Welt – ich müsste hierherziehen.

Gerade nach den aufregenden Wochen zuvor tut mir diese Entspannung unglaublich gut. Doch am nächsten Morgen geht es früh weiter, um 6 Uhr klingelt mein Wecker, es folgt die zweite Etappe auf unserer Tour quer durch Australien. Die Etappe nach Ayers Rock.

Vor uns liegt ein langer Flug, denn Coober Pedy befindet sich gerade einmal auf halbem Wege von der australischen Südküste nach Ayers Rock, diesem mächtigen, roten Felsen im Zentrum von Australien. Ehe wir starten, werden wir wieder von den Fliegen heimgesucht. Nur wenige Minuten steht die Tür von »Maggie« offen, damit wir drei einsteigen können: erst Caroline, dann Wolf und ich. Doch in dieser kurzen Zeit gelingt es einer Horde von Schmeißfliegen, sich in die Maschine zu drängen. Wir versuchen sie zu vertreiben, doch nur mit mäßigem Erfolg.

Und kaum dass wir in der Luft sind, macht Caroline uns auf das nächste Ärgernis aufmerksam: »Look at all those critters«, sagt sie. Und in der Tat: In den zwei Tagen, in denen »Maggie« gut verzurrt und eigentlich fest verschlossen auf dem leeren Rollfeld von Coober Pedy gestanden hat, ist allerlei Wüstengetier in die Maschine gekrabbelt. Und begleitet uns nun auf unserem Flug.

Wieder sitze ich am Steuer, wie auf der gesamten Strecke durch Australien. Wie auf dem Weg von San Francisco nach Anchorage haben wir unser Gepäck für Caroline ein bisschen beiseitegeschoben, manches in den hinteren Teil des Rumpfs umgeladen, durch eine seitliche Ladeklappe am Heck.

Der Flug über das Outback ist traumhaft. Wir können uns nicht sattsehen an den schier endlosen Weiten. Und dann taucht er auf: der große Fels. »The Rock« – dieses Sinnbild für Australien. Schon aus einer Entfernung von 100 Kilometern können wir ihn ausmachen, können den rötlich braunen Fels leuchten sehen. Ich hatte erwartet, dass der Ayers Rock im gleißenden Mittagslicht seine Strahlkraft verlieren würde. Doch das tut er nicht. Majestätisch liegt er vor uns, inmitten der Ebene. Kommt näher. Wird größer. Und ist zum Greifen nahe, als wir zur Landung auf dem Flughafen von Yulara ansetzen, der sich nördlich von Ayers Rock befindet.

Wieder einmal können Wolf und ich unser Glück kaum fassen, dass wir mit dem Flugzeug – und nicht auf andere Weise – um die Welt reisen: Denn von oben zeigt sich, mehr noch als am Boden, die Besonderheit dieses Felsens, der von nichts als rotbraunem Sand und kargen Büschen umgeben ist. Und, hey: Vor vier Tagen haben wir noch in Melbourne in schrägen Clubs und Bars abgehangen, in einer pulsierenden Millionenmetropole. Und nun der Kontrast: ein Wunder der Natur, so unvergleichlich, so einzigartig.

In den nächsten zweieinhalb Tagen dreht sich bei uns alles um den Uluru, wie die Ureinwohner den Ayers Rock nennen. Nach der Landung ergattern wir den letzten Mietwagen, der noch am Airport zu haben ist, einen schwarzen Kia Cerato. Der Wagen ist nicht sehr groß, aber praktisch – und genau das Richtige, um immer wieder zum Felsen rauszufahren, denn jede Fahrt mit dem Bus würde 55 Dollar kosten.

Staunend verfolgen wir am Abend den Sonnenuntergang am Rock. Allmählich verfärbt sich diese Traumkulisse. Das Rot des Felsens wird immer satter, wandelt sich in ein Orange, das nach und nach intensiver wird und in ein feuerrotes Leuchten übergeht, während die Sonne hinter dem Horizont versinkt. Darüber spannt sich ein wolkenloser Himmel, dessen sattes Blau nach Sonnenuntergang zu einem satten Lila wird.

Am nächsten Morgen, noch in der Dunkelheit, setze ich mich allein in den Mietwagen, während Wolf und Caroline lieber ausschlafen wollen. Mein Ziel ist wieder der Ayers Rock – rechtzeitig vor dem Sonnenaufgang um 6.10 Uhr bin ich am Aussichtspunkt. Allerdings bin ich längst nicht der Einzige, der auf die Idee gekommen ist. Ein paar Dutzend andere Frühaufsteher drängen sich auf den Holzplattformen und wollen das Erwachen des Felsens verfolgen. Zu dieser frühen Stunde ist es zudem noch recht kalt. Vielleicht gefühlte zehn Grad. Mich stört das nicht, ich tauche ein in diese magische Atmosphäre. Sehe nur den Fels. Wenn »The Rock« in der Morgensonne leuchtet, ist das einfach unbeschreiblich, unvergesslich.

Zum Frühstück fahre ich zurück ins Hotel, ehe ich anschließend ein drittes Mal zum Felsen rausfahre, um ihn diesmal zu Fuß zu umrunden, auf einer Strecke von 10,6 Kilometern. Ich wandere über einen staubigen Sandpfad, vorbei an den eigenwilligen Gesteinsformationen des Ayers Rock, die den Ureinwohnern heilig sind und mit denen sie teils mystische Geschichten verbinden. Seit 10 000 Jahren wohnen die Anangu, ein Stamm der Aborigines, in der Nähe des Felsen.

Erst 1873 kam der erste Europäer hierher: William Goose entdeckte den Felsen und benannte ihn nach dem damaligen Premierminister von Südaustralien, nach Henry Ayers. Es dauerte von da an weitere sechs Jahrzehnte, ehe 1936 die ersten Touristen kamen. Heute wird der Ayers Rock auf allen Straßenschildern offiziell nach seinem ursprünglichen Namen als Uluru bezeichnet; der von Goose geschaffene Name steht dahinter nur noch in Klammern. Das haben Anfang der 1990er-Jahre die Anangu durchgesetzt, und sie achten auch sonst darauf, dass ihre Interessen gewahrt bleiben: Wenn sie eine Zeremonie am Uluru feiern wollen, ist der Rundweg gesperrt.

Nach zwei Tagen am Ayers Rock folgt die dritte Etappe auf unserem Weg durch Australien: Wir fliegen nach Broome, das ganz im Norden liegt, direkt am Indischen Ozean. Am Abend zuvor hat sich Caroline verabschiedet. Wir haben uns kräftig gedrückt, nach zwei sehr schönen Wochen zu dritt in Australien, ehe Wolf sie zum Flughafen in Ayers Rock gefahren hat. Von dort hat sie einen Linienflug nach Cairns genommen, und ist dann weiter nach San Francisco.

Am nächsten Morgen fahren Wolf und ich in der Frühe zum Airport, wieder haben wir traumhaftes Wetter, klaren Himmel, weite Sicht. Nur windig ist es, und so werden wir kräftig durchgeschüttelt. Es ruckelt und rüttelt, der Flug ist »bumpy«. Und auch mein Magen fühlt sich »bumpy« an: Zum ersten Mal ist mir schlecht an Bord der *Mooney*. Da hilft nur eines: ein Mittelchen gegen Übelkeit aus der Bordapotheke.

Nach fünf anstrengenden, aber auch abwechslungsreichen Stunden, die wieder hinwegführen über Wüsten, riesige Salzseen und Hügelketten, lande ich mit »Maggie« auf dem Flughafen von Broome, in einem wunderschönen Küstenstädtchen, das normalerweise 14 000 Einwohner zählt, im Sommer aber auf bis zu 30 000 anschwillt. Denn auf die Australier übt dieser Ort eine ähnliche Anziehungskraft aus wie Mallorca auf viele Deutsche.

Erst auf den allerletzten Kilometern, als wir Broome längst sehen können, verschwindet unter uns die Wüste. Plötzlich ist alles saftig grün. Wälder, Wiesen, Palmen. Der Landeanflug führt über eine weit gezogene Bucht mit türkisfarbenem Wasser hinweg, direkt vor uns breiten sich das tiefblaue Meer und ein strahlend heller Sandstrand aus. Ich steuere »Maggie« geradewegs darauf zu, die Landebahn endet erst kurz vor dem Meer. Ein Traum!

Einst war diese Bucht voll mit Perlentauchern. Mehr als 400 von ihnen sollen hier Anfang des vorigen Jahrhunderts mit ihren Booten gekreuzt haben. Broome war damals die Perlenhauptstadt der Südhalbkugel; vier Fünftel des Perlmutts, das weltweit verkauft wurde, stammten von hier.

Erst am nächsten Morgen wird uns klar, welches Meer wir eigentlich vor uns haben. Nicht mehr den Pazifik, sondern den Indischen Ozean. Und damit beginnt ein neuer, großer Abschnitt unserer Erdumrundung.

Verfolgt vom Jumbo-Jet

Wolf und ich sitzen auf einer hölzernen Terrasse etwas oberhalb des weißen Strandes von Broome, im »Cable Beach Club«, einer weitläufigen Hotelanlage, in der sich viele kleine Hütten in einen Wald aus Palmen schmiegen. Es ist nicht zu kalt und nicht zu warm. Die Fliegen, die uns auf den drei Etappen quer durch Australien verfolgt haben, sind verschwunden. Wir genießen das Frühstücks-Buffet – Obst, Müsli, Croissants, Muffins, Tomaten, Eier – und blicken hinaus auf das kristallklare Wasser. Ein Postkartenmoment.

Vor uns breitet sich der Indische Ozean aus. Ja, tatsächlich! Der Indische Ozean! Es ist der drittgrößte der Welt, fast 75 Millionen Quadratkilometer groß, samt seiner Neben- und Randmeere. Australien und Indonesien, Singapur und Myanmar, Bangladesch und Indien, der Oman und Kuwait – all diese Ziele unserer Reise liegen entlang der riesigen Wasserfläche.

Klar, das Wasser im Indischen Ozean sieht nicht anders aus als am Pazifik, die Wellen brechen nicht anders. Und doch ist es für mich ein besonderes Gefühl. Denn ich begreife in diesem Augenblick, was für einen weiten Weg wir zurückgelegt haben. Einmal um die Welt. Einmal über jeden Längengrad hinweg. 360 Grad westwärts – das haben wir uns vorgenommen, als wir vor zwei Monaten in Straubing gestartet sind. Und von diesen 360 Grad westwärts haben wir bereits 250 Grad geschafft.

Wolf und ich sind in dieser Zeit zu einem Team zusammengewachsen, das perfekt harmoniert. Manchmal denke ich, dass es auch ein Vorteil ist, dass wir uns vor unserer Reise nicht seit Jahrzehnten in- und auswendig gekannt haben: So können wir unbefangener miteinander umgehen – ohne eine lange, gemeinsame Vorgeschichte, durch die wir über den anderen Dinge

wüssten, die einen auf solch einer Reise vielleicht nerven würden, irgendwelche Marotten oder Eigenheiten.

Meine anfängliche Angst (und auch die von Wolf), ich könnte
mit »Maggie« nicht richtig umgehen, ist zudem längst verflogen – im wahrsten Sinne des Wortes. Ich fühle mich sicher nach
den über 120 Stunden, die wir seit dem Start in Straubing mittlerweile in der Luft waren. Über 120 Stunden – das ist eine ganze
Menge. Schließlich hatte ich vor dem Start unserer Weltreise
insgesamt gerade mal 250 Flugstunden absolviert. Auch Wolf
hat überhaupt kein Problem mehr damit, mir »Maggie« und
damit die Verantwortung für sein Flugzeug zu überlassen. Vertrauen ist zwischen uns gewachsen. Vertrauen durch die Erfahrungen, die wir miteinander gemacht haben. Vertrauen, das
gerade auch in den schwierigen Momenten unserer Reise entstanden ist.

Und nun also blicken wir hinaus auf den Indischen Ozean.
Reden darüber, was wir schon alles erlebt haben. Und was uns
noch bevorsteht. Der Flug um die Freiheitsstatue: Na klar, das
war ein Höhepunkt für uns beide. »Ausgerechnet an meinem
Geburtstag. Das war einfach perfekt«, sagt Wolf. Oder die Nacht
auf Attu: »Diesen Sternenhimmel werde ich nie vergessen«,
sage ich, »und dazu die Wildgänse, die mitten in der Nacht in
den Himmel geflogen sind. Das war ein Moment wie in einem
Hitchcock-Film.« Oder die Ankunft in Papua-Neuguinea, der
Nervenkrieg mit den Polizisten und Soldaten: »Da werde ich
ganz gewiss nicht noch einmal hinfliegen«, sage ich – und Wolf
nickt.

Nach dem Frühstück fahren wir raus zum Flughafen. Unsere
Ausreise aus Australien verläuft so unkompliziert wie die Ein-
reise. Einer der Zöllner, ein junger Kerl in einer dunkelblauen
Uniform, kommt zu Fuß übers Rollfeld, hockt sich auf eine
Holzbank und kontrolliert fröhlich unsere Unterlagen. Nur einen
Ausreisestempel mag er uns zunächst nicht geben. Aber der
muss sein! Wir wollen auch im Pass dokumentiert haben, dass

wir es einmal um die Welt geschafft haben. Also bekommen wir doch noch unseren Stempel.

Dann heißt es: Rein in die *Mooney* – und hinaus auf den Indischen Ozean. Vom Flughafen in Broome fliegt Wolf mit »Maggie« schnurstracks aufs Meer hinaus. Der Abflug ist – wie die Landung am Tag zuvor – ein Traum: Kaum dass wir in der Luft sind, haben wir schon den Strand und das türkisfarbene Wasser des Indischen Ozeans unter uns!

Und der Ozean begleitet uns den ganzen Tag: von Broome bis Bali. Fünfeinhalb Stunden lang nichts als Wasser. Ansonsten ist der Flug unspektakulär, mal abgesehen von den Wolken, die sich umso mehr vor uns auftürmen, je mehr wir uns der tropischen Konvergenzzone nähern. So richtig spannend wird es zum Schluss, als wir für den Landeanflug den Controller des Flughafens von Bali kontaktieren. Der schickt uns »on hold«, wie es im Flieger-Englisch heißt, in die Warteposition, weil sich vor uns die Maschinen drängeln, die landen wollen. Aber nicht nur wir müssen Warteschleifen ziehen: Keine 300 Meter unter uns kreist ein *Airbus* und 300 Meter über uns ein *Jumbo-Jet*. Die großen Maschinen werden nicht anders behandelt als wir. Jeder muss sich einreihen – egal ob *Jumbo* oder *Mooney*.

»Wow, hier ist echt was los«, rufe ich Wolf zu, als wir die anderen Maschinen entdecken.

Und auch Wolf, der »Maggie« steuert, kann es nicht fassen: »Das ist unglaublich. Wir als Mini-Flugzeug ›on hold‹ mit diesen Riesen-Airlinern.«

Sanft steuert er in die erste Warteschleife hinein, sein Blick wandert ständig zwischen dem GPS-Bildschirm in unserem Cockpit und dem Fenster hin und her.

»Die sind alle so groß. Das ist echt unangenehm«, rufe ich Wolf zu, während ich aus dem Fenster Ausschau halte nach den großen Jets. Wo sind sie? Wo kreisen sie? Wir wollen schließlich nicht in deren Wirbelschleppen geraten, in die Luftwirbel also, die sich hinter den großen Düsentriebwerken bilden.

Sosehr uns dieser Landeanflug fasziniert, so anstrengend ist er zugleich. Denn der Äther ist voll mit Piloten und Controllern, die nonstop funken und die Wolf und ich nur sehr schlecht verstehen können. Ständig gibt irgendein Flugzeug bekannt, dass es nun in die nächste Warteschleife geht. Ständig müssen wir den Tower nach einer vollendeten Schleife bitten, ein wenig sinken zu dürfen. So arbeiten wir uns nach und nach aus einer Höhe von 11 000 Fuß herunter, Ebene um Ebene, und zwar stets nach dem gleichen Schema: Wir fliegen zwei Minuten geradeaus, eine Minute linksherum einen Halbkreis – und dann geht es wieder zwei Minuten geradeaus, ehe wir erneut eine einminütige Linkskurve fliegen. Sechs Minuten für eine Warteschleife, für ein lang gezogenes Oval: So ist es üblich in der Luftfahrt, egal ob Passagierflugzeug oder Sportflieger.

Die großen Jets, der *Jumbo* und der *Airbus*, fliegen die Schleifen dabei mit deutlich reduzierter Geschwindigkeit, mit 200 oder 250 Knoten; sie haben viele Passagiere an Bord – und denen soll in den Kurven nicht übel werden. Wir sind mit »Maggie« etwa halb so schnell unterwegs, entsprechend kleiner sind die Schleifen, die wir ziehen. Während unter uns nach und nach die Flugzeuge die Wartepositionen verlassen und landen dürfen, reihen sich über uns neue Maschinen ein und gehen ebenfalls »on hold«.

Einen solchen Moment haben wir als Piloten noch nie erlebt, weder Wolf noch ich. Wir landen mit einer Propellermaschine normalerweise auf kleinen Flughäfen, nicht zwischen einem *Airbus* und einem *Jumbo-Jet*. Entsprechend nervös sind wir.

»Schau mal, wie nah der ist«, rufe ich, als ich den *Airbus* schräg vor uns entdecke. Aber wie hoch fliegt der eigentlich? »Der ist etwas tiefer als wir, oder?«, frage ich besorgt. »Ja, natürlich!«, beruhigt mich Wolf.

Kurz darauf die nächste Schrecksekunde. Während wir eine Linkskurve drehen, fliegt auch der *Jumbo* über uns eine große Kurve. Aber in welche Richtung? So genau kann ich das am

Himmel, wo – anders als im Straßenverkehr – die Bezugspunkte fehlen, nicht ausmachen. Kommt der *Jumbo* uns also plötzlich entgegen?

»Der dreht gerade rechtsrum«, rufe ich nervös.

Wieder beruhigt mich Wolf: »Nein, der dreht auch linksrum. Genau wie wir. Alles gut!«

»Oje«, antworte ich erleichtert, »das sah so komisch aus.«

Und dann, während der dritten Warteschleife, kommt mir der nächste ungute Gedanke. Besorgt frage ich: »Reicht der Sprit eigentlich aus?«

»Ja, passt«, antwortet Wolf.

Meine Frage ist durchaus berechtigt. Denn wenig später hören wir über Funk, dass eine der anderen Maschinen, die schon ein paar Schleifen gedreht hat, dringend um eine Landegenehmigung bittet. »Fuel emergency«, melden die Piloten über Funk; ihnen geht der Sprit aus.

Schließlich bekommen auch wir das Okay vom Controller. Wolf beginnt den Landeanflug und steuert »Maggie« von unserer Warteposition über dem Meer schnurgerade auf den Flughafen auf Bali zu. Vor uns landet der *Airbus*, der eine Etage tiefer gekreist war; dann setzt Wolf die *Mooney* butterweich auf der Landebahn auf; direkt hinter uns, in unserem Nacken, folgt der *Jumbo-Jet*.

Während die großen Passagiermaschinen direkt zum neuen Terminal rollen, der erst vor zwei Wochen eröffnet wurde, schickt man uns in die hinterste Ecke des Flughafens. Ehe wir aber loskommen, müssen wir auf unserer Außenposition noch ewig warten. Kein Handling-Agent ist in Sicht, kein Zöllner – und auch kein Tankwagen. Drei Stunden harren wir in der schwülen, subtropischen Hitze aus, an die wir uns nach der trockenen Luft in Australien erst einmal gewöhnen müssen. Wolf und ich nutzen die Zeit, um ein kleines Picknick neben der Maschine zu machen und dann »Maggie« zu putzen, ihr wieder neuen Glanz zu verleihen – sie hat es verdient. Natürlich nervt es uns ein wenig, so lange auf den Tankwagen warten zu müssen. Aber nach all dem, was wir in den vergangenen gut acht Wochen erlebt haben, bringt Wolf und mich das nicht mehr aus der Ruhe. Außerdem warten auf uns ja einige Tage Entspannung auf Bali. Warum, sagen wir uns, sollen wir uns da zu sehr ärgern? Kurz bevor die Sonne untergeht, kommt endlich der Sprit angerollt, und wir können tanken.

Und nach dieser zähen Warterei werden wir wieder genauso zuvorkommend behandelt wie die Piloten der großen Maschinen, was sicher auch an unserem Piloten-Outfit liegt. Die weißen Hemden mit den goldgeränderten Schulterklappen, unsere dunklen Sonnenbrillen, der Pilotenausweis um den Hals – all das macht eben Eindruck. Und so werden wir auf schnellstem Weg durch die Einreisekontrolle in der nagelneuen Empfangshalle geführt, vorbei an den wartenden Passagieren einer Maschine aus Hongkong. Mit einem Taxi fahren wir zu unserem Hotel, einer einfachen Drei-Sterne-Herberge, für die wir gerade mal 22 Dollar bezahlen. Willkommen auf Bali!

Schmiergeld und Sonnenuntergänge auf Bali

Vor 14 Jahren war ich schon mal auf Bali, aber die Insel ist kaum wiederzuerkennen. Klar, die traumhaft schönen Strände, der weite Himmel, die kitschigen Sonnenuntergänge – alles wie gehabt. Auch die bunten, lang gestreckten Fischerboote, bemalt in leuchtenden Farben, in Gelb und Rot, Grün und Himmelblau, sind immer noch die gleichen. Sie liegen wie damals an den Stränden, schmale Schiffe mit weiten Auslegern zu beiden Seiten, welche die Bootskörper in den Wellen stabilisieren, und mit Sonnendächern in der Mitte, von denen die Fischer vor der Hitze geschützt werden.

Aber die Städte haben sich sehr verändert. Neue Hotels, Restaurants, Diskotheken sind entstanden. Besonders fällt mir das am Jimbaran Beach auf, jenem berühmten Strand von Kuta, an dem abends die Besucher aus aller Welt hocken, um zu speisen und dabei die Sonne im Indischen Ozean versinken zu sehen. Vor 14 Jahren gab es hier vielleicht eine Handvoll Restaurants, man saß auf einfachen Plastikstühlen; heute drängen sich elegante Restaurants dicht an dicht, und man sitzt auf edlen Holzmöbeln. Natürlich haben auch die Preise kräftig angezogen: Damals habe ich für drei Kilo Red Snapper 20 Dollar bezahlt; heutzutage muss ich dafür mindestens das Doppelte einkalkulieren.

Aber was soll's? Jimbaran Beach ist immer noch einer dieser perfekten, magischen Orte, an denen ich aus dem Staunen nicht herauskomme. Wir sitzen an den Tischen im Sand, haben vor uns ein kühles Bier stehen, dazu einen Teller voll frischem Fisch, den wir uns vorher in der Küche aus den mit Wasser gefüllten Plastikbottichen ausgesucht haben. Wolf und ich blicken hinaus auf die Brandung, auf die weißen Schaumkrönchen der Wellen, die sich sanft brechen.

Die Sonne bahnt sich ihren Weg durch bizarre Wolkengebilde, blitzt mit ihren Strahlen mal hier auf, mal dort, allmählich sinkt sie tiefer. Währenddessen verfärbt sich der Himmel in ein unglaublich kräftiges Orange. Als ob er diese Kulisse perfekt machen will, steht vor uns am Wasser ein Mann mit einer großen, von einer Gaslaterne erleuchteten Holzkarre und bietet Maiskolben feil. Ein wahrhaft romantischer Moment – gemacht eigentlich für verliebte Paare, statt für uns.

Angesichts dieses Anblicks mag ich es kaum glauben, dass der Jimbaran Beach, ebenso wie das benachbarte Kuta, vor acht Jahren Ort eines Terroranschlags war. Drei indonesische Islamisten sprengten sich in die Luft und rissen 20 Menschen mit in den Tod. Es war der zweite Anschlag auf Bali, nachdem bei einem Attentat auf zwei Discos im Jahr 2002 über 200 Menschen umgekommen waren. Angeblich hat sich die Insel von diesen Anschlägen bis heute nicht richtig wieder erholt, die Zahl der Touristen sei stark zurückgegangen, heißt es im Internet. Aber ich spüre davon nichts, habe eher den gegenteiligen Eindruck. Nicht nur am Strand, auch auf den Straßen ist es sehr viel voller als bei meinem letzten Besuch zur Jahrtausendwende: Dicht an dicht drängen sich Autos und knatternde Mopeds und verpesten mit ihren Abgasen die Luft. An jeder Ecke kann man Sprit für die Mopeds kaufen, abgefüllt in Plastikflaschen. Selbst im Supermarkt oder an offenen Gemüseständen entlang der Straßen wird der Kraftstoff angeboten.

Also los! Ich leihe mir am ersten Tag ein Moped und düse damit über die Insel, während Wolf im Hotel bleibt, Mails schreibt und sein Internet-Tagebuch fortführt. Von Kuta aus, dem großen Touristenzentrum im Süden Balis, fahre ich in einige Dörfer in der Umgebung und schaue mich um in den kleinen, einfachen Läden und Geschäften, die hier überall entlang der Straßen stehen.

Noch ehe ich Kuta verlasse, muss ich das erste Mal stoppen, weil eine Prozession meinen Weg kreuzt. Vier Dutzend Männer tragen auf großen Bambuslatten, die auf ihren Schultern ruhen, einen etwa sechs Meter hohen Schrein. Auf einer Stufe des Schreins stehen zwei Männer in weißen Gewändern: Einer hält einen gelben Schirm mit einem Fransenrand, einer einen weißen Schirm. Über ihnen spannt sich das spitze, mit Ornamenten verzierte Dach des Schreins. Obwohl sich die Männer, die den Schrein tragen, alle Mühe geben, schwanken die Aufbauten hin und her. Links und rechts von ihnen laufen Männer mit langen Holzstäben, mit denen sie die Telefonleitungen anheben, die sich vielerorts über die Straßen spannen.

Das zweite Mal werde ich mit meinem Moped auf dem Heimweg gestoppt. Als ich an einer Ampel in Kuta warte, hält plötzlich ein Polizist mit seinem Mofa neben mir: ein dicklicher Mann mit einer schwarzen, goldgeränderten Sonnenbrille und mit Bürstenhaarschnitt. Er trägt eine graue Uniform, schwarze, fingerlose Lederhandschuhe und an jedem seiner Handgelenke eine klobige gold-silberne Armbanduhr.

»Your driver license!«, fordert der kleine Finsterling mich auf. Sein Ton lässt mich erahnen, dass es Ärger geben wird – egal, was ich mache. Also gebe ich dem Polizisten meinen Führerschein. Er packt sich das Papier, schaut es sich kurz an, steckt es ein und braust, ehe ich etwas sagen kann, davon.

»Was soll das?«, schimpfe ich und rase hinterher. Nach 20, 30 Metern habe ich den kleinen Kerl auf seinem Moped eingeholt und rufe zu ihm herüber: »Stop! Halten Sie an! Geben Sie mir sofort meinen Führerschein zurück!«

Der Polizist hält an, doch er will mein Dokument nicht herausrücken. Stattdessen zischt er: »Mitkommen!« Ich folge ihm zu einer Hütte, die an der nächsten Straßenkreuzung steht, einem Verschlag aus Holz, der offenbar als Polizeiwache dient. Drinnen hocken drei weitere Polizisten, die das Geschehen schweigend verfolgen.

Der kleine Finsterling bedeutet mir, dass mein EU-Führerschein aus Deutschland in Indonesien nicht gültig sei. »You need an international driver license«, erklärt er in seinem schwer verständlichen Englisch. »Dieser Führerschein ist gültig«, kontere ich. »Der wird auch in anderen Ländern akzeptiert.«

Doch der Polizist ist unerbittlich. Ich müsse eine Strafe zahlen, erklärt er. »Wie hoch ist die denn?«, frage ich. Er nennt eine astronomische Summe, umgerechnet etwa 500 US-Dollar. Ich muss deswegen innerlich lachen. Mir ist klar, dass der geforderte Betrag in keinem indonesischen Straßenverkehrsgesetz zu finden sein wird, sondern davon abhängt, was ein ausländischer Tourist wohl zu zahlen bereit ist, wenn man ihn nur ordentlich piesackt. Doch auf dieses Spielchen will ich mich nicht einlassen und denke mir: Eigentlich kann dieser nervige Kerl mir nichts anhaben, denn er hat ja für seine irre Schmiergeld-Forderung keinerlei Rechtsgrundlage. Also biete ich ihm stattdessen umgerechnet 20 US-Dollar an. Dem kleinen Finsterling ist das viel zu wenig. Zehn Minuten verhandeln wir hin und her. Ich schlage einen zunehmend schärferen Ton an und beharre darauf, dass ich mehr nicht zahlen werde. No way! Die anderen drei Polizisten sagen nach wie vor nichts.

Vielleicht, so überlege ich mir, macht es ja Sinn, auch ihnen Geld zu bieten. »Jeder von Euch bekommt 100 000 Rupien«, sage ich. »Macht zusammen 400 000 Rupien. Mehr habe ich nicht dabei.« Umgerechnet sind das insgesamt rund 30 Dollar. Murrend willigt der kleine Finsterling ein. Seine Laune wird noch schlechter, als ich von ihm eine Quittung verlange. Er reißt einen Zettel aus einem Notizblock, krakelt ein paar unleserliche Worte darauf und drückt mir sichtlich genervt den Zettel in die Hand.

Erleichtert um mein Geld fahre ich zurück ins Hotel und ziehe meine Konsequenzen aus dem Vorfall. Am nächsten Tag, als Wolf und ich uns einen Mietwagen ausleihen, stecke ich nur noch 100 000 Rupien ein. Für den Fall, dass ich wieder von der

Polizei gestoppt und in aberwitzige Verhandlungen hineingezogen werde, ist also das Schmiergeld von vornherein begrenzt.

Als Erstes fahren wir mit unserem Auto zum »Pura Tanah Lot«, einem Meerestempel, der auf einem Felsen an der Südwestküste von Bali liegt. Diesen hinduistischen Tempel kann man trockenen Fußes nur bei Ebbe erreichen. Den Tempel selbst dürfen nur Gläubige betreten. Am Fuß des Tempelfelsens findet sich eine kleine Süßwasserquelle, die ständig von Priestern bewacht wird. Gegen eine kleine Gabe darf man von dem Wasser kosten.

Von Tanah Lot aus fahren wir weiter ins Landesinnere, nach Ubud. Früher war das Künstlerstädtchen vor allem Ziel von Rucksacktouristen, mittlerweile hat sich der Fremdenverkehr kräftig entwickelt. Hotels und Restaurants wurden gebaut. Die Bordsteinkanten sind allerdings so hoch und gefährlich wie eh und je, an manchen Stellen fehlen die Platten, sodass man mit dem Fuß in den darunterliegenden Abwasserkanal rutschen kann.

Bekannt ist Ubud vor allem für seinen Affenwald, in der Landessprache »Padangtegal Mandala Wisata Wanara Wana« genannt, der sich rund um einen Tempel erstreckt. Etwa 600 Java-Affen leben dort. Sie hocken im Tempel selbst, auf den Treppenstufen und auf den vom Moosbewuchs grünen Mauern, die den Tempel umgeben. Und sie sehen, jedenfalls auf den ersten Blick, possierlich aus: mit ihrem grauen, bei den älteren Affen beinahe weißen Fell, mit ihren feingliedrigen Händen und den schwarzen Fingernägeln. Aber das täuscht, denn die Tiere sind, wie ich schnell merke, ziemlich frech: Sie nähern sich ohne Furcht den Besuchern, die zu Tausenden in den kleinen Park rund um den Tempel strömen, und klauen ihnen gern etwas. Einem Besucher nehmen die Affen eine Jacke weg, einer Besucherin stibitzen sie den Ohrring.

Auch wir sind schnell umringt von den Java-Affen, als wir uns in einem kleinen Amphitheater auf einer Bank niederlassen. Ein

Affe ist ganz zutraulich und setzt sich auf den Schoß von Wolf, ein junger Affe krabbelt auf meine Schulter. Ein anderer Affe dagegen steht mit weit aufgerissenen Augen vor mir, spannt das Maul auf und schreit mich an. Ich blicke in einen rosa Rachen, in ein Gebiss mit langen, spitzen Eckzähnen und geschwungenen Schneidezähnen, und kann das helle, spitze Geschrei des Affens kaum ertragen.

Diese scharfen Zähne rammen die Java-Affen auch in Kokosnüsse und öffnen diese damit blitzschnell. Ich mag mir gar nicht vorstellen, wie es wohl ist, wenn einer der Affen mir in die Hand oder in den Arm beißt. Die Zahl der Affen hat sich in den letzten Jahren kräftig erhöht, von rund 100 Tieren vor 20 Jahren auf inzwischen über 600 Tiere. Sie verteilen sich auf mehrere, teils verfeindete Rudel. Jedes der Rudel hat in der Tempelanlage sein eigenes Revier und verteidigt es erbittert gegen andere Rudel. Erst später sehe ich ein Schild, das davor warnt, die Affen zu berühren: »Sie könnten auf unvorhergesehene Weise reagieren«, lese ich.

Am Abend entspannen Wolf und ich wieder in Kuta am Strand. Und gönnen uns auch eine Massage – eine seriöse wohlgemerkt, keinen Schmuddelkram. Massagen werden hier an jeder Ecke angeboten, meist in einem Frisörsalon, wobei nie genau auszumachen ist, ob es sich um einen Massagesalon mit angeschlossenem Frisör handelt oder umgekehrt. Wir können auswählen aus allerlei »packages«, in denen verschiedene Massagen enthalten sind, mal auch Pediküre und Maniküre. Und all das ist verdammt billig: Für eine eineinhalbstündige Massage inklusive Gesichtsmassage zahlt man gerade mal fünf Euro. Ein fröhlicher Frisör mit einer hohen, fiepsigen Stimme verpasst uns beiden nach acht Wochen unterwegs den ersten Haarschnitt, während sich eine balinesische Schönheit um unsere Füße und Hände kümmert und sie massiert.

So erholen wir uns bestens auf Bali. Doch am vierten Tag, als wir die Insel verlassen wollen, ist die Erholung mit einem Schlag wie weggeblasen. Denn am Flughafen erleben wir gleich zwei böse Überraschungen. Lange müssen wir darauf warten, dass die Zöllner auftauchen. Und als die Männer kommen, erklären sie uns, dass sie unsere Maschine beschlagnahmt hätten und wir eine Strafe bezahlen müssten, ehe sie diese freigäben. Die Beamten behaupten, dass wir vor drei Tagen ohne die notwendige Genehmigung gelandet seien. Wir hätten uns anmelden müssen. Haben wir zwar getan – aber die Zöllner wissen nichts davon.

Geht es also wieder um Schmiergeld? Ich versuche, das Problem auf dem Verhandlungswege zu lösen, und frage die Zöllner, was sie denn verlangen. Sie fordern fünf Millionen Rupien, umgerechnet 440 Dollar. Warum genau diese Summe? Kann uns keiner der Männer erklären. Aber sie sind unerbittlich. Verhandeln bringt diesmal nichts. Erst als wir die »Strafe« bezahlt haben, lassen uns die Zöllner nach zwei sinnlos verschwendeten Stunden aufs Flugfeld.

An unserer Maschine erwartet uns die nächste üble Überraschung: Die Zöllner haben »Maggie« versiegelt. Auf dem Flugzeugrumpf und der Tür klebt ein großes, knallrotes Siegel mit einem gelben Wappen, ein Zollsiegel im DIN-A3-Format. Auch das Schloss zur Kabinentür ist überklebt. Wir können nicht lesen, was auf dem Siegel steht, der Text ist auf Indonesisch. Daneben haben die Zöllner mit dickem Filzstift allerlei lange Nummern geschrieben.

»Dürfen wir das entfernen? Oder gibt es dann noch mehr Ärger?«, fragt Wolf.

»Ist mir wurscht«, antworte ich. »Wir machen das ab, egal, was die jetzt sagen.«

Doch so einfach ist das nicht. Mithilfe unserer Fingernägel schaffen wir es zwar, das Siegel an der Türkante zu brechen und die Kabine zu öffnen, aber es gelingt uns nicht, das Siegel von »Maggies« Rumpf zu entfernen. Wir knibbeln mit den Fingernägeln erst hier, dann dort – doch es ist, als wäre das Siegel mit einem Sekundenkleber für immer und ewig mit dem Flugzeug verbunden.

Eine halbe Stunde mühen wir uns ab. Wolf flucht, er fürchtet, dass sich dieser schreckliche rote Aufkleber am Ende nur mit gröberem Werkzeug entfernen lässt und »Maggie« deshalb neu lackiert werden muss. »Wir bekommen den schon irgendwann ab«, sage ich zu Wolf. »Lass uns jetzt erst mal wegfliegen.«

Ziemlich entnervt starten wir gen Singapur, zu einem fast siebenstündigen Flug, den wir nutzen, um abwechselnd ein wenig zu schlafen. Die Strecke führt über das Meer. Ein, zwei größere Inseln sind zu sehen. Sonst nichts. Bloß Wellen. Bloß Wasser.

Nur einmal wird es spannend – als wir zum zweiten Mal auf unserer Erdumrundung über den Äquator fliegen. Das erste Mal, auf dem Weg von Ternate nach Banda Neira, haben wir gar nicht gemerkt, dass wir diese magische Linie überquert haben. Doch diesmal schauen wir gebannt auf die Instrumente und verfolgen, wie das GPS-Gerät die Breitengrade langsam herunterzählt. Drei Grad südlicher Breite. Zwei Grad. Ein Grad. Wie bei einem Countdown. Dann sind es nur noch wenige Minuten südlicher Breite – und schließlich springt der Zähler auf unserem Bildschirm um. Und beginnt allmählich, die nördliche Breite heraufzuzählen. Wir haben mit »Maggie« den Äquator überquert. Und freuen uns darüber wie kleine Kinder.

Der Äquator! Wir können ihn nicht sehen, aber irgendwo da unten muss er sein. Irgendwo im Meer.

Singapur, die geleckte Stadt

Was für ein Unterschied! Was für ein Kontrast! Erst Bali, diese schöne, manchmal auch raue Insel, die atemberaubende Natur und die ständige Bitte um Schmiergeld. Und nun Singapur, diese sterile Stadt, eine Ansammlung von blitzblanken Hochhäusern und Verbotsschildern. Erst die Gassen, in denen Unrat und Müll herumliegen, und nun die geleckten Straßen, in denen es niemand wagt, auf den Bürgersteig zu spucken.

Gregory »Greg« Ang liebt Singapur, diesen strengen Stadtstaat auf kleinstem Raum, diese Insel an der Grenze zu Malaysia, die kaum größer ist als New York und mehr als fünf Millionen Einwohner hat. Ihn stört es nicht, dass die Regierung hier mit harter Hand, ja, durchaus autoritär regiert. Er weiß es zu schätzen, in einem der wohlhabendsten Länder der Welt zu leben, in einer ehemaligen britischen Kronkolonie, die sich innerhalb von nur drei Jahrzehnten vom Entwicklungsland zu einer der erfolgreichsten Industrienationen der Welt entwickelt hat.

Singapur – das ist für Greg in gewisser Hinsicht auch ein Land der unbegrenzten Möglichkeiten. Ein Land, das ihm und vielen anderen den Aufstieg ermöglicht hat. Diesen Stolz erlebe ich, als Greg uns mit seinem offenen BMW-Cabrio durch die Hochhausschluchten kutschiert, durch den Finanzdistrikt, durch Chinatown mit seinen kleinen, geduckten Häusern, und entlang des Hafens, der mit seinen über 1000 Liegeplätzen der größte Warenumschlagsplatz der Welt ist. Größer sogar als Rotterdam. Und viel größer als Hamburg. Nur Shanghai ist noch genauso groß.

Es ist eine laue Nacht, das Thermometer zeigt immer noch knapp 20 Grad, als wir uns gegen 23 Uhr auf den Heimweg machen. Wir haben bestens gespeist in einem Fischrestaurant, und nun bringt Greg mich und Wolf zurück ins Hotel. Er nutzt die Fahrt für eine nächtliche Tour durch Singapur. Durch seine Stadt. Und in der Nacht ist diese Millionenmetropole noch ein wenig faszinierender als am Tag. Sie funkelt und blinkt, sie glitzert und glänzt, sie reckt sich mit ihren leuchtenden Wolkenkratzern hinauf in den dunklen Himmel. Es ist eine kühne, künstlich geschaffene Illusion. Ein Meer aus Glas und Beton, aus gleißenden Lichtern und strahlenden Türmen.

Greg, unser Stadtführer zu später Stunde, ist so alt wie ich, Ende 40. Er verdient sein Geld als Fernseh-Manager; früher war er für amerikanische Sender wie ESPN und den Discovery Channel tätig. Er hat ihnen beim Marketing geholfen, beim Verkauf von Werbung, und hat die Sender dabei unterstützt, ihr Satellitenprogramm in Ländern wie Indien, Taiwan, Südkorea, Hongkong oder den Philippinen zu etablieren.

Erst vor ein paar Wochen, erzählt Greg, sei er in Deutschland gewesen, in Unterföhring nördlich von München. Dort hat der Fernsehsender ProSiebenSat1 seinen Sitz. Einer wie Greg, der sich auf seiner Website als »natural rainmaker« im TV-Geschäft bezeichnet, als »Regenmacher«, der seinen Kunden Erfolge bringt, wo immer er auch arbeitet, ist eben auf der ganzen Welt zu Hause.

Klar, er liebt München (»a great city«), er liebt die Biergärten (»wonderful«) und die bayerische Gemütlichkeit, dieses ganz eigene Lebensgefühl. »Leben und leben lassen« – diese tolerante Haltung aus München sucht man in Singapur vergeblich. Alles in dieser Stadt ist geordnet, für alles gibt es Regeln, für alles Strafen. Wer zum Beispiel auf dem Bürgersteig raucht, muss mit bis zu 1000 Dollar Strafe rechnen. Wer leicht entflammbare Flüssigkeiten herumträgt, muss gar bis zu 5000 Dollar hinlegen.

Diese Metropole, geschaffen vor allem in den letzten drei, vier Jahrzehnten, besitzt nicht jene Vielschichtigkeit, wie ich sie aus Berlin kenne, ihr fehlt das Bunte, das Schräge, die Gegensätze; sie beeindruckt auch nicht durch historische Bauten, wie das in

Paris oder Rom der Fall ist; die meisten Gebäude sind sehr jung, nur wenige Häuser sind mehr als 100 Jahre alt. Stattdessen fasziniert mich Singapur, das ein Fischernest war, ehe Thomas Raffles hier 1819 die erste Niederlassung der Britischen Ostindien-Kompanie gründete, durch seine kühle Schönheit, seine nüchterne Perfektion.

Besonders rigide hat die Regierung das Autofahren geregelt, was nicht verwundert in einem Staat, dem der Platz ausgeht und der jeden Tag Hunderttausende von Pendlern aus dem benachbarten Malaysia aufnimmt. Deshalb hat Singapur bereits 1975 als erste Metropole der Welt eine City-Maut eingeführt. Wer mit dem Auto in die Innenstadt fährt, der muss zahlen. Der Tarif hängt dabei von der Tageszeit und vom Verkehr ab. Wer während der Rushhour mit seinem Auto in die City will, muss besonders viel zahlen; wer nachts unterwegs ist, so wie wir, der kommt deutlich günstiger davon.

Kassiert wird die City-Maut vollautomatisch. Jedes Auto in Singapur (und jedes aus Malaysia, das in die Stadt will) ist mit einem Kartenlesegerät ausgestattet. Wenn wir eine der 69 Mautbrücken passieren, die quer über die Straßen gebaut sind, wird der flexible Mautbetrag direkt von der Prepaid-Karte abgebucht, die Greg in sein Lesegerät gesteckt hat. ERP heißt dieses System, so steht es weiß auf blau auf den Mautbrücken. ERP, das steht für Electronic Road-Pricing.

Das System erinnert mich ein wenig an die Lkw-Maut, wie ich sie aus Deutschland kenne. Aber in Singapur wird die Maut eben nicht bloß auf Autobahnen fällig, sondern auch auf normalen Innenstadt-Straßen. Ich versuche mir vorzustellen, ob das auch in München funktionieren würde. Nötig wäre es allemal, denn die Straßen in München sind oft verstopft. Entsprechend verschmutzt ist die Luft.

Auf Singapurs Straßen erlebt man hingegen, erzählt Greg, nur selten einen Stau. Die City-Maut reguliert letztlich auf eine sehr effiziente Art und Weise den Verkehr – zumal die Regierung parallel zur Installation des ERP-Systems das öffentliche Verkehrs-netz bereits kräftig ausgebaut hat und noch weiter ausbaut. In München würden sich gewiss viele Menschen aufregen, wenn sie für die Autofahrt in die City bezahlen müssten. Für Greg ist das Maut-System die normalste Sache der Welt, er ist damit groß geworden – und als Geschäftsmann hat er an einer Lösung, die mit marktwirtschaftlichen Anreizen arbeitet, ohnehin wenig auszusetzen.

Er erzählt uns auch von den anderen Maßnahmen, mit denen Singapur den Autoverkehr zu regeln versucht: So muss jeder, der sich einen Wagen kauft, eine Verkaufssteuer von 150 Prozent bezahlen, weshalb ein Auto in Singapur fast dreimal so viel kostet wie in Europa. Selbst für einen Kleinwagen muss man 50 000 oder 60 000 Euro hinlegen; ein normaler Mittelklassewagen ist nicht unter 100 000 Euro zu haben und das BMW-Cabrio von Gregor Ang hat umgerechnet rund 130 000 Euro gekostet. Ein irrer Preis! Zudem verlieren, wie Greg uns erzählt, alle Autos, die älter als zehn Jahre alt sind, ihre Zulassung; die alten Stinker werden anschließend über die Grenze nach Malaysia verkauft, wo sie weiterhin die Luft verpesten dürfen.

All diese Eingriffe haben zur Folge, dass sich in Singapur fast nur Menschen mit einem guten Einkommen wie Greg ein Auto leisten können. Gerade mal jeder zehnte Einwohner des Stadt-staats besitzt einen eigenen Wagen. Entsprechend leer ist es auf den Straßen, als wir mit dem BMW-Cabrio zurück zu unserem Hotel fahren.

Es ist eine lustige, unterhaltsame Fahrt. Wir verstehen uns mit Greg bestens, denn er liebt nicht nur Autos – so wie Wolf und ich. Sondern er liebt auch das Fliegen. Vor ein paar Jahren hat er seine Pilotenlizenz erworben, er besitzt eine *Cirrus*, die er von Großbritannien aus nach Singapur überführt hat. Und er ist Mit-glied von »Wings over Asia«, einem sozialen Netzwerk von Pri-vatpiloten aus Singapur. Sie alle eint die Lust am Fliegen, sie alle haben sich in diesem Club zusammengefunden, um zu fachsimpeln, und sie alle helfen anderen Privatpiloten, wenn sie mit ihren Sportmaschinen in Singapur landen, auf einem der vier Flughäfen, die es dort gibt und die man, wie wir einen Tag zuvor beim Anflug bemerkt haben, nur schwer auseinanderhalten kann: Wenn wir nicht aufgepasst hätten, wären wir auf dem falschen Runway gelandet; so dicht liegen die Airports nebeneinander.

Einige Mitglieder von »Wings over Asia« haben uns nach der Landung in Empfang genommen, sie haben uns beim Papierkram geholfen und dafür gesorgt, dass unmittelbar nach unserer Ankunft ein Tankwagen vorrollte, damit wir »Maggie« betanken können – ein Service, wie wir ihn anderswo auf unserer Reise nicht erlebt haben. Aber so etwas ist eben typisch für dieses kleine, bestens organisierte Land und seine disziplinierten Menschen!

Greg hat das Verdeck seines Cabrios geöffnet, und wir rollen langsam vorbei am »Raffles Hotel«, diesem prächtigen Palast im Kolonialstil, der seit der Eröffnung im Jahr 1887 immer wieder erweitert wurde. Berühmte Gäste haben hier genächtigt, von Hermann Hesse über Charlie Chaplin bis hin zu Queen Elizabeth. Auch deshalb hat die Regierung von Singapur das Hotel inzwischen zum Nationaldenkmal ernannt. Am Morgen haben Wolf und ich im »Raffles Hotel« in der »Long Bar« gesessen und – na, was!? – einen Singapore Sling getrunken, jenen weltberühmten Cocktail, den hier vor rund 100 Jahren der Barkeeper Ngiam Tong Boon erfunden hat, eine fruchtige Mischung vor allem aus Gin, Cherry Brandy, Cointreau und Ananassaft.

Die »Long Bar« mit ihrer Vertäfelung aus dunklem Holz strahlt immer noch den Charme der Kolonialzeit aus: Man hockt auf schweren Holzhockern an der Bar oder in weiten Korbsesseln; hellbraune Fächer, die von einer Eisenstange unter der Decke im sanften Rhythmus hin und her bewegt werden, umwedeln die Gäste mit frischer Luft. Zur Tradition in der Bar gehört es, dass der Barkeeper den Gästen stets eine Schüssel mit ungeschälten Erdnüssen serviert. Wolf und ich knacken die Nüsse mit der Hand und lassen die Schalen auf den gefliesten Boden fallen, zu all den anderen Schalen, die dort bereits liegen. Auch das hat in der »Long Bar« Tradition.

Auf unserer Cabrio-Fahrt sehen wir aus der Ferne auch das zweite Hotel, für das Singapur inzwischen in der ganzen Welt bekannt ist: das »Marina Bay Sands«. Es steckt noch nicht voller Traditionen, sondern wurde erst im Jahr 2010 eröffnet. Der gewaltige Komplex ist das neue Wahrzeichen von Singapur – so markant sind die drei Hochhäuser, auf denen in 192 Metern Höhe der »Skypark« ruht, eine riesige Dachterrasse.

Nur ein paar Stunden zuvor haben wir auf dem »Skypark« gestanden und den Menschen zugeschaut, die dort oben in einem gewaltigen, 146 Meter langen Pool baden, im außergewöhnlichsten Schwimmbecken, das ich je gesehen habe. Lässig hockt ein Bademeister auf seinem Stuhl, im weißen Shirt mit roter »Live Guard«-Aufschrift, während hinter der beeindruckenden Skyline allmählich die Sonne untergeht. Der Blick ist atemberaubend: Während die Schwimmer auf der fast 200 Meter hohen Terrasse durchs Wasser gleiten, wandert mein Blick über die Hochhäuser hinweg, über den riesigen Hafen mit seinen großen Kränen, über die nah gelegene, erst vor einem Jahr fertig gestellte Parkanlage »Gardens by the Bay« mit ihren bis zu 50 Meter hohen, von Pflanzen bewachsenen Stahlkonstruktionen, den »Supertrees«.

Errichtet wurde das »Marina Bay Sands« von einer Gesellschaft aus Las Vegas, und wie es sich für ein Unternehmen aus der Spielerstadt gehört, beherbergt eines der drei Hochhäuser auch ein Casino; umrahmt wird der Komplex in den unteren Etagen von einem riesigen Einkaufszentrum. Angeblich hat der Bau des Hotels samt Grundstück fast fünf Milliarden Euro gekostet, aber die Investoren rechnen damit, dass sie diese Ausgaben – auch dank des Casinos – nach fünf Jahren eingespielt haben werden.

In Singapur wird Geld eben in anderen Dimensionen gemessen, wie uns Greg auf unserer Cabrio-Tour bestätigt. So sei eine normale Zwei-bis-drei-Zimmer-Wohnung erstens kaum zu bekommen und zweitens unbezahlbar. Das liege, sagt er, auch daran, dass es in dem kleinen Staat nicht genug Raum gibt, um neue Hochhäuser für die wachsende Zahl von Einwohnern zu bauen. Auch die vielen »Expats«, die Führungskräfte ausländischer Konzerne, die nach Singapur entsandt werden, treiben die Immobilienpreise immer weiter in die Höhe.

Wird Greg also Singapur irgendwann verlassen, weil es ihm zu teuer wird? Ich kann mir das bei ihm schwer vorstellen. Klar, selbst zum Baden im Meer gebe es zu wenig Platz, erzählt er. Dafür müsse er rüber nach Malaysia fahren. Aber er ist hier dennoch glücklich. Und so verabschiedet er sich fröhlich, als wir unser Hotel erreicht haben.

Wir sind hundemüde und müssen am nächsten Tag früh raus. Ein langer Flug steht an. Nach Mandalay. Und so fahren wir, anders als am Abend zuvor, nicht hinauf in die Bar im 70. Stock. Wir schlürfen keinen Cocktail mehr, genießen nicht noch einmal den nächtlichen Blick auf die Hochhäuser, auf das »Marina Bay Sands«, auf den Hafen und diese geleckte Stadt. Sondern wir fallen geschafft ins Bett.

Fröhliche Nächte in Mandalay

Neun Stunden dauert der Flug von Singapur nach Mandalay. Neun Stunden, in denen »Maggie« zunächst kräftig kämpfen muss. Denn in Singapur haben wir den Tank der *Mooney* und auch unseren Zusatztank bis zur Oberkante aufgefüllt, weil wir erst in Bangladesch, der übernächsten Station unserer Reise, wieder Flugbenzin bekommen werden.

Mühsam kämpft sich »Maggie« vom Flughafen in Singapur nach oben, mühsamer als bei jedem anderen Start der Reise, sie steigt langsam, ganz langsam, weil wir sie massiv überladen haben. Ich muss die Nase der Maschine beim Start ständig nach unten drücken, da »Maggie« aufgrund der schweren Ladung sonst nach hinten kippen und abschmieren würde. Zum Glück ist der Runway in Singapur lang genug, damit wir Geschwindigkeit aufnehmen und in einen langen Steigflug übergehen können.

Auf dem drittlängsten Flug unserer Erdumrundung kreuzen wir keinen Ozean. Und wir wechseln auch nicht den Kontinent. Wir bleiben in Asien und fliegen über Malaysia hinweg, über den Golf von Thailand, vorbei an Koh Samui, der weltberühmten Urlaubsinsel, und trotzdem landen wir am Ende wieder in einer völlig anderen Welt. In einer Welt, die weder Wolf noch ich bisher kannten.

Myanmar ist ein Land, das sich gerade erst öffnet: für Besucher, für Menschen, die das Abenteuer lieben, für Reisende wie uns. Mich persönlich erinnert Myanmar zwar in gewisser Hinsicht an Thailand, das Nachbarland, das ich bereits besucht habe. Aber es ist viel ärmer, viel einfacher, die Infrastruktur ist noch längst nicht so ausgebaut wie in Thailand, dem Tigerstaat mit seiner dynamischen Wirtschaft. Doch die Menschen, die ich in

Mandalay treffe, sind umso fröhlicher, umso offener. Sie lachen mich ständig an, sind nie schlecht gelaunt; auch die Armut, die vielerorts noch herrscht, kann diese allgegenwärtige Fröhlichkeit auf den ersten Blick kaum trüben.

Wieder einmal ist es der harte Kontrast, der unsere Reise so spannend macht. Natürlich ist Myanmar längst nicht so reich, so glitzernd wie Singapur, das Land, aus dem wir kommen. Mandalay, eine Metropole mit immerhin 1,6 Millionen Einwohnern (also etwas größer als München), lässt sich nicht vergleichen mit dem sauberen Stadtstaat. Hier ist es nicht so blitzblank, so ordentlich.

Das Erste, was wir von Mandalay sehen, ist ein gewaltiger Flughafen, mit einer Landebahn, die sehr, sehr lang ist. Er liegt weit außerhalb der Stadt, inmitten von saftig grünen Wiesen und Reisfeldern. Die Regierung von Myanmar investiert viel Geld in den Airport, sie will ihn zu einem internationalen Drehkreuz ausbauen. Doch das gelingt noch nicht so recht. Große Tafeln künden zwar davon, wohin man fliegen kann – aber allzu viel los ist nicht auf dem Flughafen. Und auch nicht auf der Autobahn, die in die Stadt führt: Die breite, 60 Kilometer lange Straße ist fast leer. Zeitweise sind wir mit unserem Taxi das einzige Auto weit und breit.

Auf der Fahrt in die Innenstadt kommen wir an den ersten Pagoden vorbei. Und später an vielen kleinen Läden. Die meisten Menschen sind zu Fuß unterwegs oder mit dem Moped, manche auch mit dem Fahrrad, einige wenige mit dem Auto. Immer wieder sehe ich umgebaute Pick-ups, die als Kleinbusse dienen und meist völlig überfüllt sind: Auf der Ladefläche sitzen dann zehn, zwölf, vierzehn Menschen. Oberhalb der Ladefläche und der Fahrerkabine befindet sich meist eine weitere, erhöhte Ebene. Dort hocken noch einmal ein Dutzend Menschen, manchmal sogar mehr. So fahren diese überladenen Pick-ups durch Mandalay und nehmen mit, wer immer mitfahren will. Und noch auf den Bus passt.

Mandalay, im Landesinneren gelegen, war fast drei Jahrzehnte die Hauptstadt von Myanmar. Von 1857 bis 1885 hatte der letzte König hier seinen Sitz, ehe die Stadt von britischen Truppen erobert und geplündert wurde. Der König wurde damals ins Exil nach Indien deportiert und die Hauptstadt nach Rangun verlegt, wo sie sich heute noch befindet.

Dass wir auf unserer Reise nach Mandalay kommen, war eigentlich nicht geplant. Denn ursprünglich wollten wir Rangun ansteuern. Dort aber war der Flughafen überfüllt, es war unmöglich, eine Landegenehmigung – und vor allem: einen Parkplatz für zwei, drei Nächte – zu bekommen. Im Nachhinein bin ich froh darüber, denn wir kommen in Mandalay just am ersten Tagen des Thadingyuit-Festivals an, eines dreitägigen Lichterfests, bei dem die Menschen in Myanmar (oder Burma, wie das Land früher hieß) den Tag feiern, an dem Buddha auf die Erde herunterkam. Pagoden, Tempel, öffentliche Gebäude und Häuser sind für dieses Fest mit Laternen, Öllämpchen und Lichtern geschmückt. Das Thadingyuit ist ein großes Freudenfest, und zugleich dient es den Menschen in Myanmar dazu, sich bei Eltern und Lehrern zu bedanken und all jene um Verzeihung zu bitten, die sie im Laufe des letzten Jahres gekränkt haben.

Das Lichterfest markiert außerdem das Ende der buddhistischen Fastenzeit, einer dreimonatigen Periode, in der die Buddhisten eine gewisse Enthaltsamkeit üben, wenn auch nicht nach so strengen Regeln, wie sie etwa aus dem Islam bekannt sind. In der Fastenzeit bleiben die Mönche in den Klöstern und widmen sich der Meditation; gläubige Buddhisten verzichten so gut es geht auf den Genuss von Alkohol, Fleisch und Tabak. Auch ist es üblich, in dieser Zeit nicht zu heiraten. Umso größer ist die Freude der Menschen, wenn die Zeit der Enthaltsamkeit dann wieder vorbei ist.

Wir erleben diese Fröhlichkeit, als wir zunächst in einem typisch burmesischen Restaurant, dem »Green Elephant«, zu Abend essen. Es gilt als eines der besten in Myanmar, und deshalb bekommen wir zunächst auch keinen Tisch. Wolf hat es ausgesucht, wie so oft. Das ist gewissermaßen sein Job – so hat es sich auf unserer Reise eingespielt. Und mein Job ist es, den Tisch zu organisieren. Gar nicht so einfach in diesem Fall, denn das Restaurant ist brechend voll, weshalb der Kellner uns warten lässt. Also rufe ich die Chefin herbei und erzähle ihr, dass wir von weit her kämen, aus Deutschland, und für das Essen im »Green Elephant« um die halbe Welt gereist seien. Ich erzähle von den vielen Menschen, die uns das Restaurant empfohlen haben, und schmücke die Geschichte unserer Reise immer mehr aus. Und so erbarmt sich die Chefin schließlich und schafft eigens für uns einen Tisch in den weitläufigen Garten. Es ist bereits dunkel, doch die Lampen und Lichter, die zwischen den Pflanzen stehen, sorgen für eine wunderbare Atmosphäre. Noch mehr beeindruckt mich das Essen, das uns serviert wird: viele kleine Schälchen, aus denen es herrlich duftet. Sie sind gefüllt mit Gemüse und Reis, Fleisch und leckeren Soßen. Da kann ich sogar die vielen Mücken vergessen, die uns umschwirren.

Vom »Green Elephant« fahren Wolf und ich mit dem Taxi heim zu unserem Hotel, doch als wir etwas mehr als die Hälfte des Weges zurückgelegt haben, kommt der Fahrer nicht mehr weiter. Wir stecken fest in einem Stau und entschließen uns, den Rest des Weges zu Fuß zurückzulegen. Eine goldrichtige Entscheidung, wie ich schnell merke. Denn nach ein paar Hundert Metern geraten wir mitten hinein in einen nächtlichen Markt, der so bunt, so vielfältig, so farbenfroh ist, wie ich es noch nie gesehen habe.

Dicht an dicht stehen die Händler mit ihren Ständen und Buden, sie bieten alles feil, was man sich nur vorstellen kann: In großen, vom offenen Feuer erhitzten Pfannen garen sie mit Teig ummantelte Wachteleier oder Backwaren. Auf einen Tisch haben sie die Innereien von Schweinen drapiert. Würzige Suppen werden angeboten, gegrillte Hühnchen, Eiscreme und Süßigkeiten. Es riecht und duftet überall, Rauchschwaden ziehen durch die Luft. An einigen Ständen stehen schwarze Metalltonnen, in denen heiße Kohlen glühen; oben auf diesen Tonnen liegen große Pfannen, in denen die Köche Garnelen in Teig frittieren, Hühnchenfleisch braten oder Reis mit Gemüse kochen.

Wer an den Ständen etwas essen will, der muss eines der kleinen Schälchen nehmen, die überall bereitstehen, und sich auf niedrige Hocker setzen, die an langen Tischen mit Plastikdecken aufgereiht sind. Auch uns bietet man immer wieder etwas zum Probieren an. Bei manchem, was unheimlich erscheint (oder nicht sauber genug), winke ich ab: bei den glasierten Schweineschnauzen etwa, bei seltsamen Algen oder gekochten Hühnerfüßen. Anderes, wie zum Beispiel die burmesischen Süßigkeiten, nehme ich gern an. Diese Süßigkeiten sind sehr süß und erinnern mich an türkische oder arabische Süßwaren. Sie werden zum Teil als große Kuchen angeboten, überzogen mit einer weißen, zuckrigen Schicht, zum Teil in Plastikbeuteln oder lose.

Über all dem liegt ein ohrenbetäubender Lärm. Aus den Radios erschallt landestypische Musik, knatternde Mopeds schieben sich durch die Massen, manchmal auch Autos. Auf den Mopeds hocken die Menschen zu dritt, zu viert. Ganze Familien sind damit unterwegs, alle ohne Helm. Der Vater sitzt am Steuer und hat eines der Kinder auf dem Schoß, hinter ihm die Mutter mit dem Baby im Arm. Auch buddhistische Mönche, in roten Kutten und mit kahlen Köpfen, fahren zu dritt an uns vorbei und manövrieren langsam auf ihrem Moped durch die Lücken im Menschenstrom.

Die meisten Besucher auf dem Markt schauen uns erstaunt an. Sie sind immer noch überrascht, wenn sie einen Europäer sehen, zumal so große wie mich. Mit meinen 195 Zentimetern überrage ich fast alle um eineinhalb Köpfe. Ständig will mich jemand fotografieren oder mit mir und Wolf für ein Bild posieren, ständig strecken sich Hände nach mir. Die Menschen wollen mich berühren, mich anfassen. Manchmal fühlt es sich so an, als wenn ich gezwickt werde. Manchmal scheint es so, als würde ich leicht in die Seite geknufft. Es dauert eine Weile, bis ich mich an diese ständige Nähe, diesen fortwährenden Körperkontakt gewöhne.

Spät ist es schon, weit nach 23 Uhr, doch auf dem Markt herrscht ein reges Treiben, wie ich es vom Münchner Viktualienmarkt selbst bei Tageslicht nicht kenne. Nicht bloß Speisen und Getränke bieten die Händler an, sondern vieles mehr: Töpfe, Teller und Tonschalen; Messer, Löffel und Teppiche; Bürsten, Krüge und Karaffen; Plüschbären, Plastikspielzeug und T-Shirts. An einem der Stände sehe ich die Trikots großer europäischer Fußballmannschaften hängen: Real Madrid, FC Barcelona, FC Bayern München. Offenkundig Fälschungen. Beim Bayern-Trikot sind die bayerischen Rauten nicht in weiß-blau sondern weiß-rot gehalten. Etwas weiter kauern drei Mädchen auf kleinen Schemeln und basteln Fackeln und Kerzen, die sie verkaufen. Eine einsame Glühlampe, die von einem selbst gezimmerten Holzgestell herunterbaumelt, versorgt sie mit etwas Licht.

Beeindruckend ist für mich vor allem die Offenheit der Menschen. Überall lacht man uns an, begegnet uns heiter – auch wenn wir uns nicht wirklich unterhalten können, da kaum jemand Englisch spricht. So lassen Wolf und ich uns durch die Gänge und Gassen treiben, bleiben mal hier staunend stehen, mal dort. Und sind voller bewegender Eindrücke, als wir tief in der Nacht in unser Hotel zurückkehren. Schon dieser erste, halbe Tag in Mandalay hat uns das Land auf eine Weise nahegebracht, wie ich es nie erwartet hätte.

Mandalay, diese Stadt mit ihrem pulsierenden, vibrierenden Leben, hat mich in ihren Bann gezogen, genauso wie sie früher viele Musiker betört hat. Kurt Weill widmete ihr ebenso ein Stück (»Der Song von Mandalay«) wie Robbie Williams (»Road to Mandalay«), Elton John (»Mandalay Again«) und Frank Sinatra (»On the Road to Mandalay«).

Am nächsten Tag steigen wir – endlich wieder! – aufs Rad. Unser Guide in Mandalay heißt Nay Thway, ein durchtrainierter

Kerl Mitte 20, mit schwarzen Haaren und einem breiten Lächeln. Er arbeitet für »Grasshopper Adventures«, ein kleines Unternehmen, das westliche Besucher auf dem Zweirad durch Mandalay und dessen Umgebung führt. Und wir merken bald: Dies ist der beste Weg, um die Stadt und vor allem ihre Umgebung kennenzulernen – zusammen mit einem Einheimischen, der sich auskennt.

Im Zweiten Weltkrieg wurde Mandalay fast vollständig zerstört, als sich britische und japanische Truppen eine erbitterte Schlacht lieferten. Später wurde manches wieder aufgebaut, so auch der alte Königspalast. Er liegt mitten in der Stadt, nicht weit von unserem Hotel entfernt, umgeben von einem gewaltigen, 40 oder 50 Meter breiten Wassergraben – ein riesiges Karree, um das sich die übrige Stadt gruppiert. Jede Seite dieses Palastkomplexes ist über einen Kilometer lang.

Schnell verlassen wir die bebauten Gebiete und radeln hinaus ins Umland von Mandalay, in jene Gegend, in der die Menschen noch ein wenig ärmlicher leben, uns aber mit der gleichen Fröhlichkeit begegnen. Ständig winken sie uns zu, rufen »Hello!«. Und wir winken, angesteckt von dieser Fröhlichkeit, zurück und rufen ebenfalls »Hello!«.

Wir fahren vorbei an Reisfeldern und kleinen Strohhütten auf Stelzen. An Wellblechhütten, in denen ganze Familien wohnen, während daneben frei laufende Schweine am Bahngleis grasen. Wir radeln entlang eines schmalen Kanals, in dem einige Frauen ihre Wäsche im braunen, brackigen Wasser waschen und zum Trocknen auf die Zäune entlang des Weges hängen. Wir überqueren eine schmale, wacklige Holzbrücke und passieren Marktstände, die nur aus ein paar Kisten bestehen, auf denen die Bauern ihre Ernte anbieten. Wir stoppen kurz an einer Entenfarm, wo die Enten gerade zum Baden ins Wasser des Kanals gebracht werden. Schnatternd lassen sie sich vom Entenbauer antreiben.

Die Wege werden umso schmaler, je weiter wir aus der Stadt hinausfahren. Anfangs sind wir noch auf Asphalt unterwegs, später auf einem Pfad mit harter, festgetretener Erde, zwischendurch passieren wir Stellen, an denen der Untergrund völlig zerfurcht ist und tiefe Rillen entstanden sind. Wir halten an einem kleinen Restaurant, einem besseren Imbiss mit Plastikstühlen und Plastiktischen. Von der Toilette, die nur von einer niedrigen Mauer umgeben ist, kann ich beim Pinkeln direkt in die Küche schauen. Doch das Essen, das Nay Thway uns holt, ist vorzüglich. Wieder stehen viele kleine Schälchen vor uns. Was darin ist, lässt sich zum Teil nur schwer erahnen. Aber egal ob nun Gemüse, Fleisch oder Fisch: Es ist hervorragend gewürzt und schmeckt sowohl Wolf als auch mir. Dann fahren wir mit dem Fahrrad zurück in Richtung Stadt. Es beginnt zu regnen, und schnell sind wir durchnässt.

Auf unserer Tour passieren wir schließlich eine große, gewaltige Pagoden-Anlage, gebaut aus weißem Stein. Sie wurde 1857 von König Mindon errichtet und besteht aus 730 Mini-Pagoden, die sich in sieben im Quadrat angeordneten Reihen um eine große, goldene, alles überragende Pagode im Zentrum gruppieren. Die Mini-Pagoden beherbergen das größte Buch der Welt: In jedem dieser Gebäude steht eine mannshohe Stele aus Stein, auf welche die Steinmetze einst Texte aus den Lehren Buddhas gemeißelt haben.

Die Pagode ist ein Ort zum Beten, aber nicht nur das. Sie ist, wie ich erstaunt feststelle, auch ein Ort, in dem die Menschen sich zum Picknick auf ihren Decken niederlassen. Sie verspeisen, was sie sich von zu Hause mitgebracht haben. Eine Frau in einem rosa Kleid bietet uns ihr selbst gekochtes Essen an – eine silberne Schale mit Bohnen und Erbsen. Sie hat, wie viele Frauen in Mandalay, ihr Gesicht mit hellbrauner Erde bestrichen und so geschminkt. Wolf nimmt den Löffel, den zuvor die ganze Familie der Frau benutzt hat, und probiert das Essen. Die Frau lacht. Er lacht zurück und bedankt sich.

Nachdem wir zurück in der Stadt sind und unsere Räder abgegeben haben, mache ich mich allein auf den Weg zum Mandalay

Hill, einem 240 Meter hohen Hügel im Stadtzentrum, auf dem sich wiederum mehrere Pagoden befinden. Die Fahrt mit dem Moped-Taxi ist halsbrecherisch, und mehr als einmal habe ich Angst, dass es den Mopedfahrer, den ich angeheuert habe, aus der Kurve reißt. In einem atemberaubenden Tempo fährt er die schmale Straße hinauf, die sich in mehreren Kehren auf den Mandalay Hill windet. Der Fahrer hat die Hand immer an der Hupe, um sich freie Bahn zu verschaffen. In einer der Kurven sehe ich, wie es ein anderes Moped zerlegt. Der Fahrer und sein Beifahrer stürzen bei rasender Fahrt in den Straßengraben.

Doch die wilde Fahrt lohnt sich, allein schon wegen der Aussicht vom Mandalay Hill. Ich lasse den Blick schweifen über die weite Ebene, in der sich Mandalay erstreckt, über die Pagoden mit ihren goldenen, geschwungenen Dächern, über ein Meer aus niedrigen Häusern und die vielen Bäume, Parks und Gärten dazwischen. In der Ferne erhebt sich eine Hügelkette. In diesem Augenblick weiß ich, dass ich diese Stadt noch einmal besuchen werde – so außergewöhnlich, wie sie ist. In ein paar Jahren wird sie sicherlich ein wenig anders aussehen, wird sich das Land weiterentwickelt haben, werden noch mehr Besucher kommen, um Mandalay zu sehen.

Aber seinen Charme, da bin ich mir sicher, wird Mandalay nicht verlieren. Wie sang schon Elton John in seinem Lied »Mandalay Again«: »Come back, we'll throw a rope around the moon. And pretend that we're in Mandalay again.«

Armes Chittagong, armes Bangladesch

Der Tower des Flughafens von Chittagong ist eine eigene Welt: wunderbar gekühlt, wunderbar gedämpft. Man ahnt nicht, dass es draußen furchtbar heiß ist, furchtbar schwül. Die Männer haben ihre Schuhe ausgezogen. Sie laufen auf schwarzen Socken über den weichen Teppich, tragen faltenfreie weiße oder hellblaue Hemden. Auch ihre dunkelblauen Hosen sind sauber auf Kante gebügelt. Auf der Fensterbank haben sie ein Tablett mit Teetassen stehen, die Klimaanlage arbeitet sanft. Ab und zu spricht ein Controller auf Englisch in eines der Mikrofone, gibt ein paar Anweisungen, wenn eine der Militärmaschinen, die hier stationiert sind, startet, eine der *MIGs* der Air Force von Bangladesch. Danach herrscht wieder Ruhe, und die Männer im Tower widmen sich der Lektüre ihrer Tageszeitung.

Der Tower passt nicht so recht zu der Welt, die wir außerhalb erleben: zu all dem Smog und Dreck, der in der Luft über der Stadt hängt, zu all den schwarzen Raben, die über dem Müll kreisen, zu all den armen Menschen, die wir auf dem Weg in die Stadt sehen. Direkt nach der Landung, nach einem zweieinhalbstündigen Flug von Myanmar nach Bangladesch, sind wir in den Tower gestiegen, haben unsere Schuhe ausgezogen und uns von den Controllern erklären lassen, wie wir an Sprit kommen. Kein Problem. Denn Avgas, also Flugbenzin, gibt es in Bangladesch zum Glück reichlich. Wenig später fährt ein klappriger Pick-up mit abgewetzten Reifen bei »Maggie« vor, und auf der Ladefläche im Heck stehen zwei Fässer mit Avgas.

Wir fragen die Männer im Tower, wie wir am besten in die Stadt gelangen. Mit dem Tuk-Tuk, sagen sie. Und so klettern Wolf und ich ein paar Minuten später in das Tuk-Tuk, in einen rasenden Vogelkäfig auf drei Rädern. Unser Fahrer ist ein freundlicher Mann Mitte 40, in einer hellbraunen Hose, Sandalen und einem weißen Polo-Shirt. Er hält uns, als wir aus dem Flughafengebäude kommen, freundlich die Gittertür auf. Ein Soldat steht daneben und hilft uns beim Einsteigen. Uniformierte sehe ich am Flughafen überall, nur kontrolliert werden wir kein einziges Mal, nicht einmal vom Zoll oder der Einwanderungsbehörde. In unseren Pilotenhemden und mit den selbst gemachten Pilotenausweisen um den Hals lässt man uns einfach einreisen. Kein Visum. Kein Stempel im Pass. Nichts.

Ein schmaler, vielleicht zehnjähriger Junge schaut uns zu, als wir das Tuk-Tuk besteigen. Mit traurigen Augen blickt er mich an und bettelt um Geld. Sein rechter Arm ist ein Stumpf, der etwas oberhalb der Stelle endet, wo einmal der Ellenbogen war. Barfuß steht er neben mir auf dem Asphalt, in zerschlissenem Hemd und brauner Hose. Es ist ein erster Eindruck von der Armut, von den vielen verzweifelten Menschen, die wir in Chittagong erleben. Ein Eindruck, der mich mitnimmt. Ich muss an Marie, an meine Tochter denken. Sie ist genauso alt wie dieser Junge, dem es so viel schlechter geht als ihr.

Ich nehme auf der Rückbank des Tuk-Tuks Platz, direkt vor meinen Knien hockt der Fahrer. Rund um uns sind Gitter aus dickem, grünem Drahtgeflecht angebracht. Wir schieben von innen den Riegel zu – und dann geht es los! Und wie! Der Fahrer holt aus seinem Gefährt raus, was nur rauszuholen ist. In einem höllischen Tempo jagt er über die Straße in die Stadt, über den holprigen Asphalt, über Schlaglöcher und Bodenwellen. Im steten Slalom umkurvt er Autos und Busse, Radler, Mopeds und die anderen Tuk-Tuks. Die sind ebenfalls in einem atemberaubenden Tempo unterwegs, doch unser Fahrer ist der Schnellste.

Den Weg kämpft er sich mit der Hupe frei. Er schlüpft mit dem Tuk-Tuk mal hier durch eine Lücke, mal dort zwischen zwei Bussen hindurch. Bremst hart ab. Beschleunigt wieder. Jagt davon. Rückspiegel? Klar, gibt es, zwei sogar. Aber die sind nicht außen angebracht, sondern innen, sodass der Fahrer eher uns beobachten kann als die Straße hinter oder neben sich. Aber was kümmert ihn die allgemeine Verkehrslage, wenn es in rasender Fahrt vorangeht? Wer bei einer Taxi-Fahrt noch nie um sein Leben gefürchtet hat – im Tuk-Tuk in Chittagong ist es ganz sicher so weit!

Über zwei Millionen Menschen leben in der Stadt, der zweitgrößten des Landes; sie ist in den letzten Jahrzehnten rasant gewachsen, regelrecht aus den Fugen geraten. Jeder freie Platz wird genutzt für Häuser und Hütten, für kleine Läden und einfache Siedlungen. Chittagong liegt direkt am Meer, ein breiter, mit braunem Wasser gefüllter Fluss schiebt sich durch die Stadt: der Karnaphuli River. Sowohl das Meer als auch der Fluss sind voll von Schiffen, die auf Reede liegen. Zu Hunderten ankern sie dicht an dicht im Strom, manche einzeln, andere sind mit drei, vier anderen Schiffen vertäut worden. Sie warten darauf, dass ihre Ware im größten Seehafen des Landes gelöscht wird oder sie neue aufnehmen können.

Wir fahren mit dem Tuk-Tuk entlang des Karnaphuli River, vorbei an den großen Pötten, aber auch an vielen kleinen Fischerbooten und Barkassen, die am Ufer auf dem Trockenen liegen, im Schlick. Ihre Besitzer haben sie hier bei Hochwasser abgesetzt, nun hat sich der Strom zurückgezogen. Der Tidenhub lässt auch hier, nur ein paar Kilometer vom Meer entfernt, den Pegelstand des Flusses fallen und steigen. Bei Hochwasser werden die Fischer mit ihren Booten wieder rausfahren.

Für einige Schiffe endet die Reise übers Meer für immer in Chittagong. Denn nördlich der Stadt zerlegen Zehntausende von Arbeitern auf einem breiten, sieben Kilometer langen Strand große Hochseeschiffe, um den Stahl, aus dem die Schiffe bestehen, wieder nutzbar zu machen. Rund ein Drittel der rund 700 Hochseeschiffe, die jedes Jahr ihre letzte Fahrt machen, werden am Strand von Chittagong zerlegt, darunter auch riesige Tanker und Containerfrachter mit einer Länge von mehr als 300 Metern.

Umweltschützer und Menschenrechtsgruppen protestieren seit Langem dagegen, denn die Arbeiter haben es mit Asbest, Schwermetallen und giftigen Substanzen zu tun; jedes Jahr gibt es zahlreiche Todesfälle. Doch das kann die Arbeiter, die zumeist sehr jung sind, zwischen 18 und 25 Jahren, nicht abhalten. Sie setzen darauf, dass sie überhaupt eine Arbeit haben, trotz fehlender Schulbildung, auch ohne lesen und schreiben zu können.

Die halsbrecherische Fahrt mit dem Tuk-Tuk verschafft uns einen ersten Eindruck von der Stadt. Wir rasen vorbei an alten, schwergängigen Fahrrad-Rikschas, deren Fahrer sich redlich an den Pedalen mühen. Sie haben die Faltdächer, die den Fahrgästen auf der Rückbank Schutz vor der Sonne gewähren, liebevoll mit bunten Ornamenten benäht. Die aufgenähten Stoffe leuchten in allen Farben – von kräftigem Rot über sattes Grün bis hin zu glänzendem Gold. Blumen sind zu sehen, geometrische Muster, Schmetterlinge. Ein anderer Riksche-Fahrer kniet vor seinem Gefährt, das er am Straßenrand geparkt hat, und schmückt den Lenker mit einer Girlande aus gelben und orangefarbenen Blumen. Etwas weiter sehe ich einen Mann im karierten Hemd, der seine Rikscha auf der Hinterachse aufgebockt hat, um sie zu reparieren.

Repariert und geflickt wird hier alles. Die Vordächer über den Verkaufsständen entlang der Straße sind übersät mit Flicken. Auch die 30 oder 40 Jahre alten Autobusse, die als Verkehrsmittel allgegenwärtig sind, sind übersät mit Beulen und vielfach neu bemalt. Hier wurde mit Blau ausgebessert, dort mit Rot und da mit Weiß. Für die Reparatur wird genommen, was immer an Farben verfügbar ist.

Und zwischendurch blitzt ein Gebäude auf, das gar nicht hierher zu passen scheint: ein verglaster Bau. Dunkle, blauschwarze Scheiben. Ein gepflegter Garten. Eine blitzblanke Einfahrt. Ein pompöses Eingangsschild. Der »Chittagong Boat Club«. Ein reicher Ort in einer armen Stadt. Abgeschirmt durch hohe Mauern und einen Zaun.

Je weiter wir in die Stadt eindringen, umso schmaler werden die Straßen. Am Ende geht es durch enge Gassen, in denen auch unser Tuk-Tuk-Fahrer sich dem Tempo der anderen anpassen muss, weil er nicht mehr überholen kann. Wir fahren vorbei an kleinen Geschäften, an hölzernen Marktkarren, auf denen Obst und Gemüse angeboten werden, an Kühen, die am Straßenstand stehen und im Müll nach Essbarem suchen. Viele Menschen sind arm, teils sehr arm, und trotzdem bewahren sie sich ihre Würde, haben sich zurechtgemacht in ihren Saris. Aber wir kommen auch an Obdachlosen vorbei, die auf dem blanken Stein liegen, einfach flach auf der Straße, und an einer dürren Frau, die barbusig, fast nackt, am Straßenrand steht. Sie schaut apathisch ins Nichts. Ein Blick, den ich nicht vergessen werde.

Nach einer Dreiviertelstunde, in der die Eindrücke nur so auf uns einprasseln und der Lärm uns fast verrückt macht, haben wir es geschafft! Wir sind am Hotel. Haben die Tuk-Tuk-Fahrt überstanden. Meine Kleidung ist voller Dreck. Sand und Staub sind die ganze Zeit durch die Gittertüren hineingeweht.

Auch unser Hotel befindet sich hinter Gittern. Bewaffnete Sicherheitsleute stehen in der Einfahrt. Einheimische müssen, wenn sie in die Lobby wollen, die Metalldetektoren an der Eingangstür passieren. Als wir den Aufzug im vierten Stock verlassen, um zu unserem Zimmer zu gelangen, stehen auch dort Wachen. Wir befinden uns in einer gut bewachten Festung. Ich komme mir fast vor wie in den 1980er-Jahren in einer amerikanischen Botschaft, die rundherum von Feinden belagert wird.

Was wir bis dahin von Chittagong gesehen haben, hat Wolf und mich verstört: Wir als reiche Europäer in einem Land voller Armut. Wir als wohlgenährte Besucher in einer Welt voller Elend. Diese Station unserer Weltreise ist noch viel ärmlicher als Mandalay. Myanmar hat auf mich den Eindruck eines zwar rückständigen, aber doch optimistischen Landes gemacht: Die Menschen blicken frohgemut nach vorn, sie strahlen eine große Hoffnung aus – auch wenn es an vielem fehlt. Aber hier? Treffen wir auf die blanke Not. Auf Verzweiflung. Kaum jemand strahlt Zuversicht aus.

Wie groß die Not der meisten Menschen in Chittagong ist, erleben Wolf und ich, als wir das Hotel wieder verlassen und uns auf eine Wanderung durch die Stadt begeben. Und das in einer Gegend, die – weil hier ein internationales Hotel steht – sicher zu den besseren in Chittagong zählt. Wolf und ich wollen jedoch nicht bloß wissen, wie es auf den Hauptstraßen aussieht, wo die Busse und die Tuk-Tuks unterwegs sind, und deshalb biegen wir ab in eine der kleineren Straßen. Nicht in eine ganz dustere Ecke, nicht dorthin, wo es zu unheimlich erscheint. Aber wir laufen durch Gassen, in die sich sonst kaum ein westlicher Besucher verirren dürfte.

Schnell sind wir umringt von einer Horde von Kindern, die uns auf Schritt und Tritt verfolgt. Kleine Jungs. Acht, zehn, zwölf Jahre alt. Manche in Sandalen, manche barfuß. Sie wollen Geld, sie rufen »Money! Money!« und strecken uns ihre Hände entgegen. Lachen uns aus ihren Kinderaugen an. Sie haben viel Elend gesehen, aber sie – wenigstens sie! – tragen immer noch einen Funken Hoffnung in sich. Auch ein Rikscha-Fahrer heftet sich an unsere Fersen. Er hofft, dass wir ihn anheuern. Wir winken ab, aber er folgt uns trotzdem.

In den Gassen, durch die wir gehen, gibt es viele kleine Läden. Manche befinden sich in festen Gebäuden. Winzige Verschläge, die durch dünne Wände voneinander getrennt sind. Die kleinen Kammern, die nur ein paar Quadratmeter groß sind, lassen sich mit einem Rolltor zur Straße hin verschließen. Drinnen und auf den hohen Stufen davor, die den holprigen Bürgersteig bilden, haben die Händler ihre Waren aufgebaut; es ist manchmal nicht viel. Ein Fahrradhändler hat gerade sechs gebrauchte Räder im Angebot. Bei einem Schuhhändler ist nur ein gutes Drittel der Regale gefüllt. Ein paar Meter weiter hingegen wissen ein Gewürzhändler und ein Drogist gar nicht, wohin sie mit ihrer Ware sollen; sie stapelt sich bis unter die Decke. Auch das Geschäft des Schmuckhändlers scheint zu florieren. Sein winziger Laden blitzt und blinkt, die Decke und die Wände tragen goldene Beschläge und Spiegel, die Schiebetür zur Straße hat ein Sicherheitsschloss.

Als wir in die nächste Straße abbiegen, werden die Stände ärmlicher. Die Händler hocken vor den Buden, die sie aus Holz, Wellblech und Metallplatten zusammengezimmert haben. Auf ihren Holzkarren oder einem Tisch bieten sie Plastikgeschirr an, Süßwaren, Obst oder Handys. Manche Händler haben nicht einmal einen Stand, sie breiten ihr Angebot auf der Straße aus: Ein Fischhändler legt seine Fische direkt auf die Steine, sitzt daneben auf einer Holzkiste. Ein Gemüsehändler hockt mit seinen Körben auf einer Treppe und wiegt die Einkäufe seiner Kunden mit einer einfachen Metallwaage ab. Ein anderer Gemüsehändler hat seine Decke auf dem Bürgersteig ausgebreitet.

Schwer ist der Gestank zu ertragen, der uns an vielen Stellen entgegenschlägt: aus den Abwasserkanälen, die entlang der Straße laufen und nur teilweise mit Betonplatten überdeckt sind; aus Kloaken, in denen sich der Müll in großen Pfützen oder kleinen Kanälen sammelt. Plastikverpackungen, Papier, verschimmeltes Essen – alles fliegt dort hinein. Unterwegs kommen wir an einem Bettler vorbei, der auf Knien und Ellenbogen über die Straße kriecht und den Menschen, die an ihm vorbeigehen, seine Hände entgegenstreckt.

Als wir ins Hotel zurückkehren, sind wir beide mitgenommen. Ganz ehrlich: Ich habe es draußen auf den Straßen nicht länger ausgehalten. Das Elend, die Not. Das war für mich, der ich aus einer anderen Welt komme, zu viel.

»Ich hatte ein richtig schlechtes Gefühl, da durchzulaufen«, sage ich.

»Das hatte ich auch«, antwortet Wolf.

»Ich hatte vorher gedacht, dass ich das einfach wegstecken würde. Aber jetzt hat es mich ganz schön mitgenommen.«

Wolf geht es ähnlich.

Die Tour durch Chittagong: Sie schlägt uns regelrecht auf den Magen. Wir haben keinen Hunger mehr. Sitzen noch kurz in der Hotelbar zusammen. Versuchen unsere Eindrücke zu verarbeiten, was nicht gelingt. Dann gehen wir verstört zu Bett.

Die Landung auf dem Dach der Welt

Der Himalaja. Diese gigantische Gebirgskette. Diese schier endlose Ansammlung von 6000ern, 7000ern und 8000ern. Mächtig baut sie sich vor uns auf, und als Erstes bemerken Wolf und ich das nahende Gebirge auf unserem GPS-Bildschirm, auf der digitalen Karte, von der wir unsere Route ablesen. Tiefrot färbt sich das Gebiet, auf das wir zufliegen. Tiefrot bedeutet: Achtung, Gefahr! Tiefrot bedeutet: Wir fliegen auf ein Hindernis zu, das höher liegt als unsere Flugbahn. In diesem Fall sehr viel höher.

Und dabei sind wir an diesem Morgen mit »Maggie« so hoch gestiegen, wie selten zuvor. Auf 16 000 Fuß, umgerechnet gut 5000 Meter. In dieser Höhe wird die Luft so dünn, dass wir unsere Sauerstoffversorgung anlegen müssen, zwei dünne Schläuche, die von der Flasche im hinteren Teil der Kabine nach vorn führen – einer für Wolf, einer für mich. Am Schluss jedes Schlauchs befinden sich zwei kurze Enden, die wir in unsere Nasenlöcher stecken. Ein Gummiband um unseren Kopf sowie eine Nasenklammer sorgen dafür, dass die Sauerstoff-Kanülen auch halten und bei Turbulenzen nicht verrutschen.

Lange sind wir an diesem Morgen über flaches Gebiet auf Meereshöhe geflogen, erst über Bangladesch, dann ein kurzes Stück über Indien. Noch kann ich die Berge, die unser GPS-Bildschirm ankündigt, nicht sehen, Wolken verdecken die Sicht. Doch irgendwo da vorn sind sie: die höchsten Gipfel der Erde. Das Dach der Welt. Und mittendrin, weiter westlich, in Nepal, die Berge mit den magischen Namen. Mount Everest, K2, Nanga Parbat. Orte der Sehnsucht. Orte, an denen sich tödliche Dramen abgespielt haben. Ich erinnere mich noch gut, wie ich als Kind die Bücher über die Bergsteiger am Himalaja verschlungen habe. Über Sir Edmund Hillary und seinen Sherpa, die als Erste auf dem höchsten Berg der Welt standen. Und über all die andern, die es versucht haben.

An diesem Tag sind wir um 10 Uhr gestartet. Sind mit vollen Tanks abgehoben vom internationalen Flughafen von Chittagong und hinweggeflogen über Reisfelder und Ortschaften. Und über den Jamuna, einen gewaltigen Strom, der aus dem indischen Bundesstaat Assam hinüberfließt nach Bangladesch. An der breitesten Stelle, die nördlich von unserer Route liegt, ist das Flussbett 14 Kilometer breit. Weiter südlich fließt der Jamuna mit dem Ganges zusammen und heißt von da an Padma. Es ist der größte Fluss Asiens – nirgendwo fließt mehr Wasser ins Meer.

Unser Ziel an diesem Tag ist Paro, der einzige internationale Flughafen des Königreichs Bhutan. Das bedeutet: Uns steht das vielleicht größte Abenteuer unserer Erdumrundung bevor, die größte fliegerische Herausforderung, die Wolf und ich je bewältigt haben – jedenfalls seit der Pazifiküberquerung. Denn der Airport von Paro ist einer der höchst gelegenen Flugplätze der Welt, er befindet sich auf einer Höhe von 2230 Metern über dem Meeresspiegel – und das inmitten von 6000 Meter hohen Bergen, in einem schmalen, tief eingeschnittenen Tal. Der Anflug zwischen den Gipfeln ist waghalsig, die Landung in Paro gilt als die schwierigste in der Welt, als »the most dangerous landing in the world«. So ist es nachzulesen in den Berichten anderer Piloten.

Und hier also wollen wir mit »Maggie« landen? Noch nie zuvor ist die Landung mit einem so kleinen Flugzeug an diesem Flughafen gelungen, noch nie zuvor hat es eine Maschine mit einem Kolbenmotor bis nach Bhutan geschafft. Schaffen wir das? Ich bin aufgeregt. Aber auch freudig gespannt. Gespannt auf ein Land, das im Westen kaum jemand kennt. Und gespannt auf einen Flug, den es so noch nie gegeben hat.

Wie schwierig die Landung auf dem Himalaja-Airport ist, zeigt sich daran, dass bis vor Kurzem nur eine einzige Airline den Flughafen ansteuern durfte, die königliche Fluggesellschaft von

Bhutan namens »Druk Air«. Landungen sind nur bei gutem Wetter und guter Sicht möglich. Ziehen Wolken auf, wird der Flughafen geschlossen; dann ist die Gefahr zu groß, dass ein Flugzeug an einem der steilen Hänge zerschellt. Nur acht Piloten war es bis 2009 überhaupt erlaubt, in Paro zu landen; nur sie besaßen die notwendige Lizenz.

Im Internet kursieren Videos von spektakulären Anflügen auf Paro, bei denen einem angst und bange werden kann. Auch wir haben uns vor ein paar Tagen, in Mandalay, ein solches Video angeschaut. Arnim Stief hat es gedreht, einer der anderen deutschen Piloten, mit denen wir zuvor auf unserer Reise gemeinsam unterwegs gewesen sind. Vor ein paar Monaten sind Arnim Stief und seine Frau Marissa nach Paro geflogen, an Bord eines *Airbus*, um sich bei den örtlichen Behörden eine Genehmigung für ihren eigenen Anflug und bei der Gelegenheit auch für uns zu beschaffen. Das bedurfte einer intensiven Überzeugungsarbeit und eines großen Fingerspitzengefühls. Seither wurden viele Papiere hin- und hergeschickt, haben Arnim und seine Frau mit dem Verkehrsministerium korrespondiert, um sicherzustellen, dass wir tatsächlich landen dürfen in einem Land, das sich bis vor wenigen Jahren vom Rest der Welt abgeschottet hat – und sich erst allmählich öffnet.

Aus dem Cockpit des *Airbus* heraus hat Arnim damals den Landeanflug gefilmt. Er hat, nachdem die Behörden in Bhutan ihm grünes Licht gegeben haben, uns gebrieft für den Anflug, hat uns die GPS-Daten gegeben, all die Punkte, die wir überfliegen müssen, um am Ende im richtigen Tal anzukommen. Und er hat uns erklärt, worauf wir achten müssen. 20 GPS-Punkte müssen wir in unseren Bord-Computer eingeben. Üblich sind sonst ein oder zwei. »Unseren Brotkrumen-Weg«, nennt Wolf das. Ein Weg, der in Schlangenlinien führt – und das ist durchaus etwas Besonderes. Bei jedem anderen Airport fliegen wir schnurgerade auf die Landebahn zu, steuern viele Meilen geradeaus, sehen den Runway schon von Weitem, haben links und rechts viel Platz und müssen höchstens den Seitenwind etwas austarieren. Aber in Paro ist alles anders, hier geht es in wilden Kurven erst über die Berge, dann durch die Täler und schließlich steil hinunter. Die Landebahn werden wir erst im letzten Augenblick sehen.

»Maggie« im Slalomflug, »Maggie« im Sturzflug, »Maggie« im Blindflug – das ist das außergewöhnliche Programm dieses Anflugs.

Der Flughafen, auf dem wir landen wollen, liegt etwa sechs Kilometer außerhalb von Thimphu, der Hauptstadt von Bhutan. Er befindet sich direkt neben dem Fluss Paro, daher der Name des Airports. Der erste Linienflieger landete hier 1983, eine kleinere Maschine mit 18 Sitzen, der erste *Airbus* von »Druk Air« setzte erst 2004 auf. Die Landebahn misst keine 2000 Meter – mehr Platz ist einfach nicht da.

Wolf sitzt am Steuer, er lenkt »Maggie« an diesem Tag. Ich achte als Co-Pilot auf die Route, habe die Karte im Blick, gebe ihm Anweisungen. Wir sind nicht nervös, haben auch keine Angst. Aber wir sind aufgeregt. So aufgeregt wie kleine Kinder, die auf die ganz große Bescherung warten. Entscheidend ist, dass wir das richtige Tal treffen – und nicht plötzlich irgendwo hineinfliegen, wo es gar keinen Flughafen gibt. Und womöglich keine Möglichkeit zu wenden. Entscheidend ist auch, dass wir nicht zu niedrig fliegen; ansonsten würden wir die Häuser in der Nähe des Flughafens touchieren.

Noch eine Stunde bis zur Landung. Plötzlich taucht ein weißer, schneebedeckter Berg vor uns auf. Kühn ragt er über die dichte Wolkendecke hinaus, über die wir hinweggleiten. Wenig später entdecken wir weitere weiße Gipfel. Endlich können wir ihn sehen: den Himalaja. Nicht nur auf dem Bildschirm, sondern leibhaftig. Doch die entscheidende Frage ist: Finden wir in der Wolkendecke unter uns ein Loch? Können wir uns den Weg hinunter nach Paro bahnen? Freie Sicht: Das ist die Voraussetzung, damit wir überhaupt landen dürfen.

Noch eine halbe Stunde bis zum Ziel. Immer noch keine freie Sicht. Müssen wir umkehren? Wird es nichts? Doch dann, ein paar Minuten später, reißen die Wolken plötzlich auseinander. Ich sehe steile Hänge und enge Täler unter uns. Die Berge erinnern mich an die Schweiz, sie sehen aus wie die Almen und Gipfel der Alpen. Nur, dass sie erheblich höher sind. Über den Gipfeln liegen weiße Schäfchenwolken, dazwischen findet die Sonne viel Platz und lässt die Hänge in sattem Grün erstrahlen. Der Weg für uns ist frei. Paro, wir kommen! Aber noch beginnen wir nicht mit dem Sinkflug.

Noch eine Viertelstunde bis zur Landung. Wir nehmen erstmals Funkkontakt mit dem Tower auf. Wir verstehen das Englisch des Controllers nur schlecht, und der Mann im Tower hat ebenfalls Mühe, unsere Funksprüche zu hören. »Say again«, sagt er, als Wolf um die Genehmigung bittet, mit dem Landeanflug beginnen zu dürfen. Wolf lässt sich davon nicht irritieren. »Request descent!«, spricht er noch einmal ins Mikro. Der Mann im Tower gibt sein Okay.

Also, los geht's!

Längst zeigt unser GPS-Bildschirm nur noch tiefes Rot an. Gebirge! Gefahr! Wir schlüpfen über den gewaltigen Bergkamm unter uns und beginnen, allmählich zu sinken. Von 16 000 Fuß runter auf 13 000 Fuß, von gut 5000 auf gut 4000 Höhenmeter. Wo aber müssen wir lang? Sollen wir so fliegen, wie es uns der Mann im Tower erklärt hat? Oder wollen wir ein wenig von dieser Route abweichen, so wie es uns Arnim erklärt hat? Wolf plädiert für Letzteres. »Das sieht alles ganz optimal aus. Hier ist schon unser Tal«, sagt er.

Wolf folgt in einer lang gezogenen Rechtskurve dem Fluss, der sich durch das Tal schlängelt, sanft schwankt die Maschine hin und her. Einmal erfasst uns eine Böe. »Hoppala«, ruft Wolf. Aber er hat alles im Griff. »Das kriegen wir hin«, sage ich. Dann passieren wir das Funkfeuer, das sich sieben Meilen vor dem Flughafen befindet: einen Sender, der ähnlich wie ein Leuchtturm den Weg zur Landebahn weist. Ein wichtiger Kontroll-punkt. »Wir haben eine tolle Sicht. Ich würde gerne weiter sin-ken«, sagt Wolf. Ich habe keine Einwände. Also ruft Wolf dem Controller im Tower zu: »We request further descent into the valley for the approach« – wir wollen weiter hinunter ins Tal sin-ken, um dann landen zu können. Der Mann im Tower gibt aber-mals sein Okay. Sagt noch, wir sollten uns wieder melden, wenn wir den Runway sehen.

»Jetzt heißt es Achterbahn fahren«, rufe ich. Und dann be-ginnt auch schon der aufregendste Teil der Landung: ein wilder Sturzflug durch ein enges, verwinkeltes Tal. Unmittelbar vor einem Berg, der plötzlich vor uns auftaucht, steuert Wolf scharf nach links. Drückt die Maschine hinunter in das Tal mit dem Paro River. »Mannomann, das ist genial!«, ruft er. Was für ein Flug! Auf einmal sind die Berge nicht mehr unter uns. Sondern neben uns. Über uns. Sind überall. »Ich habe gerade eine Gän-sehaut gekriegt!«, rufe ich. Eine Gänsehaut – die bekomme ich sonst nie.

Wir können es nicht fassen: Wir fliegen durch den Himalaja, durch das höchste Gebirge der Welt. Steil erheben sich links und rechts die Bergflanken, an manchen Stellen haben die Bauern kunstvoll ihre Terrassenfelder hineingegraben, Stufe um Stufe steigen die grünen Treppen die Hänge hinauf. Unter uns auf einem Hochplateau sehe ich ein Dörfchen, eine Ansammlung von Häusern, zu denen sich in engen Kehren ein unbefestigter Fahrweg hinaufwindet.

Kaum dass Wolf die scharfe Linkskurve vollendet, beginnt unsere Höhenwarnung verrückt zu spielen. »Caution, Terrain!«, tönt die automatische Stimme wieder und wieder. Vorsicht, Ge-lände! Ja, sehen wir. »Warning! Warning!« Ja, haben wir verstan-den.

Ein Stakkato aus Alarmrufen schlägt uns aus dem Lautspre-cher im Cockpit entgegen. Wir sollen aufpassen. Den Bergen nicht zu nah kommen. Höher steigen. Aber was wollen wir machen? Wir müssen den Bergen nahe kommen. Wir müssen runter. Nicht rauf. »Oh Mann«, stöhnt Wolf. Aber sein Stöhnen mischt sich zugleich mit einem Lachen. Er ist voll konzentriert, aber er genießt als Pilot auch diesen Anflug.

Nach der scharfen Linkskurve fliegen wir eine nicht ganz so scharfe Rechtskurve. Das Tal wird immer enger. Über uns an den Hängen sind Almen, bestellen Bauern ihre Felder. »Jetzt können wir den Leuten mal Hallo sagen. Die sind höher als wir«, rufe ich Wolf zu. Und dann, nachdem Wolf eine scharfe Links-Rechts-Kombination geflogen ist, zwei Kurven kurz hintereinander, die jedem Formel-1-Rennen zur Ehre gereicht hätten, sehe ich die Landebahn.

»We have the runway in sight«, funkt Wolf.

Ob wir landen wollen?, fragt der Mann im Tower.

»No, we are a little bit too high«, antworte ich. Wir sind ein bisschen zu hoch. Und auch zu schnell. Wir müssen deshalb eine Ehrenrunde drehen. Einmal über den Flughafen hinweg, in ein paar Hundert Metern Höhe. Der Mann im Tower bittet uns, dass wir nicht über das Gebäude mit dem gelben Dach hinwegfliegen, über das Rinpung Dzong, eine Klosterfestung. Kurz hinter dem Airport schmiegt sie sich an die Hänge, 200 buddhistische Mönche leben dort. Machen wir, klar!

Als sich das Tal zu einem kleinen Kessel weitet, ruft der Mann im Tower: »You can turn left now!«

Umdrehen also. Ganz eng fliegt Wolf die Kurve, und dann wieder zurück zum Flughafen. Zweiter Versuch. Wo ist die Landebahn? Kurz taucht sie auf und verschwindet wieder hinter einem Hügelvorsprung.

»Caution! Terrain! Warning!«, plärrt die automatische Höhenkontrolle.

»Passt schon«, ruft Wolf. Er lässt sich, wie so oft auf dieser Reise, durch nichts aus der Ruhe bringen.

»Gib Gas«, mahne ich. Bloß nicht zu langsam werden, bloß nicht zu früh runterkommen.

Und nach einer weiteren Rechts-Links-Kombination, einer weiteren Formel-1-Kurve, die Wolf mit Bravour meistert, ist sie endlich in Sicht: die Landebahn.

»Clear to land«, funkt Wolf.

»Gas raus«, rufe ich.

Aber der Hinweis ist nicht mehr nötig. Sanft setzt Wolf die *Mooney* auf. Und entschuldigt sich, kaum dass die Räder den Boden berühren, beinahe zärtlich bei »Maggie«, dass er ihren Motor so sehr strapaziert hat: »Es tut mir leid.« Tja, so ist das, wenn man sein Flugzeug mag und mit ihm so viel Zeit verbringt, wie wir in den letzten Wochen. Es ist fast Liebe.

Als die Maschine ausrollt und wir vor dem kleinen Tower des internationalen Flughafens von Bhutan parken, bin ich erleichtert wie selten in meinem Leben. Die ganze Anspannung – sie fällt von mir ab. Wir haben es geschafft! We did it! Wir sind auf dem Dach der Welt gelandet!

Ein kleines Empfangskomitee wartet auf uns: einige Offizielle vom Flughafen und einige Abgesandte der nationalen Luftfahrtbehörde von Bhutan. Noch nie hat man hier eine so winzige Maschine wie unsere *Mooney* gesehen. Alle wollen einen Blick hineinwerfen. »Maggie« sei ja wohl »the smallest aircraft in the world«, das kleinste Flugzeug der Welt, sagen die beiden freundlichen Damen vom bhutanischen Zoll. »Maggie« ist die erste Sportmaschine mit einem Kolbenmotor, die in Bhutan gelandet ist.

Und so kleben wir, nachdem das Erinnerungsfoto für die Offiziellen und uns geschossen wurde, die nächste Flagge an den Rumpf von »Maggie«: den bhutanischen Drachen auf gelbem und orangefarbenem Grund. Glücklich recken wir die Daumen. So stolz waren wir noch kein einziges Mal bei unserer kleinen Flaggenzeremonie.

Bhutan, das abgeschiedene Königreich

Der König von Bhutan, sagt unser Guide, sei ein junger, schöner Mann. Sehr beliebt, sehr intelligent. Hoch angesehen. Verheiratet mit einer hübschen, engelsgleichen Frau. Er handle nicht allmächtig, sondern höre genau hin. Er wolle wissen, was seine Untertanen denken. Immer wenn es etwas Wichtiges zu entscheiden gebe, werde das Volk gefragt.

Bhutan, sagt unser Guide, sei deshalb ein glückliches Land.

Der König von Bhutan, Jigme Khesar Namgyel Wangchuck, geboren 1980, hat den Thron im Jahr 2006 bestiegen, nachdem sein Vater nach über drei Jahrzehnten als Monarch abgedankt hat. Der junge König ist der fünfte »Druk Gykalpo«, der fünfte Drachenkönig der Wangchuck-Dynastie, die seit gut 100 Jahren das Land regiert. Er hat in Bhutan die Schule besucht, später ein Internat im US-Bundesstaat Massachusetts, dann in Oxford studiert. Er hat es sich zum Ziel gesetzt, sein Land zu öffnen – und zugleich die Spiritualität zu bewahren, die dem vom Buddhismus geprägten Volk seit Jahrhunderten Halt und Sicherheit gibt.

Das Glück, erzählt unser Guide, wird in dem Königreich sogar gemessen. Regelmäßig schickt die Regierung ihre Glückskommission los, um die Menschen zu befragen, wie es ihnen geht. Die Glücksforscher wollen detailliert wissen, wie es um die Befindlichkeit des Volks bestellt ist. Sie arbeiten einen dicken Fragenkatalog durch, ein paar Hundert Fragen, in denen es um die Gesundheit der Menschen geht, deren soziale Verhältnisse, ihr spirituelles und familiäres Wohlbefinden, ihre Ausbildung, ihr Zeitbudget, ihre Umwelt, ihre Religiosität. Daraus ermittelt die Glückskommission eine Zahl, das »Bruttonationalglück«. Es liegt derzeit bei 0,743; ein Wert von eins würde totales Glück bedeuten, ein Wert von null totales Unglück. Es geht den Bhuta-nern also ziemlich gut.

Der Vater des jetzigen Königs, Jigme Singye Wangchuck, hat den Begriff des »Bruttonationalglücks« vor vier Jahrzehnten ge-prägt. Als ein indischer Journalist ihn damals nach dem Zustand des Landes fragte, erklärte der König, dass das »Bruttonational-glück« wichtiger sei als das Bruttoinlandsprodukt, das rein wirt-schaftliche Wachstum, das in westlichen Ländern als Maß aller Dinge gilt. Seit 2009 steht das »Bruttonationalglück« nun als politisches Ziel in der Verfassung des Landes. Die Regierung ist verpflichtet, ihr Handeln danach auszurichten.

Immer mehr Länder, auch aus Europa, schicken ihre Experten nach Bhutan, um sich dieses innovative Konzept erklären zu las-sen; erst recht seit die Finanzkrise dem Westen vor Augen ge-führt hat, wie gefährlich ein überzogener Wachstumsglaube sein kann. Selbst Wirtschaftsnobelpreisträger wie Joseph Stiglitz dis-kutieren inzwischen beim Weltwirtschaftsforum in Davos über »die Zukunft des Glücks«.

Das Glück: Wir können es in diesem abgeschiedenen Land, das eingequetscht zwischen Indien im Süden und Tibet im Nor-den liegt, mit Händen greifen – so freundlich, so offen, so ent-spannt begegnen uns die Menschen. Sie haben lange kein Fern-sehen gehabt, lange keine Touristen gesehen, lange für sich gelebt. Erst 1961 wurde die erste Straßenverbindung zwischen dem Himalaja-Staat und der Außenwelt gebaut, vor nicht einmal vier Jahrzehnten durften die ersten Besucher das Land bereisen, zur Jahrtausendwende wurde in Bhutan als letztem Staat der Erde das Fernsehen eingeführt. Bhutan war ein verschlossenes Land. Eines, das zufrieden war mit sich selbst. Das keine Bezie-hungen pflegte mit anderen Staaten. Das keine Botschaften in anderen Ländern unterhielt, sondern sich bis ins Jahr 2007 durch das Nachbarland Indien diplomatisch vertreten ließ.

Dennoch waren die Menschen glücklich hier. Und die meisten sind es noch heute. Das erleben wir schon bei unserem Guide, einem gertenschlanken Mann um die 40, der uns mit sanfter Ruhe durch das Land führt. Die Besuche in dem Himalaja-Staat sind stark reguliert, Individualreisen sind nicht erlaubt, die 50 000 Touristen, die jedes Jahr kommen, müssen stattdessen eines der vom Staat vorgegebenen Tour-Pakete buchen, Hotel und Führer inklusive. Aber das hat auch seine Vorteile. Denn die Guides wollen nicht bloß die Sehenswürdigkeiten von Bhutan zeigen, sondern auch einen Eindruck vom normalen Leben in dem Königreich vermitteln.

Das normale Leben beginnt zum Beispiel damit, so erzählt unser Führer, dass man dienstags im ganzen Land keinen Alkohol kaufen darf. Im ganzen Land? Na ja, nicht ganz, räumt er ein. Manche Bar, manches Hotel nehme es mit dieser Regel nicht so genau. Aber generell gilt: Der zweite Tag der Woche ist seit 1999 ein »dry day«, die Regierung will damit den üppigen Genuss von Alkohol in Bhutan einschränken.

Unser Guide klärt uns auch über die vielen Straßenhunde auf, die durch Thimphu streunen. Wir sehen sie in beinahe jeder Gasse, auf allen Plätzen. Sie sind, anders als ich dies bei Straßenhunden erwarten würde, recht gepflegt und wohlgenährt, denn sie werden von den Menschen in Thimphu regelmäßig gefüttert. Auch die Mönche der Klöster stellen ihnen Futter raus. Getötet werden die frei laufenden Hunde nicht, weil es der buddhistische Glaube verbietet, erzählt unser Führer. Stattdessen versuchen die Behörden der Plage auf andere Weise Herr zu werden: Sie lassen die Hunde sterilisieren, und damit man weiß, welche Hunde die Prozedur hinter sich haben, wird ihnen danach eine Ecke des linken Ohrs abgeschnitten.

Auch sonst werden in Bhutan keine Tiere getötet. Sollen Tiere aus Bhutan geschlachtet werden, bringt man diese eigens in einen Schlachthof nach Indien. Anschließend wird das Fleisch nach Bhutan zurückgebracht. Die meisten Bhutaner essen wenig Fleisch, erzählt unser Führer, viele sind Vegetarier, und der Je Khenpo, das Oberhaupt der Zentralen Mönchskörperschaft des

Landes, ordnet immer wieder Zeiten an, in denen überhaupt kein Fleisch verkauft werden darf.

Vier Tage und vier Nächte bleiben wir in dem abgeschiedenen Königreich. Wir erleben in dieser Zeit ein eigenwilliges Land, das versucht, seine Werte zu erhalten und zugleich den Sprung in die Moderne zu schaffen. Der König verfolgt uns dabei auf Schritt und Tritt. Überall im Land wird er auf großen Gemälden verherrlicht. Stets an seiner Seite ist seine zehn Jahre jüngere Frau, eine Bürgerliche: Jetsun Pema ist die Tochter eines Piloten, der 22 Jahre für »Druk Air« geflogen und viele Male auf dem Flughafen von Paro gelandet ist. Er hätte uns sicher noch viele Tipps für den Anflug geben können.

Schon am Flughafen, nur ein paar Schritte vom Tower entfernt, erblicke ich das erste Großgemälde mit dem Königspaar. Auch als wir auf der Fahrt zum Hotel an einer Brücke halten, die sich über den Paro River spannt, sehen wir unter einem lang gestreckten Dach ein großes Gemälde der beiden. Auf diesem Bildnis trägt das Paar die traditionelle Landestracht: die Königin den Kira, einen Wickelrock, der aus einer bis zu drei Meter langen Stoffbahn besteht, die kunstvoll um den Körper gewickelt und mit einem gewobenen Gurt, dem Kera, festgehalten wird; und der König den Gho, eine nicht ganz so lange, ebenfalls kunstvoll gemusterte Stoffbahn, die sich um seinen Körper windet.

»Der Gho«, erklärt unser Führer schmunzelnd, »ist die größte Handtasche der Welt.« Auch er trägt dieses traditionelle Gewand und zeigt uns, was er in der Stoffbahn, die durch einen Gürtel zusammengehalten wird, alles versteckt hat und bei Bedarf schnell herausziehen kann: sein Handy, sein Portemonnaie, seine Papiere. Früher trugen die Männer in dem Beutel, den der Stoff über dem Gürtel bildet, auch ihren Dolch.

An einem der Abende lassen auch Wolf und ich uns diese traditionellen Gewänder überstreifen, eine Dame aus dem Hotel hilft mir, die lange Stoffbahn richtig zu wickeln. Auch die langen schwarzen Socken, die die Männer in Burma tragen, ziehen wir uns an. Wir sehen ziemlich lustig darin aus. Dann gehen wir raus zum Bogenschießen, einem Volkssport in Bhutan. Die Bhutaner treten dabei auf riesigen Feldern an und versuchen auf eine Entfernung von 140 Metern die Zielscheibe zu treffen. Wenn es nicht klappt, gehört es zum Spiel, dass sich die andere Mannschaft mit spöttischen Versen darüber lustig macht und verächtliche Tänze aufführt. 140 Meter – so weit fliegen unsere Pfeile natürlich nicht. Es kostet mich einige Kraft, den Bogen überhaupt zu spannen. Und dann noch treffen? Gar nicht so leicht.

Nicht nur der König und seine Frau sind in Bhutan allgegenwärtig, auch der Buddhismus ist es. Wir können praktisch keinen Schritt gehen, ohne auf eine Buddha-Statue zu stoßen, auf einen kleinen oder größeren Tempel, auf gewaltige Gebetsmühlen, deren hölzerne Griffe von den Gläubigen bedächtig gedreht werden. Sie haben sich auf Kissen niedergelassen, nicht selten mehrere übereinander, und bewegen die großen, reich verzierten Holzzylinder. An einer der Gebetsmühlen beobachte ich ein älteres, lustiges Männchen, einen Greis mit faltigem Gesicht, spitzem Kinn und einer rot-gelb gestreiften Mütze, die ihm viel zu groß ist. Er hockt auf seinen vielen Kissen, dreht die Gebetsmühle, murmelt vor sich hin. Dann blickt er auf, lacht und wirkt zufrieden mit sich und der Welt.

Allgegenwärtig sind auch die Gebetsfahnen: Sie wehen entlang der Straßen, die wir befahren, entlang der Wege, auf denen wir hinauf in die Berge wandern, und entlang der Brücken und schmalen Stege, die sich über Flüsse und Schluchten schwingen – bunte Stoffe, die im Wind flattern, beschrieben oder bedruckt mit Gebeten, die vom Wind in die Welt hinausgetragen werden sollen. Abermillionen gibt es davon in Bhutan. Die großen Gebetsfahnen wehen an Holzstäben, die kleineren hängen dicht an dicht an langen Seilen, die kreuz und quer gespannt sind – von Brücken ans Ufer, zwischen Bäumen und zwischen

Häusern. Wir finden die Gebetsfahnen selbst an entlegenen Stellen, an steilen Hängen oder gefährlichen Schluchten. Sie sollen böse Geister vertreiben und die Götter gnädig stimmen.

Wie religiös die Menschen in Bhutan sind, erleben wir auch in Thimphu. An einem Morgen kommen wir an einer riesigen Menschenschlange vorbei: Sie ist vielleicht drei oder vier Kilometer lang. Tausende warten stundenlang, um einige Buddha-Reliquien zu bestaunen, die aus Indien nach Bhutan gebracht wurden und nun auf einer Tournee in mehreren Städten gezeigt werden. Später fahren wir auf einen Hügel oberhalb der Stadt: Dort wird eine der größten Buddha-Statuen der Welt errichtet. Sie hat eine Höhe von 51,5 Metern – und zählt damit zu den 17 größten Buddha-Statuen, die es gibt. Im Innern des großen Buddhas befinden sich 120 000 Mini-Buddhas. An diesem riesigen Buddha wird seit etlichen Jahren gebaut, das gesamte Projekt kostet etwa 100 Millionen Dollar, finanziert größtenteils von Sponsoren. Der Buddha soll, so ist es auf der Website des Projekts nachzulesen, für »eine gute Atmosphäre in Bhutan und auf der ganzen Welt sorgen«.

Mir gefällt Thimphu ausgesprochen gut: eine schöne Stadt, eingebettet in ein Hochtal, gelegen auf über 2300 Metern. Als besonders beeindruckend empfinde ich die einheitliche Architektur: die ausladenden, flachen Dächer; das viele Holz; die hellen, oft weißen, manchmal hellgelben oder erdfarbenen Wände. Alle Gebäude, egal ob große Klöster oder kleinere Bauernhäuser, sind dekoriert mit Schnitzwerk. Teile der Fassaden sind mit Schlangen und Drachen, Löwen und Tigern und allerlei Phantasiefiguren bemalt. Ein Erlass des Königs und der Regierung schreibt vor, dass sämtliche Gebäude des Landes im traditionellen Stil errichtet werden müssen.

Rund um Thimphu erheben sich die Berge des Himalaja, braune Hänge, die vielfach mit Wäldern überzogen sind, mit Kiefern und Zypressen. In der Ferne sehe ich weiße, schneebedeckte Gipfel, doch insgesamt wirken die Berge keineswegs so hoch, wie sie tatsächlich sind. In den Bergen gibt es viele magische Orte, und der magischste von allen ist das Tigernest, auf Bhutanisch Taktsang – ein Kloster, das auf 3100 Metern Höhe auf atemberaubende Weise in die Felsen gebaut wurde. Wie ein Schwalbennest sitzt das Kloster auf einem schmalen Felsvorsprung. Darunter stürzt der Fels steil ab, darüber geht es ebenso steil nach oben.

Tigernest heißt der Ort, weil der Legende nach hier im achten Jahrhundert der Guru Padmasambhava auf dem Rücken eines Tigers gelandet sein soll. Danach habe er drei Jahre, drei Monate, drei Wochen, drei Tage und drei Stunden an diesem Ort gebetet. Der Guru gilt als derjenige, der den Buddhismus nach Bhutan gebracht hat. Wie es einst – mit den eingeschränkten Baumitteln der Vorzeit – gelungen ist, das Kloster auf den Felsen zu bauen, ist bis heute ungeklärt. Es wurde im Jahr 1692 erstmals errichtet – und danach ein paar Mal wieder, weil es immer wieder abgebrannt ist. Zuletzt wütete 1998 ein Feuer. Das Kloster wurde vollständig zerstört und nach alten Plänen wieder aufgebaut.

Wir sind ein wenig spät dran, als wir den Aufstieg zum Kloster beginnen. Wir laufen über einen steilen Pfad, der sich erst durch einen Laubwald und dann durch einen Tannenwald windet. Viele Jahre war der Weg zum Tigernest für Touristen gesperrt. Nur buddhistische Pilger durften hinaufsteigen. Auch an diesem Tag sind viele von ihnen unterwegs. Unsere Gruppe zerfällt schnell, jeder schlägt sein eigenes Tempo an, manche keuchen angesichts der dünnen Luft, anderen fällt der Aufstieg vorbei an steilen Hängen und tiefen Schluchten, an flatternden Gebetsfahnen und fliegenden Händlern leichter.

Ich merke, wie sehr die Höhenluft an meinen Kräften zehrt. Zum Schluss müsste ich über ein paar Hundert Stufen rauf und wieder runter steigen, um das Kloster zu erreichen – eine Strecke, für die man besser eine Gämse wäre. Dieses letzte, sehr sportliche Stück spare ich mir, zu erschöpft bin ich, und schaue mir das Kloster aus ein paar Hundert Metern Entfernung an. Auch so ist es sehr eindrucksvoll.

Und dann, am letzten Abend, als sich unser Aufenthalt in Bhutan allmählich dem Ende zuneigt, bekommen wir noch einen besonderen Einblick in die Monarchie des Landes: Wir geraten hinein in die Hochzeitsfeierlichkeiten für den Bruder des Königs. Dieser hat – nachdem sein Bruder eine derart hübsche Frau gefunden hat – kurzerhand die Schwester der Königin geheiratet. Die Hochzeit zieht sich über etliche Tage hin. In der Woche zuvor hat die Trauung stattgefunden, in der Heimatstadt der Braut, in Bumthang. Nun gehen die Festlichkeiten in Thimphu weiter, ausgerechnet in unserem Hotel.

Und so reihen wir uns ein in die Schar derjenigen, die in der geschmückten Hotellobby auf die königliche Familie warten. Der Boden der Halle ist mit Blumenornamenten geschmückt, die Blüten leuchten in Orange, Rot und Gelb. Ein Kamera-Team hat sich in Position gebracht, vermutlich vom bhutanischen Fernsehen, das, so ist zu lesen, vor allem über Gesundheitsthemen und die königliche Familie berichtet.

Dann rollen auch schon die Limousinen der Gäste vor. Wir sehen, wie die Hochzeitsgesellschaft in das Hotel einzieht, schlicht, aber festlich gekleidet. Die Hotelangestellten begrüßen die königlichen Gäste mit vielen Verbeugungen, und auch wir können einen Blick erhaschen, ehe sie in einem Saal verschwinden.

Nach vier Tagen fällt mir der Abschied aus Bhutan schwer. Dieses Land hat mich mit seiner Natur, den riesigen Bergen, den schönen Häusern und seinen freundlichen Menschen in seinen Bann gezogen. Und es hält uns am Schluss sogar länger fest, als wir es geplant haben. Denn als wir um 5 Uhr morgens zum Flughafen fahren, um gen Indien zu starten, hängt Nebel im Tal von Paro. Der Airport ist dicht. Und als der Nebel sich nach ein paar Stunden verzieht, dürfen wir noch immer nicht los: Zunächst starten die Linienflugzeuge von »Druk Air«, die ebenfalls nicht abheben konnten; danach landen jene Maschinen, die bereits im Anflug auf Paro sind. Das dauert, denn in dem engen Tal darf immer nur ein Flugzeug auf einmal unterwegs sein.

Am späten Vormittag kommt – endlich! – das Signal, dass ich den Motor anwerfen kann. Diesmal sitze ich am Steuer, diesmal darf ich die *Mooney* durch die Berge des Himalajas steuern. »Maggie« braucht in der dünnen Höhenluft lange, um genug Geschwindigkeit aufzubauen, und sie steigt längst nicht so schnell wie sonst. Meter um Meter arbeiten wir uns nach oben. Eine zähe Sache. »Weiter steigen, weiter steigen«, ruft Wolf immer wieder. Ich fliege denselben Weg hinaus, über den wir vor vier Tagen gekommen sind. Wieder in wilden Kurven. Wieder krächzt die Stimme aus den Bordgeräten: »Caution!« – »Terrain!« – »Warning!« Ich rufe Wolf zu: »Der Abflug ist genauso schön wie der Anflug.« Und er lacht zurück: »Einfach genial!«

Als wir genug Höhe erreicht haben, als wir über den Gipfeln des Himalajas sind, drehe ich gen Westen ab. Gen Indien. Fast neun Stunden dauert der Flug nach Udaipur, Zwischenlandung inklusive. Spät in der Nacht ist es, als ich mich in Deutschland melde. Fast zu spät. Denn manche meiner Freunde, die unsere Reise verfolgen, haben sich bereits Sorgen gemacht. Kein Anruf, keine SMS von mir. Auch bei Heike und Marie habe ich mich seit dem Abflug aus Bhutan nicht gemeldet. Haben wir es nicht über die Berge geschafft? »Nein, alles bestens«, erzähle ich kurz vor Mitternacht indischer Zeit fröhlich am Telefon. »War nur alles etwas kompliziert in Indien. Viel Papierkram bei der Zwischenlandung in Patna. Und dann noch mal viel Papierkram in Udaipur. Da hatten wir keine Zeit, uns zu melden.«

Aber das ist noch einmal eine ganz eigene Geschichte.

Agenten, Elefanten, Bürokraten

Geduld. Wir brauchen unendlich viel Geduld. Wieder und wieder lässt der Mann den Stempel auf unsere Papiere niedersausen. Und es sind viele Papiere, die Wolf und ich zuvor ausgefüllt haben. Die vorgedruckten Formulare, die man uns am Flughafen von Patna gereicht hat, konnte ich kaum lesen, so oft waren sie kopiert worden, so verblichen und unscharf waren die Buchstaben. Ein Beamter hat die einzelnen Zettel danach auf archaische Weise aneinandergefügt, er hat einen Faden durch die gelochten Seiten gezogen und diese zusammengebunden. Und nun bekommt so gut wie jede dieser Seiten einen eigenen Stempel.

Wumm! Wumm! Wumm!

Klar, alles muss seine Ordnung haben. Aber so viele Stempel? So viel Ordnung? Zuvor haben schon andere Beamte andere Stempel auf unsere Papiere niedersausen lassen.

Wumm! Wumm! Wumm!

»Ich bin froh, wenn wir hier durch sind«, sage ich zu Wolf. Und auch er wäre froh, wenn wir diese bürokratische Prozedur am Flughafen von Patna endlich hinter uns hätten. Ein, zwei Stunden hatten wir für den Zwischenstopp eingeplant, für die Einreise nach Indien und die Formalitäten mit dem Zoll sowie der Einwanderungsbehörde. Aber nun sind wir schon mehr als drei Stunden damit beschäftigt, all die Stationen abzuklappern, zu denen man uns freundlich, aber bestimmt schickt. Und ein Ende der Stempelei, nein, ein Ende ist noch nicht in Sicht.

War es also, so frage ich mich, doch ein Fehler, auf die Hilfe der Handling-Agenten zu verzichten, jener oft nervigen, aufdringlichen Helfer, die für Sport- und Privatflieger den Papierkram an den Flughäfen erledigen und alles bis hin zum Sprit organisieren? Wir hatten in den letzten Monaten ein paar sehr gute Helfer. In Los Angeles etwa. Oder in Japan. Aber die Hilfe hatte stets ihren Preis. Schnell waren wir ein paar Hundert Dollar los, manchmal mehr. Das wollten wir in Indien vermeiden. Denn als Piloten sind wird hier, anders als in vielen Ländern, nicht dazu verpflichtet, einen Handling-Agenten anzuheuern.

Also warum so viel Geld ausgeben, wenn wir die Formalitäten selbst erledigen können? Weil uns die Prozedur so etwas mehr Zeit kostet. Das war uns – eigentlich – egal gewesen.

Doch dann taucht direkt nach der Landung in Patna neben »Maggie« eine Handvoll Leute auf. Die meisten lungern nur herum und wollen sich die Langeweile vertreiben. Einer aber, den wir später »Braunhose« nennen, weil er eine sehr enge, khakifarbene Hose trägt, behauptet, er sei vom Flughafen. Offizielles Personal also, keiner der privaten Abzocker. Wunderbar. Er führt uns durch viele Hallen. Und schließlich in ein verstaubtes Büro. Der Papierkram beginnt. Zwischendurch taucht »Braunhose« auf und bittet uns um eine Kopie unseres Flugplans. Ich denke mir immer noch nichts Böses. Erst als wir wenig später einen Anruf aus Neu-Delhi erhalten, von einem Kollegen von »Braunhose«, schwant mir: Der Kerl ist doch einer dieser nervigen, aufdringlichen Handling-Agenten. Sofort schicken wir ihn weg. Sagen ihm, dass wir seine Dienste nicht wollen. Doch er heftet sich an unsere Fersen. Verfolgt uns von Büro zu Büro. Von Kontrolleur zu Kontrolleur. Von Stempelstelle zu Stempelstelle. Wieder und wieder versucht er Wolf und mich in eine Diskussion zu verwickeln, uns seine Dienste aufzudrängen. Wieder und wieder sagen wir Nein. Auch als wir in den Tower steigen, können wir »Braunhose« nicht abschütteln. Erneut klingelt das Telefon, »Braunhose« reicht mir den Hörer weiter, und erneut ist die Zentrale seiner Firma aus Neu-Delhi dran.

»Sie müssen einen Handling-Agenten nehmen. Das ist verpflichtend«, erklärt mir die Stimme am anderen Ende.

»Nein, ist es nicht. Wir wollen das nicht«, antworte ich.

»Aber Sie haben uns bereits einen Auftrag erteilt. Das sagt unser Mann vor Ort«, schallt es mir entgegen.

»Nein, haben wir nicht. Das stimmt nicht«, entgegne ich.

Ein Wort gibt das andere, mein Ton wird schärfer, der des Anrufers auch. Schließlich lege ich einfach auf und denke mir: Der kann mich mal.

Wenige Sekunden später klingelt erneut das Telefon. »Sie müssen unsere Dienste in Anspruch nehmen. Sonst kommen Sie aus Patna nicht weg«, droht mir der Mann aus Neu-Delhi.

»Das werden wir ja sehen. Mal schauen, wer den längeren Atem hat«, antworte ich. »Erpressen lassen wir uns nicht.«

Dann ist auch dieses Gespräch zu Ende. Die Männer im Tower, die ebenfalls wenig Verständnis für das aggressive Vorgehen der Handling-Agenten haben, schicken »Braunhose« weg.

Nach beinahe vier Stunden haben wir schließlich alle Stempel beisammen. Im Tower zahlen wir schlappe 24 Dollar an Gebühren. Das war's! Wir sind ziemlich erschöpft, haben aber fast 800 Dollar gespart. Allerdings sind wir noch keineswegs am Ziel, sondern haben noch einen weiteren, anstrengenden Flug vor uns. Fast sechs Stunden bis nach Udaipur.

Schaffen wir das, ehe der Airport um 21 Uhr Ortszeit schließt? Oder müssen wir in Udaipur eine satte Extra-Gebühr bezahlen, damit man den Runway länger offen hält? 1000 Dollar könnte das schnell kosten. Unsere Ersparnis bei den Handling-Gebühren in Patna – sie wäre futsch. Ich gebe deshalb so viel Gas, wie es nur geht. Kürze die Route ab, wo es nur möglich ist. Um 19 Uhr geht die Sonne unter. Ein phantastischer Anblick. Doch wir müssen noch zwei Stunden durch die Dunkelheit fliegen. Kein Vergnügen mit einer so kleinen Maschine. Sieben Minuten, bevor der Flughafen schließt, setze ich »Maggie« auf der Landebahn auf. Puh, das war knapp!

In Udaipur beginnt die letzte Woche unserer Erdumrundung. Ich will es kaum wahrhaben, dass wir uns allmählich wieder

Deutschland nähern und unsere Weltreise bald vorbei sein soll. An diesen steten Rhythmus von Ankommen und Abreisen, von Starten und Landen, von Fliegen und Entdecken und auch an den steten Wechsel der Länder habe ich mich inzwischen sehr gewöhnt. Ich freue mich auf jede neue Station, bin gespannt auf die unterschiedlichen Menschen, die unterschiedlichen Kulturen, auf diese Vielfalt der Welt, wie ich sie mir zuvor nicht habe vorstellen können.

Drei Tage und drei Nächte bleiben wir in Udaipur, in einer Stadt mit viel Geschichte und etlichen Prachtbauten. Von 1568 bis 1948 war sie die Hauptstadt des Fürstentums Mewar, erst dann erfolgte der Anschluss an den Bundesstaat Rajasthan und damit an Indien. Die Stadt mit ihren 450 000 Einwohnern liegt an mehreren Seen, einige davon befinden sich in unmittelbarer Nähe der Innenstadt. Dieses Wechselspiel von Wasser und Stadt, von sanften Wellen und malerischen Straßen und Gebäuden finde ich, der ich sehr gern fotografiere, überaus reizvoll. Die Stadt wird gelegentlich als das »Venedig des Ostens« bezeichnet.

Wir stoßen, nachdem wir den Handling-Agenten in Patna abgeschüttelt haben, in Udaipur auf einen ganz anderen Agenten. Auf 007 – auf James Bond. Denn mitten im größten See der Stadt, dem Pichola-See, der im 17. Jahrhundert von einem reichen Kaufmann angelegt wurde und sich über eine Länge von vier Kilometern erstreckt, liegt das »Lake Palace Hotel«, ein schneeweißes Gebäude, dessen Außenmauern komplett von Wasser umgeben sind. Die prächtige Anlage, die zwischen 1741 und 1746 im Auftrag von Maharana Jagat Singh II., dem 62. Nachfahren der königlichen Dynastie von Mewar, errichtet wurde, war der Schauplatz vieler berühmter Filme. Der Regisseur Fritz Lang drehte hier vor viereinhalb Jahrzehnten »Der Tiger von Eschnapur« und »Das indische Grabmal«. Und auch Teile des James-Bond-Films »Octopussy« mit Roger Moore wurden hier aufgenommen. Der Palast mitten im See war das Zuhause der Titelheldin Octopussy. Der James-Bond-Film hat dafür gesorgt, dass das »Lake Palace Hotel« zu einer Ikone Indiens wurde – beinahe ähnlich wichtig für den Tourismus wie das Taj Mahal.

Wir selbst übernachten in Udaipur nicht ganz so feudal, aber dennoch gut. Als wir unser Hotel am nächsten Morgen verlassen und uns auf den Weg in die Stadt machen, bleibe ich nach wenigen Sekunden stehen, als ein Elefant meinen Weg kreuzt. Für einen Inder mag es das Natürlichste auf der Welt sein, dass ein solcher Koloss zwischen den Autos und Tuk-Tuks über die Straße stapft. Aber für einen Europäer wie mich? Ich weiß nicht genau, wie lange ich mit offenem Mund dastehe und auf den Elefanten starre.

Im nächsten Augenblick werden wir von einer Schar von Tuk-Tuk-Fahrern umschwärmt, die uns ihre Dienste anbieten. Einer von ihnen, Imram, ein Mann um die 40 mit fröhlichem Schnauzer, scheint mir besonders sympathisch. Er zeigt uns sein Gästebuch, die Statements von zufriedenen Kunden aus Deutschland. Also warum nicht? Schnell verständigen wir uns mit Imram auf 15 Dollar pro Tag. Und dann sitzen Wolf und ich auch schon auf den weichen Bänken in seinem blitzblanken, dunkelbraunen Tuk-Tuk, in einem sehr viel komfortableren Fahrzeug, als wir es aus Chittagong in Erinnerung haben.

Imram fährt uns kreuz und quer durch die Stadt. Durch die schmalen, verwinkelten Gassen, in denen sich die knatternden Mopeds und die heiligen Kühe drängen. Vorbei an zwei- oder dreistöckigen, teils bunt bemalten Häusern, die kreuz und quer gebaut worden sind, dorthin, wo gerade Platz war. Hier in diesem Straßengewirr hat auch James Bond nach Bösewichten gejagt, ist er mit einem Tuk-Tuk durch die Gassen der Altstadt gerast und hat versucht, seine Verfolger abzuschütteln.

Imram kutschiert uns weiter zu einem farbenfrohen Markt, wo es nach Gewürzen duftet, nach würzigem Curry und scharfem Chili, nach Kurkuma und Kardamom, nach Safran, Sesam und Koriander. Meine Augen gehen über angesichts des Angebots auf den Tischen: Hier türmt sich ein Berg Ingwer, dort ein

Berg Tomaten, etwas weiter roter und grüner Chili, Zitronen, Bananen, Bohnen. Was auch immer man will.

Die Händler mit ihren glatten, ebenmäßigen Gesichtern bieten uns ihre Ware zum Probieren an. Dazwischen entdecken wir Korbmacher, die große und kleine Körbe flechten. Oder Töpfer, die Krüge und Tassen anbieten, teils fein bemalt; ihre getöpferten Waren haben sie kunstvoll zu riesigen Haufen aufgeschichtet. Aber mehr als ein paar Gewürze nehmen wir nicht mit, denn in der *Mooney* ist nicht viel Platz; und wichtiger als Einkäufe, die unsere Maschine schwer überladen, ist nun einmal, dass wir genug Sprit dabeihaben.

Imran zeigt uns auch die herrlichen Paläste von Udaipur. Große, weitläufige Gebäude mit vielen Türmen und Wandelgängen, mit verzierten Bögen und Ornamenten, herrlichen Gemächern und filigranen Fenstern. Die Stadt ist ziemlich voll an diesem Tag. Denn der indische Ministerpräsident Manmohan Singh hält eine Rede in Udaipur. Die halbe Bevölkerung scheint deswegen auf den Beinen zu sein und dem Regierungschef der größten Demokratie der Welt zuhören zu wollen. Imran steuert uns trotzdem sicher durch den dichten Verkehr.

Er erzählt uns von seiner Familie. Von seiner Frau und den beiden Kindern, denen er ein noch besseres Leben ermöglichen will. Sein Geschäft scheint zu florieren, Imran trägt eine feine, helle Hose und ein schickes, kariertes Hemd. Er schlägt vor, uns zu einem Schneider zu bringen. Wir wüssten ja sicher, dass indische Schneider sehr gut seien. Und in Udaipur seien sie besonders gut. Jeans? T-Shirts? Trage kaum jemand. Nicht mal die jungen Leute. Man achte auf gepflegte Kleidung, sagt Imran.

Mit seinem Tuk-Tuk fährt er uns durch das Gewirr der Gassen zu einem Schneider, bei dem – wie ein Foto im Erdgeschoss zeigt – schon Judi Dench eingekauft hat, die Darstellerin der Geheimdienstchefin M aus James Bond. Schneider gibt es in dieser Gegend zuhauf, in jeder Straße finden sich mehrere, und sie leben nicht bloß von einheimischen Kunden, sondern vor allem von den Besuchern aus aller Welt. Denen verlangen sie deutlich höhere Preise ab – und versorgen sie, wenn sie die Kunden erst einmal in ihre Datei aufgenommen haben, gern auch Jahre nach ihrem Besuch in Udaipur wieder mit frischer Ware. Auf Wunsch schicken sie Hemden oder Maßanzüge um die ganze Welt.

Ich bin überzeugt, dass Imran eine Provision dafür bekommt, dass er uns bei diesem Schneider abliefert, aber das ist okay. Man kennt sich, man unterstützt sich. In den Regalen der kleinen Schneiderei stapeln sich die Stoffe bis unter die Decke: weiße und blaue, graue und schwarze, gestreifte und gemusterte. Der Eigentümer, Mister Naveen, und seine Angestellten umschwärmen uns, sie bitten Wolf und mich hinauf in die erste Etage, bieten uns Getränke an – und tun alles, damit wir möglichst lange dableiben. Mister Naveen ist ein begnadeter Verkäufer. Seine Stoffe, na klar, seien nur die allerbesten. Seine Näher seien sehr fleißig und sehr schnell. Abholen? Morgen? Überhaupt kein Problem. Machen wir alles über Nacht.

Doch sosehr uns Mister Naveen auch umgarnt, beim ersten Mal können wir uns noch nicht entscheiden. Kein Problem, sagt der Schneider. Er hat uns ja alle Argumente geliefert, und nachdem ich noch mal eine Weile nachgedacht habe, überzeugen sie mich auch. Vor allem der Preis: nicht mal die Hälfte dessen, was ich in Deutschland bezahlen müsste. Also stehen wir ein paar Stunden später erneut in dem Geschäft. Wählen Stoffe aus. Lassen Maß nehmen. Neun Freizeithemden gebe ich in Auftrag, außerdem ein Pilotenhemd, dazu ein Sakko.

An den nächsten beiden Tagen kehren wir noch zweimal zum Schneider zurück. Einmal muss er mein halb fertiges Sakko abstecken. Und dann, beim vierten Besuch, wollen wir unsere Ware eigentlich abholen. Doch da teilt uns Mister Naveen – sorry, sorry – mit vielen Entschuldigungen mit, dass ein Teil der Hemden doch noch nicht fertig sei. Schicke er aber gern per Post nach Deutschland. Kein Problem. Also Adresse und E-Mail hinterlassen. Und schon ist mein Name in die Kundendatei aufgenommen. Auf dass ich auch künftig meine Hemden in Udaipur bestelle.

Zwischendurch lassen wir uns von Imran zum Flughafen bringen. Wir wollen den Papierkram erledigen, bevor wir am nächsten Tag abfliegen. Eine einsame Controllerin hockt im Tower. Bei ihr zahlen wir ein paar Dollar an Gebühren und Steuern. Wieder kommen wir ohne Handling-Agenten aus. Die Frau im Tower stellt uns sogar eine Board-Karte aus. Na so was! Wozu denn das? Die brauche man in Udaipur, erklärt sie uns, nicht nur für die großen Passagiermaschinen, sondern auch als Privatflieger. Wir nehmen die Board-Karten verwundert in die Hand. Was wir nicht ahnen: Sie werden uns am nächsten Tag noch nützliche Dienste erweisen.

Denn am Abend taucht im Hotel wieder ein nerviger, aufdringlicher Handling-Agent auf. Er will uns seine Service-Gebühren abknöpfen, gut 800 Euro. Schließlich müssten wir ja noch einmal tanken, er werde das organisieren, meint er. Nein, tanken müssen wir nicht, erklärt Wolf dem Kerl. Wir haben bereits in Patna unseren Tank so gut gefüllt, dass wir damit bis in den Oman fliegen können. Egal, sagt der Mann, wir müssten ihn trotzdem bezahlen. Spätestens am nächsten Morgen beim Abflug. Wolf ist sichtlich genervt. Er beschimpft den Handling-Agenten, der daraufhin von dannen zieht.

Als wir noch vor dem Frühstück zum Flughafen rausfahren, ist der Kerl aber wieder da. Er verlangt Geld. Und fühlt sich sicher dabei. Er glaubt, dass wir ohne ihn nicht durch die Kontrolle kommen. Kommen wir aber doch. Wolf und ich zücken lächelnd unsere Board-Karte, zeigen sie den Kontrolleuren an der Sicherheitsschleuse, und die lassen uns passieren. Der Handling-Agent schaut uns verdattert hinterher. Er kann es nicht fassen: Ihm ist ein sicher geglaubtes Geschäft entgangen. Wir haben erneut rund 800 Dollar gespart – und entsprechend fröhlich starten wir in Richtung Oman.

Seeadler über Bagdad

Vielleicht liegt es daran, dass Wolf einen schlechten Tag hat. Vielleicht liegt es daran, dass ich ein wenig gereizt reagiere. Vielleicht liegt es auch daran, dass die Ausreise aus Indien uns beinahe den letzten Nerv gekostet hätte: Wieder haben wir Stunden damit zugebracht, unsere Zoll-, Ausreise- und Flug-Dokumente stempeln zu lassen.

Aber irgendwann musste es ja passieren, irgendwann mussten wir uns vermutlich so richtig in die Haare bekommen – nach fast elf Wochen auf engstem Raum in der kleinen Flugzeugkanzel, nach fast elf Wochen, in denen wir uns fast jede Nacht das Hotelzimmer geteilt haben und auch sonst auf Schritt und Tritt zusammen unterwegs gewesen sind. Wir haben Zoff. Nach der Landung in Muscat, der Hauptstadt des Oman, entspinnt sich ein kurzer, heftiger Streit zwischen Wolf und mir.

Der Auslöser dafür ist eher unbedeutend. Fast sechs Stunden sind wir von Udaipur über den Indischen Ozean und den Golf von Oman geflogen, ohne allzu viel zu sehen, nur Wellen und Wasser, keine Insel, nicht einmal einen Öltanker – und nun müssen wir »Maggie« umparken, weil wir sie auf dem internationalen Airport von Muscat zunächst falsch abgestellt haben. Also wieder den Motor starten – und ein paar Meter rollen. Aber der Motor springt nicht an. Deshalb schieben wir »Maggie« von Hand an die richtige Position.

Es ist spät, die Sonne versinkt bereits am Horizont. Wir sind müde und kaputt von dem langen Flug, von dem Theater mit den indischen Zöllnern, mit den Handling-Agenten, die uns wie zuvor in Patna und Udaipur auch in Ahmedabad wieder verfolgt haben, ehe wir sie abschütteln und weitere 800 Dollar sparen konnten. Es gibt also nichts, was wir sehnlicher erwarten als ein

Abendessen (nachdem wir vor dem Abflug in Indien kein Frühstück hatten) und ein weiches Hotelbett.

Dann taucht der Tankwart auf, und wir wissen schon vorher: Der Sprit im Oman ist unverschämt teuer. Fünf Dollar pro Liter, einer der höchsten Preise auf unserer Reise. Wir können das nicht recht verstehen, schließlich gibt es in der Gegend hier Erdöl in Hülle und Fülle, das Benzin fürs Auto kostet gerade mal 22 Cent pro Liter. Aber Flugbenzin? Ein Luxusgut.

Und so wirft Wolf dem Tankwart, der sich tatsächlich ein wenig umständlich anstellt, ein paar harsche Sätze an den Kopf. Das passt mir nicht, und daraufhin pampen wir uns gegenseitig an. Ein Wort gibt das andere, ein paar scharfe Sätze fliegen hin und her. Was genau wir uns vorgeworfen haben, weiß ich nicht mehr. Vergessen, verdrängt. Doch irgendwann, nach dem heftigen Wortwechsel, ist wieder Ruhe – und die Stimmung versaut. Wortkarg erledigen wir die Formalitäten bei der Einreise, übellaunig fahren wir ins Hotel, keiner mag mit dem anderen reden. Männerstreit.

Das Verwunderliche an diesem großen Zoff ist, dass er erst jetzt ausbricht. Nach so vielen aufregenden Erfahrungen, so vielen Herausforderungen, die wir gemeinsam gemeistert haben. Wir haben uns aufeinander verlassen, sind mit der *Mooney* über den Pazifik, den Urwald und durch die engen Täler des Himalaja geflogen. Wir haben uns schätzen gelernt, sind Freunde geworden. Zwei Freunde, die einander respektieren und um die Stärken des anderen wissen (und auch um dessen Schwächen).

Aber manchmal müssen sich Freunde eben auch streiten. Manchmal muss man sich Dinge ins Gesicht sagen dürfen, die nicht so nett sind. Eine Freundschaft muss so etwas aushalten können, und unsere Freundschaft hält das aus. Am Abend, im Hotel, reden wir zunächst nicht drüber, aber am nächsten Morgen räumen wir den Streit schnell aus. Mein Gott, kann ja mal passieren. Alles nicht so schlimm. Ein schlechter Tag. Sorry. Tut mir leid. Weiter geht's.

Im Oman sind wir erneut in einer völlig anderen Welt angekommen. Es ist der nächste Kulturschock unserer Reise, das nächste Kontrastprogramm, das mir vor Augen führt, wie unterschiedlich Länder und Kulturen, Völker und Traditionen sein können. Nach drei Tagen im schmutzigen, chaotischen und lauten Indien sind wir in einem Land, wie es ordentlicher und gesitteter kaum sein könnte. Das merke ich schon, als wir auf den sauber geteerten Straßen unterwegs sind: Niemand benutzt, wie in Udaipur, ständig die Hupe, um sich einen freien Weg zu bahnen; alle halten die Spur; keiner wechselt unentwegt hin und her, um in rasender Fahrt den schnellsten Weg vorbei an den anderen Autos zu finden. Gleichförmig rollen die Autos, meist größerer Bauart, dahin, vorbei an Häusern, die in Weiß erstrahlen, vorbei an der fein gepflasterten Uferpromenade.

Muscat ist sehr ruhig, fast ein wenig zu ruhig. Und ordentlich. Sehr ordentlich sogar. Ich fühle mich an München erinnert, diese saubere und manchmal auch geleckte Stadt, in der ich seit über 48 Jahren lebe. Nach den vielen Eindrücken, die wir auf unserer Reise aufgesogen haben, kommt mir der Oman fast ein wenig langweilig vor. Das ist natürlich etwas ungerecht, weil es hier auch schöne Ecken gibt. Vielleicht liegt es auch daran, dass ich mit meinen Gedanken schon halb zu Hause bin. Noch vier Tage, noch Kuwait, Ankara, Odessa – dann sind wir in Deutschland. Dann bin ich wieder daheim bei Heike und Marie.

Und so machen wir uns schließlich auf in den Souk, einer der wenigen Orte in Muscat, die uns interessant erscheinen. Unser Elan, stattdessen mit einem Jeep raus in die Wüste zu fahren, ist nicht allzu groß. Zu müde sind wir, zu geschafft. Ein Jordanier, den wir nach dem Weg zum Souk fragen, nimmt uns mit seinem Auto mit, einem kleineren SUV asiatischer Bauart. Er wohnt in der Nähe des Souk, arbeitet als Vertreter für ein amerikanisches Pharmaunternehmen, vertreibt Mittel gegen Hämorriden und hat auch sonst viel zu erzählen. Er ist aus seinem Heimatland hergezogen, weil er hier gut verdient. Der Souk von Muscat, nun ja, ist längst nicht so lebhaft, so chaotisch, so spannend wie die Händlergassen in Udaipur oder Mandalay. Auch hier ist alles zu sauber, zu steril.

Der Oman ist erkennbar ein reiches Land. Eines, in dem der Wohlstand, wie mir scheint, auch zu einer gewissen Behäbigkeit geführt hat. Es liegt östlich der berühmten Straße von Hormus, dieser strategisch wichtigen Meerenge; im Norden grenzt der Oman an die Vereinigten Arabischen Emirate, im Süden an den Jemen. Erst spät, Mitte der 1960er-Jahre, wurde hier Öl entdeckt – viel später als in Saudi-Arabien oder am Persischen Golf, in Kuwait, Iran, Irak oder den Emiraten. Seither hat sich das Land unter dem absolutistischen, seit 1970 herrschenden Sultan Qabus kräftig entwickelt. Die Infrastruktur wurde ausgebaut, auch der Tourismus bringt immer mehr Geld, und so haben die zweieinhalb Millionen Menschen ein recht angenehmes Leben.

Nur Alkohol, tja, den gibt es hier nicht. Nirgends. Wie also soll ich meine Sammlung von lokalen Bieren komplettieren? Ein Hotel, so finden wir heraus, das Hyatt, schenkt doch etwas aus. Also treffen wir uns dort zum Abendessen mit zwei anderen Pilotenpaaren aus Deutschland, die hier ebenfalls Station gemacht haben.

Lang sitzen wir im Hyatt zusammen. Wir feiern, dass wir bis hier alles so gut geschafft haben. Der Streit zwischen Wolf und mir ist endgültig vergessen. Als wir am nächsten Morgen zum Flughafen fahren, steckt uns der Abend noch in den Knochen – doch mit einem Schlag sind wir hellwach, die Müdigkeit ist verflogen, als wir »Maggie« sehen. Das Vorderrad und der Boden ringsum sind voller Öl. Das sieht nicht gut aus! Es tropft aus dem Motor. Aber woher? Warum? Bange Fragen. Macht unsere *Mooney* kurz vor dem Ende der Reise doch noch schlapp?

Wir schrauben die Motorabdeckung, die Cowling, ab und suchen nach der undichten Stelle. Wir liegen unter der Maschine, unter dem Motor. Fahnden nach dem Leck. Unsere Gesichter, unsere Hände, unsere Pilotenhemden sind längst mit Öl verschmiert.

Aber wir finden die Stelle nicht. Dann taucht eines der anderen Pilotenpaare auf, das abends mit uns im Hotel war. Dietmar und Veronika Frey, zwei Deutsche, die seit vielen Jahren in Kapstadt leben, haben ihre Maschine, eine *Cessna P210 Silver Eagle*, direkt neben unserer geparkt. Dietmar hatte früher selbst eine *Mooney*. »Kannst du mal schauen?«, fragen wir ihn. Vielleicht kennt er sich ja besser aus als wir. Sofort liegt auch Dietmar unter der Maschine. Wir schauen zu dritt, aber er findet trotz intensiver Suche ebenfalls nichts. Und so verabschiedet er sich schließlich, weil er uns nicht helfen kann, zusammen mit seiner Frau gen Kuwait. Vorher holt Veronika uns aber noch einen Haufen Papierhandtücher, die sie mit Wasser und Seife nass gemacht hat, damit wir uns hinterher all das Öl abwaschen können.

Wir müssen das Problem allein lösen. Also überprüfen wir noch einmal die Öldruckanzeige. Sie zeigt einen nur geringen Ölverlust an. Können wir es wagen, mit »Maggie« zu starten? Oder sollten wir die Maschine besser von einem Flugzeugmechaniker in Muscat durchchecken lassen? Wolf und ich überlegen hin und her. Dann entscheiden wir, die Sache zu riskieren. Motor an! Los geht's! Auf nach Kuwait!

Das Risiko für uns ist überschaubar, da wir die meiste Zeit entlang der südlichen Küste fliegen, vorbei an Dubai und Abu Dhabi, vorbei an Bahrain und Katar. Sollte der Motor doch einen größeren Schaden haben, könnten wir fast jederzeit irgendwo landen. Gebannt schauen Wolf und ich immer wieder auf die Öldruckanzeige, aber die Nadel bewegt sich nicht. Ein gutes Zeichen! Wir verlieren kein weiteres Öl. Kann uns also egal sein, warum der Motor geleckt hat. (Später, nach der Rückkehr nach Straubing, stellt der Mechaniker fest, dass ein Ventil kaputt war und wir bloß ein Schnapsglas voll Öl verloren haben.)

Der Flug entlang des Persischen Golfs bietet uns einige spektakuläre Ausblicke. Etwa auf die Skyline von Dubai und den Burj Khalifa, den mit 838 Metern höchsten Wolkenkratzer der Welt.

Oder auf zwei künstliche Inselgruppen, die vor der Küste von Dubai aufgeschüttet wurden – eine in der Form einer riesigen Palme, eine in der Form der Weltkarte, »The Palm« und »The World«. Sie beherbergen die Residenzen reicher Araber. Wir erblicken viele weitere, namenlose Eilande, die vor der Küste der Vereinigten Arabischen Emirate künstlich geschaffen wurden. Weiter nordwestlich, in Saudi-Arabien, sehen wir gewaltige Förderanlagen und Verladestationen für Rohöl. Dazwischen erstreckt sich über Hunderte von Kilometern die arabische Wüste.

Nach sechs Stunden erreichen wir Kuwait City, eine glitzernde, aber letztlich unspektakuläre Metropole, durchschnitten von Highways und breiten Straßen, auf denen ziemlich große Autos unterwegs sind. Die Macht und der Reichtum Kuwaits, das ist unübersehbar, baut auf dem Öl. Südlich von Kuwait City steht, entlang der Küste, eine Ölanlage neben der nächsten. Große, weiße Tankbehälter dicht an dicht. Dazwischen Raffinerien mit einem Gewirr aus Rohren und Gestängen.

Kuwait hat – nicht erst seit der Entdeckung des Öls – eine wechselvolle, spannende Geschichte hinter sich. Schon im dritten Jahrtausend vor Christi Geburt soll es hier einen wichtigen Handelsstützpunkt gegeben haben. Die Herrscher wechselten mehrmals: Mal gehörte der Wüstenstaat zum Persischen Reich, mal zum Reich der Umayyaden, mal zu dem der Abbasiden. Später durchzogen die Mongolen Kuwait, im 16. Jahrhundert kamen die Portugiesen und dann die Osmanen. Im 19. Jahrhundert suchte Kuwait, um den Türken zu entkommen, Schutz bei den Briten und erlangte 1961 seine Unabhängigkeit. Auch danach war dieser kleine Zipfel Land umstritten. 1990 hat der Irak das Land überfallen, um sich die Ölquellen zu sichern. Eine »Koalition der Willigen« unter Führung der USA schlug zurück und befreite den Wüstenstaat.

Für uns ist Kuwait der vorvorletzte Zwischenstopp auf dem Weg nach Hause. Unmittelbar im Anschluss an die Landung tanken wir »Maggie« auf und zahlen erneut fünf Dollar pro

Liter. Insgesamt 1581 Dollar stehen am Ende auf der Rechnung. Ein Irrsinn! Warum Flugbenzin so teuer ist, begreife ich beim Blick über den Flughafen: Wer sich hier ein eigenes Flugzeug leisten kann (und das sind viele), der kauft sich keine Sportmaschine mit Kolbenmotor, sondern gleich einen privaten Jet; und Jets verwenden für ihre Düsentriebwerke nun mal kein Flugbenzin, sondern Kerosin.

Dann fahren wir ins Hotel, vorbei an modernen Häusern, die in einem hellen Braun getüncht sind. Staubig ist es. Eine gesichtslose Gegend. Wolf erinnert die Fahrt an trostlose Gegenden, wie er sie in Minsk oder Homel einst gesehen hat, den beiden größten Städten von Weißrussland. Einziger Unterschied: Die Autos in Kuwait sind etwas hübscher...

Klar, wir hätten nach der Landung am späten Nachmittag noch ein paar Stunden Zeit gehabt, um uns Kuwait City anzuschauen, durch die Malls zu schlendern oder uns die neu errichteten Hochhäuser anzuschauen, die nach den Zerstörungen des Zweiten Golfkriegs errichtet wurden. Aber ich habe dazu keine Lust mehr: Ich habe in den letzten Monaten schon so viel in mich aufgesogen, dass mein Speicher voll ist. Also bleibt von Kuwait bei mir vor allem eines hängen: ein halb arabisch, halb amerikanisch gestyltes Hotel. Wir ordern zum Abendessen einen Burger samt alkoholfreiem Bier. Serviert wird uns das von einer Thailänderin, die einen Cowboy-Hut und Hot-Pants trägt – und das im gestrengen Kuwait.

Der nächste Tag ist der drittletzte auf unserer Erdumrundung, aber für Wolf bringt er noch einmal ein aufregendes Abenteuer: Als Amerikaner darf er ein Flugzeug mit amerikanischer Kennung über den Irak fliegen. Unsere Route führt von Kuwait nach Ankara, in einem Bogen um Syrien herum, wo der Bürgerkrieg tobt; die meiste Zeit aber fliegen wir über jenes Land hinweg, in dem die Amerikaner zweimal Krieg geführt haben, erst im Zweiten Golfkrieg, um Kuwait zu befreien, dann im Irak-Krieg, als es darum ging, Saddam Hussein zu stürzen.

Beim Start hat Wolf noch die Ruhe weg. Als wir zur Lande-bahn rollen, will er gemütlich unsere Checkliste durchgehen. »Hinter uns ist ja keiner«, sagt er, als er damit beginnt. Doch ich tippe ihm sanft auf die Schulter und sage: »Dreh dich mal um!« Direkt hinter uns rollt eine *Boeing 747* von »British Airways« zum Start. Also arbeitet Wolf hurtig die Checkliste ab. Bloß kei-nen Stau verursachen! Dann heben wir ab. Und natürlich würde ich gern sehen, wie jenes Land aussieht, in dem Saddam Hus-sein geherrscht hat und das später von den westlichen Truppen befreit wurde. Aber leider sehe ich zunächst nichts. Kein blauer Himmel, wie es der Wetterbericht versprochen hat. Wolf muss »Maggie« durch eine dicke Suppe steuern. Das Wetter ist so mies, dass sich an unseren Tragflächen sogar Eis bildet. Ein Phä-nomen, das wir erst ein Mal auf unserer Reise hatten: auf dem Flug von Grönland in den arktischen Norden von Kanada. Schon seltsam, dass wir ausgerechnet hier, über dem sonst so heißen Irak, wieder Eis an den Tragflächen haben.

Auch wenn mir natürlich bewusst ist, dass der Krieg vorbei ist und die Amerikaner nach Jahren der Besatzung das Land in-zwischen größtenteils verlassen haben, so ist es doch ein mulmi-ges Gefühl, nun über diesen so umkämpften Staat zu fliegen. Das Land ist noch immer nicht befriedet. Ständig explodieren Bomben, Sunniten und Schiiten bekriegen sich, Terroristen von al-Qaida treiben ihr blutiges Unwesen, im Norden des Landes sind die radikalen Islamisten der Terrormiliz IS dabei, ein Kali-fat zu errichten, das vom Irak bis nach Syrien hinein reicht. Im Oktober 2013 tobt dort bereits ein blutiger Krieg, von dem man im Westen zu der Zeit noch wenig mitbekommt. Wir ahnen nicht, dass nur ein paar Monate später ein solcher Flug wohl nicht mehr möglich wäre.

Was, so frage ich mich, mögen sich die Controller der iraki-schen Flugsicherung denken, wenn da plötzlich ein winziges Flugzeug über das Land hinwegfliegt, zugelassen in den USA und mit einem amerikanischen Staatsbürger am Steuer?

Doch dann stellt sich heraus: Die Controller sind allesamt Amerikaner. Einen Teil ihrer Macht haben die USA also im Irak immer noch nicht aus der Hand gegeben. Einer der Männer, mit denen wir funken, kommt aus Seattle. Mit ihm plaudert Wolf über American Football, über die Seattle Seahawks, die in dieser Saison richtig gut sind. Schaffen es die »Seeadler« ins Super-Bowl-Finale? Oder sind andere stärker? Die Denver Broncos etwa? Ich finde es amüsant, Wolf und dem Controller bei ihrer Plauderei zuzuhören. Wieder einmal merke ich, wie klein die Welt doch manchmal ist.

Schließlich reißt der Himmel auf. Ich erblicke unter uns schnurgerade Straßen inmitten einer kargen Landschaft, ich sehe den Tigris, diesen breiten Strom, eine der Lebensadern des Irak, und ich mache im fernen Dunst Bagdad aus, die mächtige Metropole. So ähnlich muss der Blick gewesen sein, als die amerikanischen B-52-Bomber auf die irakische Hauptstadt zugesteuert sind, um ihre tödliche Bombenlast abzuwerfen. Andere Städte ziehen vorbei, Mosul, Tikrit, die uns aus diesem »unglücklichen und unnötigen Krieg«, wie ihn Wolf bezeichnet, in Erinnerung sind. Und in denen mittlerweile die Terrormiliz IS ihr Schreckensregime errichtet hat. Schließlich erreichen wir Kurdistan. Den schönsten Teil des Landes, jedenfalls aus der Luft betrachtet. Grün. Mit vielen Bergen.

Auch über dem Osten der Türkei haben wir eine klare Sicht. Eine arme Gegend, aber von oben betrachtet sehr schön. Karge Berge. Dazwischen Felder. Dörfer. Ein gewaltiger Stausee am Oberlauf des Euphrat, die Keban-Talsperre. Nach acht Stunden landen wir in Ankara. Und wie schon beim Start in Kuwait müssen wir uns beeilen. Der Controller des internationalen Flughafens bittet Wolf, etwas schneller zu fliegen als die üblichen 120 Knoten, mit denen wir normalerweise heranschweben. Der Controller will uns einpassen zwischen die großen Jets, die vor und hinter uns landen. Also Vollgas! Mit 160 Knoten rasen wir auf den Flughafen zu. Stürzen förmlich vom Himmel. Vier Meilen vor der Landebahn sind wir dem Controller dann allerdings doch zu schnell. Also fährt Wolf die Bremsklappen raus. Tempo runter! Und schließlich: Aufsetzen!

Nach der Landung rollt schnell ein Tankwagen herbei. Zum letzten Mal auf unserer Reise tanken wir »Maggie« auf. Und in diesem Augenblick begreife ich, dass Wolf und ich von nun an, während der letzten beiden Tage, viele Dinge zum letzten Mal tun werden. Das letzte Bier. Die letzte Übernachtung. Die letzte Flagge am Rumpf von »Maggie«. Das Ende unserer Erdumrundung rückt näher. Die Heimat. Bayern. Pullach. Meine Familie.

Der Geschmack der Heimat

Europa! Endlich Europa! Wie ich mich darauf freue. Von Ankara steuern wir übers Schwarze Meer schnurgerade auf Odessa zu. Und irgendwo da unten, im Wasser, liegt unsichtbar die Grenze zwischen Asien und Europa. Wir passieren die Krim. Fliegen nicht allzu weit an Sewastopol vorbei, wo die russische Schwarzmeerflotte stationiert ist. Kaum zu glauben: Diese mächtige Halbinsel wird nur ein paar Monate später von Russland besetzt. Annektiert. Einkassiert. Als wir die Krim passieren, gehört sie noch zur Ukraine. Und niemand im Westen, auch Wolf und ich nicht, kann sich im Herbst 2013 vorstellen, dass dies jemals anders sein könnte.

Knapp vier Stunden brauchen wir für den Flug nach Odessa. Ein letztes Mal verlassen wir einen Kontinent und tauchen in einen anderen ein. Und Europa, klar: Das ist für mich Heimat. Europa: Das ist für mich aber auch eine Idee, die Völker verbindet. Eine Idee, die manchmal, leider, auch zu Unfrieden führt. Zu Gewalt. Und ja, man mag es im zweiten Jahrzehnt des 21. Jahrhunderts gar nicht glauben, zu Krieg.

Odessa liegt an diesem Tag im Herbst 2013 friedlich da. Ein wenig mondän wirkt die Stadt am Schwarzen Meer. Alte, prächtige Häuser, errichtet gegen Ende des 19. oder zu Beginn des 20. Jahrhunderts. Manche wurden erst vor ein paar Jahren frisch angestrichen. Sie wirken stolz und erhaben, und ich kann den Wohlstand spüren, der Odessa einst geprägt hat. Andere Gebäude sind heruntergekommen, wirken in ihrem Braun und Grau trist; Dreck und Abgase haben die einst leuchtenden Fassaden dunkel werden lassen. Der Putz bröckelt, die Häuser sind in einem jämmerlichen Zustand, und mir dämmert, dass acht Jahrzehnte sowjetischer Herrschaft der Stadt nicht gutgetan haben.

Die Ukraine ist, als wir sie im Oktober 2013 besuchen, ein einigermaßen selbstständiges, einigermaßen selbstbewusstes Land. Es strebt unter seinem Präsidenten Wladimir Janukowitsch gen Westen, will näher an die Europäische Union heranrücken, verhandelt über ein Assoziierungsabkommen. Klar, Moskau hat immer noch Einfluss auf dieses Land. Für Wladimir Putin gehört die Ukraine zum Bereich seiner erweiterten Einflusssphäre, der russische Staatskonzern Gazprom liefert der Ukraine Gas – und hat zweimal in den letzten Jahren den Hahn zugedreht, um Druck auszuüben.

Aber ein Bürgerkrieg, angezettelt von vermummten Gestalten? Eine Annexion der Krim, angezettelt von Putin? Gewalt und Gegengewalt? Brennende Barrikaden? Schüsse? Tote und Verletzte in Odessa?

Ich ahne bei unserem Besuch nicht, was sich nur ein paar Monate später in der Ukraine und in Odessa abspielen wird. Ich ahne nicht, dass am großen Platz in der Nähe des Bahnhofs, über den wir laufen, Demonstranten ihre Lager errichten und wochenlang protestieren werden. Ich ahne nicht, dass anti-russische und pro-russische Gruppen hier aneinandergeraten werden. Und dass das mächtige Gewerkschaftsgebäude, das am Rande des Platzes steht, ein protziger Bau mit Säulen und weit ausladendem Dach, in Flammen stehen wird, weil die Demonstrationen und Gegen-Demonstrationen außer Kontrolle geraten und die Polizei nicht eingreift. Über 40 Menschen sterben in dem Gebäude.

Im Herbst 2013 streifen wir ziellos durch die Straßen. Wir lassen uns einfangen von der Atmosphäre dieser Stadt. Sie erinnert, in ihrer Mondänität und Eleganz, ein wenig an Paris, ein wenig an Cannes (das wie Odessa am Meer liegt). Sie erinnert, in ihrer Mischung aus Verfall und Aufbau, aus Alt und Neu, aber auch ein wenig an den Osten Berlins, der seine Vergangenheit ebenfalls nicht leugnen kann. Zwischen den alten Bauten finden sich neue, moderne Gebäude. Manche sind missraten, andere fügen sich gut in das Straßenbild ein. Odessa: Das ist in diesen Tagen eine aufstrebende Stadt. Eine Metropole, in der es sich gut leben lässt. In der, so mein Eindruck, Menschen aus vielen Ländern friedlich miteinander auskommen: nicht bloß Ukrainer, sondern auch Russen und Bulgaren, Rumänen und Moldauer, Armenier und Albaner, Tataren und Deutsche. Und in die ich gern noch einmal reisen möchte.

Wir kehren zum späten Mittagessen in ein kleines Café ein, das mit seinen Plüschsofas, den Sesseln und den gehäkelten Vorhängen wie ein Wohnzimmer wirkt. An den Tischchen sitzen fast nur Frauen, sie reden aufgeregt durcheinander. Und wenn man sich ihre Leibesfülle anschaut, kann man den Eindruck haben, dass sie in diesem Café jeden Tag ihren Kaffeeklatsch abhalten. Auf der Karte verstehe ich kein Wort, sie ist komplett in kyrillischen Buchstaben gedruckt. Einzig der Ober spricht ein paar Worte Englisch.

Nach dem Mittagessen schlendern wir in Richtung des Bahnhofs. Kommen vorbei an vielen Cafés und Restaurants, die ihre Stühle und Tische auf die breiten Bürgersteige gestellt haben. Junge Menschen hocken in der Sonne oder wärmen sich dort, wo es wegen der mächtigen Bäume in den Straßen schattiger ist, unter Heizstrahlern.

Am Abend treffen wir uns mit den anderen deutschen Piloten, mit denen wir Teile unserer Weltreise gemeinsam zurückgelegt haben. Sie sind ebenfalls nach Odessa geflogen, wenn auch auf anderem Weg als wir. Jan Brill ist da, Hans Brüning, Arnim Stief, all die anderen. Ein letztes Mal tauschen wir unsere Erinnerungen aus, ein letztes Mal stoßen wir an auf unsere Weltreise. Ein letztes Mal? Na ja, wir stoßen viele Male an. Bier und Wein fließen in größeren Mengen. Ein paar Reden werden geschwungen. Wir mit der *Mooney*, mit unserem Kolbenmotor – wir seien die wirklichen Verrückten, sagen die anderen. Und ja, doch: Wir fühlen uns ein wenig stolz, dass wir es bis hierhin geschafft haben. Fast einmal um die Welt. Und das in so einer kleinen Kiste. Dem »kleinsten Flugzeug der Welt«, wie es die beiden Zöllnerinnen in Bhutan ehrfürchtig formuliert haben.

Aber noch steht uns eine letzte Etappe bevor. Der Flug nach Bayern. Nach Straubing-Wallmühle. Von dem Sportflugplatz in der Nähe der Donau sind wir vor gut zweieinhalb Monaten gestartet – und hierher kehren wir nun nach über 31 000 nautischen Meilen, nach gut 55 000 Flugkilometern zurück.

»Du musst fliegen«, sagt Wolf zu mir. »Du bist Bayer, du musst ›Maggie‹ nach Hause bringen.« Klar, das mache ich gern. Es ist eine Ehre für mich, keine Frage. Der letzte Start. Der letzte Flug. Die letzte Landung. Und das auf einer solchen Reise, in einer Maschine, die nicht mir gehört, sondern Wolf. Wenn er gesagt hätte, dass er den letzten Flug machen wollte – ich hätte nicht widersprochen. Nun darf ich ran. Großartig!

Um 10 Uhr örtlicher Zeit starten wir in Odessa, in fünf Stunden – so die Planung – sollen wir in Straubing sein. Fünf Stunden: Das zeigt mir, wie klein Europa ist, aber auch, wie verdammt nah der blutige Konflikt in der Ukraine uns ist. Am Ende brauchen wir ein wenig länger, denn wir haben viel Wind vor der Nase. Mit 50 Knoten bläst es von vorn, während »Maggie« sich westwärts kämpft. Moldawien. Rumänien. Ungarn. Österreich. Schöne Länder, aber wir wollen heim. Wir plaudern via Funk mit dem Piloten einer »Austrian Airlines«-Maschine, die unsere Route kreuzt. Wir hören, wie sich ein paar andere Piloten von »Austrian Airlines« via Funk zum Grillen verabreden. Andere fachsimpeln über Fußball. Über die Bundesliga. Die Heimat, meine Heimat – sie rückt näher.

Verschiedenste Gedanken gehen mir durch den Kopf. Gedanken an unsere Erdumrundung. Einmal mit dem Flugzeug um die Welt – das war mein Lebenstraum. Und was gibt es Schöneres, als sich seinen Lebenstraum zu erfüllen? Das zu machen, worauf man lange hingearbeitet hat? Es muss, na klar, nicht gleich eine Weltreise sein. Sich einen Lebenstraum zu erfüllen – das kann auch etwas anderes sein. Eine Radtour durch Deutschland. Eine mehrwöchige Wanderung durch die Alpen. Eine Motorradtour durch Australien. Eine Schiffsreise in die Antarktis. Oder einmal nach New York. Einmal bloß. Jeder hat einen anderen Lebenstraum, und ich weiß nach dieser Erdumrundung: Ich habe, indem ich mir meinen Lebenstraum erfüllt habe, eine Erfahrung gemacht, die mir keiner nehmen kann. Die mir für immer bleiben wird.

Mich hat diese elfeinhalbwöchige Reise um die Welt mehr verändert als alles, was ich zuvor erlebt habe. Ich bin ruhiger geworden, gelassener. Ich habe gelernt, geduldiger zu sein und warten zu können. Sich nicht immer vorzudrängeln im Leben, sondern sich Zeit zu nehmen – etwas, was ich mir vor allem von Wolf abgeschaut habe. Er ist ein wunderbarer Mensch, ein toller Freund. Er besitzt jene Gelassenheit, die man nicht bloß als Pilot braucht, sondern die auch sonst im Leben hilfreich ist.

Aber ich habe auch gelernt, demütiger zu sein. Denn gerade in Ländern wie Indonesien, Papua-Neuguinea, Mynamar oder Bangladesch habe ich gespürt, wie gut es uns doch geht in Europa. Und wie privilegiert ich bin, eine solche Reise machen zu dürfen. Die Orte, Menschen und Landschaften, die ich gesehen habe, waren gegensätzlich und unterschiedlich. Sie haben mir die großartige Vielfalt der Erde vor Augen geführt. Die Vielfalt des Lebens. Die Vielfalt der Kulturen.

An viele Orte, nicht an alle, würde ich gern irgendwann noch einmal zurückkehren. Nach Attu zum Beispiel. Nach Tokio. Nach Ternate. Nach Sydney. Nach Ayers Rock. Nach Mandalay. Oder nach Bhutan. Aber eine derart riskante Reise, mit einem einmotorigen Flugzeug um die Welt, inklusive der Momente der Angst, werde ich gewiss nicht wieder machen. Einmal im Leben kann ich so etwas wagen. Aber ein zweites Mal? Nein. Falls ich noch einmal um die Welt fliegen sollte (man weiß ja nie), dann würde ich das in einer größeren Maschine mit zwei Motoren machen, die mehr Sicherheit bietet. Und vielleicht, das wäre natürlich das Allerschönste, mache ich die zweite Weltreise ja zusammen mit meiner Frau Heike. Aber noch sind das Zukunftsgedanken. Ein ferner Lebenstraum.

Jetzt heißt es erst einmal: Heimkommen! Ankommen!

Ein letztes Mal überqueren wir eine Landesgrenze, die Grenze zwischen Österreich und Deutschland. Durch ein Wolkenloch erhasche ich kurz einen Blick auf Passau, auf die historische Altstadt, um die sich die Donau herumwindet. Für einen Moment sehe ich den Bayerischen Wald und seine grünen, bewaldeten Hänge. Und dann steuern wir schon auf Straubing zu. Über München strahlt an diesem Tag die Sonne, doch über dem Flughafen Straubing-Wallmühle hängt eine dicke Wolkendecke. Klar: Wir hätten für unser »Finale dahoam« liebend gern Sonnenschein gehabt. Aber was soll's? Am Ende unserer Weltreise habe ich nur noch Augen für die Landebahn.

Von Osten kommend steuere ich »Maggie« über die riesigen Kartoffelfelder rund um Straubing, die gerade abgeerntet werden. Überall türmen sich am Rand der Felder gewaltige Kartoffelberge. Ein, zwei Kilometer vom Flughafen entfernt mache ich eine scharfe Kehre und setze von Westen her zur Landung an. Der Tower hat angesichts des trüben Wetters für uns extra die Beleuchtung an der Landebahn angeknipst. Um 15.38 Uhr setze ich »Maggie« auf der nassen Piste auf. Wir sind wieder daheim, wir haben es geschafft!

Wir sind Erdumrunder!

Sanft lasse ich »Maggie« ausrollen und steuere sie langsam über den Asphalt zu unserer Parkposition. Der kaputte Propeller vor dem Start, die langwierige Reparatur – all das ist mir noch in Erinnerung. Jetzt bloß nicht wieder den Propeller beschädigen!

Neben dem Hangar des Flughafens Straubing wartet ein kleines Empfangskomitee auf uns. Heike und Marie sind da, beide mit selbst gebastelten Fahnen, auf denen »Welcome home!« steht. Dazu einige Freunde. Zum Empfang haben Heike und Marie einen roten Teppich ausgerollt. Als wir aus der Kabine aussteigen, erst Wolf, dann ich, ertönt aus einem iPhone der bayerische Defiliermarsch. Arm in Arm, mit einem Lachen, wie es breiter nicht sein könnte, marschieren Wolf und ich über den roten Teppich. Sekt steht bereit, ein kleiner Imbiss. Dass es eisig kalt ist, gerade mal zehn Grad? Ist mir egal. Fröhlich stoßen wir an. Ohne Jacke, im kurzen Pilotenhemd.

Alles ist noch so unwirklich. Ich kann es kaum glauben, wieder daheim zu sein. Ich kann es kaum glauben, dass wir sicher und gesund zurückgekehrt sind und ich wieder bei meiner Familie bin. Ich bin so gerührt darüber und zugleich so dankbar, dass mir Tränen in den Augen stehen.

Auch Wolfgang Rieger ist gekommen, der Chef vom »Pilotenservice Rieger«, der gemeinsam mit seinen Mechanikern und den Experten von »Flugmotoren Dachsel« in Baierbrunn unsere Erdumrundung überhaupt erst möglich gemacht hat. Dass wir mit der *Mooney* in elfeinhalb Wochen 204 Stunden in der Luft waren, dass wir in dieser kurzen Zeit insgesamt 55 000 Kilometer geflogen sind – »das ist wirklich einzigartig«, sagt er.

Nach dem Empfang gehen Wolf und ich als Erstes zum Zoll. Doch die Formalitäten sind schnell erledigt. Keine endlosen Verhandlungen wie in Papua-Neuguinea. Kein Schmiergeld wie auf Bali. Nach fünf Minuten sind wir zurück. Danach räumen wir die Maschine aus, unsere Taschen, die Kameras, iPad, iPhone. Und machen anschließend das, was wir an jedem Ort unserer Reise gemacht haben: Wir trinken ein lokales Bier. Eines, das bayerischer kaum sein kann. Ein »Tegernseer Helles«, gebraut in der Klosterbrauerei am Tegernsee. Das Etikett auf der Flasche trägt die weiß-blauen Rauten der bayerischen Flagge.

Rund 200 Biere habe ich auf unserer Reise probiert, in Las Vegas und Alaska, in Japan und Indonesien, in Australien und Myanmar. Süße und bittere waren dabei, helle und dunkle, gute und schlechte. Aber dieses hier schmeckt besonders klasse.

Es schmeckt nach Heimat!

Danksagung

Meine Reise und dieses Buch wären nicht möglich gewesen ohne die vielen Menschen, die mich dabei unterstützt haben.

Mein Dank gilt zu allererst meiner Frau Heike, die mich von Anfang an darin bestärkt hat, mir meinen Lebenstraum zu erfüllen und diese Reise zu machen, und außerdem meinem Vater, der mich ebenfalls in jeder Weise bei der Ausführung meines Plans unterstützt hat (»Mach's, solange du jung und fit bist!«).

Mein Dank gilt natürlich auch Wolf Schroen. Er war der beste Reisegefährte, den man sich vorstellen kann, und ich bin sehr glücklich, in ihm einen neuen Freund gewonnen zu haben. Danke auch an Caroline, die auf zwei Teilstücken der Reise mit uns unterwegs war und eine tolle Reisebegleiterin gewesen ist.

Danken möchte ich ferner all jenen Piloten, Crews und Helfern, ohne die wir es mit »Maggie« wohl niemals um die Welt geschafft hätten. Danke an Heinz Dachsel und sein Team von »Flugmotoren Dachsel« in Baierbrunn sowie an Wolfgang Rieger und sein Team von »Pilotenservice Rieger« in Straubing, die »Maggie« kurz vor dem Start fachkundig und zügig repariert haben. Vielen Dank an die Jeppesen GmbH, die uns für diese Reise das komplette Kartenmaterial zur Verfügung gestellt hat.

Danke für die tolle Vorbereitung an Jan Brill von »Pilot und Flugzeug«, die Mitinitiatoren Susanne und Herbert Baumgartner sowie Klaus Gehrmann. Danke an Arnim und Marissa Stief, die es mit ihrem Engagement und ihrer monatelangen Vorarbeit ermöglicht haben, dass wir in Bhutan landen konnten, und die uns zudem auf den Philippinen sehr geholfen haben. Danke an Peter Steeger, der uns in Japan unterstützt hat. Danke an Veronika und Dietmar Frey mit ihrer *Silver Eagle* – auch unter anderem für die zwei guten Flaschen Wein auf Attu und die tolle »airmanship«.

Danke an Hans Brüning und seine Crew, Michael Brüning, Elisabeth Huber, Barbara Huenemohr und Falkmar Kreutzer in der *King Air*; Hans hat einen Teil unseres teilweise dann doch überflüssigen Gepäcks über mehr als den halben Erdball transportiert und uns in Papua-Neuguinea bei einer schwierigen Situation sehr geholfen.

Danke auch dem Team von Heinz Graumann und insbesondre Andrew von »Flight Service Worldwide« für die professionelle Unterstützung bei der Beschaffung der nötigen Überflug- und Landegenehmigungen.

Allen anderen Crews und deren Passagieren, die mit ihren Flugzeugen unterwegs waren, möchte ich ganz herzlich für die schöne Zeit danken, die wir gemeinsam verbracht haben.

Ein ganz besonderer Dank gilt zum Schluss meinem Freund Uli Schäfer. Er hat während der Reise meinen Blog betreut und dabei stets die treffenden Worte gefunden. Und er hat anschließend mit mir dieses Buch geschrieben.

Ein halbes Jahr dem Sommer hinterher

*Cover- und Preisänderungen vorbehalten

Torsten Weigel

Abenteuer Südhalbkugel

Sechs Monate, sechs Länder, drei Kontinente

272 Seiten
€ 15,00 [D], € 15,50 [A]*
ISBN 978-3-492-40409-9

Nach dem Studium und einer gescheiterten Beziehung lässt Torsten Weigel den Winter hinter sich und erfüllt sich seinen Wunschtraum: Frei wie ein Vogel und abseits ausgetretener Pfade umrundet er südlich des Äquators die Welt. Besteigt Berge in Namibia, erkundet mit dem Kajak Tasmaniens Wildnis und überquert auf dem Fahrrad die Anden. Ein packender Roadtrip, der den jungen Geografen in atemberaubende Naturlandschaften und fremde Kulturen vordringen lässt und sein Leben grundlegend verändert.

MALIK NATIONAL GEOGRAPHIC